巩固和扩大新能源汽车发展优势

车百智库 ◎ 编

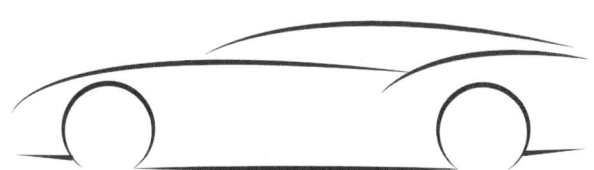

Consolidating and Expanding
the Advantages of NEV Development

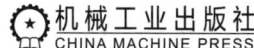

第十届中国电动汽车百人会论坛以"巩固和扩大新能源汽车发展优势"为主题，邀请250余位业内及跨领域专家、学者和企业家进行了深入探讨交流。为更好地保存和传播此次论坛的研讨成果，中国电动汽车百人会车百智库研究院精选嘉宾演讲结晶编成《巩固和扩大新能源汽车发展优势》一书，围绕推动中国新能源汽车产业发展，巩固和扩大新能源汽车发展优势，加速推进智能电动汽车产业化，构建多元互融、面向用户的智能汽车新生态，车路城协同的实践探索及路径展望，动力电池产业创新发展趋势，大算力、大模型、大平台在汽车领域的应用，商用车低碳化、智能化的目标与路径，完善新能源汽车全生命周期价值体系，构建电动汽车服务保障新体系，建设面向未来的车能融合产业生态，建立创新和互信的全球新能源汽车协同发展环境共12个关键议题与相关领域展开讨论研究。

本书适合新能源汽车及相关产业管理部门工作人员，汽车及相关行业院校、科研院所的科技和技术工作者，汽车及上下游企业管理人员等阅读参考。

图书在版编目（CIP）数据

巩固和扩大新能源汽车发展优势 / 车百智库编. — 北京：机械工业出版社，2024.6
ISBN 978-7-111-75763-4

Ⅰ. ①巩⋯ Ⅱ. ①车⋯ Ⅲ. ①新能源-汽车-工业发展-研究-中国 Ⅳ. ①F426.471

中国国家版本馆CIP数据核字（2024）第092358号

机械工业出版社（北京市百万庄大街22号 邮政编码100037）
策划编辑：母云红　　　　　责任编辑：母云红　丁　锋
责任校对：潘　蕊　李　杉　责任印制：刘　媛
涿州市京南印刷厂印刷
2024年6月第1版第1次印刷
180mm×250mm・19.75印张・1插页・269千字
标准书号：ISBN 978-7-111-75763-4
定价：99.00元

电话服务　　　　　　　　　网络服务
客服电话：010-88361066　　机 工 官 网：www.cmpbook.com
　　　　　010-88379833　　机 工 官 博：weibo.com/cmp1952
　　　　　010-68326294　　金 书 网：www.golden-book.com
封底无防伪标均为盗版　机工教育服务网：www.cmpedu.com

前　言

2023 年，我国新能源汽车产销量分别为 958.7 万辆和 949.5 万辆，占全球比例均超过 60%，产销量规模连续 9 年居世界第一，国内外各界对我国新能源汽车产业取得的成绩给予高度评价。新能源汽车产业以持续的科技创新为引领，带动产业高质量转型升级，培育高素质人才成长，催生高水平开放市场，形成了具有全球影响力的新质生产力。

如何客观看待我国新能源汽车取得的成绩，进一步巩固和扩大新能源汽车的发展优势，是产业步入下一阶段需要深入思考和解答的问题。第十届中国电动汽车百人会论坛以"巩固和扩大新能源汽车发展优势"为主题，邀请 250 余位业内及跨领域专家、学者和企业家进行了深入探讨交流。2024 年也是中国电动汽车百人会成立 10 周年，在此时间节点回顾行业过去的发展历程与变革跃迁，展望和迎接未来更加广阔的前景与挑战，同样具有十分特别的意义。

为更好地保存和传播此次论坛的研讨成果，中国电动汽车百人会车百智库研究院精选嘉宾演讲结晶编成《巩固和扩大新能源汽车发展优势》一书，围绕推动中国新能源汽车产业发展，巩固和扩大新能源汽车发展优势，加速推进智能电动汽车产业化，构建多元互融、面向用户的智能汽车新生态，车路城协同的实践探索及路径展望，动力电池产业创新发展趋势，大算力、大模型、大平台在汽车领域的应用，商用车低碳化、智能化的目标与路径，完善新能源汽车全生命周期价值体系，构建电动汽车服务保障新体系，建设面向未来的车能融合产业生态，建立创新和互信的全球新能源汽车协同发展环境共 12 个关键议题与相关领域展开讨论研究。

我国新能源汽车正处于从量变到质变的关键期，渗透率逐年上升并逐步确立了市场主导地位。行业在新时期的可持续发展需要主管部门给予政策指导与方针指引，论坛上，多部委领导从不同领域对新能源汽车相关工作做出部署，一系列推动措施将陆续出台。在全球电动化与欧美新能源汽车发展放缓的形势下，我国新能源汽车企业应如何参与全球化产业链合作及"出海"竞争？国际论坛多位跨国企业负责人认为，在当前绿色低碳的共同目标下，各国汽车电动化发展虽不均衡，但已成为共识且决心未变，各国政府也会在政策标准、贸易互通和人才交流等方面继续加大合作，寻求共赢。当前，我国动力电池技术不断突破，已经达到大规模生产先进锂离子动力电池的水平，全固态电池产业化进程不断推进。在充电基础设施领域，高电压超快速充电（高压超充）技术逐步成熟，正加速向 A 级乘用车和商用车渗透。智能驾驶已成为用户购车的重要考虑因素，高阶智能驾驶规模化和高等级自动驾驶商业化将迎来拐点。大模型将深度变革智能驾驶开发迭代和人车交互体验。十几位权威专家、学者现场分享了行业最新科技成果与应用进展。论坛还就车路城融合发展、商用车的新能源化与智能化、车能融合及市场消费新形势与新商业等重要领域的议题展开深入探讨。

希望本书有助于汽车从业者了解行业最新发展趋势与政策走向，为我国继续巩固和扩大新能源汽车发展优势献计献策。感谢授权我们出版此书的演讲嘉宾，向所有参与和支持新能源汽车产业发展的工作者致敬。

巩固和扩大新能源汽车发展优势

目 录

前 言

第一篇 推动中国新能源汽车产业发展 /001

继往开来 为新能源汽车稳定发展做出新贡献 /002

加快智能网联汽车协同发展 /008

中国新能源汽车产业需关注的几个问题 /016

加大赋能我国新能源汽车产业高质量、系统性、国际化发展 /019

推动跨界协同 为人民群众美好生活造好车、建好房 /022

努力为巩固和扩大新能源汽车发展优势贡献商务力量 /025

一个能源工作者的思考 /029

要高度重视高科技重资产企业税制竞争力低于美欧日的问题 /032

第二篇 巩固和扩大新能源汽车发展优势 /035

汽车强国靠四化：电动化、智能化、低碳化、全球化 /036

推动新能源汽车产业健康发展 助力汽车产业提质增效 /046

坚定不移推动新能源汽车产业高质量发展 /048

突破迭代临界点，加快汽车工业绿色低碳转型 /051

以体系化发展竞逐新能源汽车潮流 /054

加强行业合作，共同解决电池寿命问题 /057

下一个十年是智能化的十年 /060

让 AI 技术和车辆工程紧密融合，做中国新能源智能网联汽车的技术合伙人 /062

用户价值为先，引领智能驾驶普惠和升级 /065

以云计算基础设施建设赋能中国汽车产业的智能化和全球化 /068

以用户为中心，共建服务新生态，共筑数智供应链 /070

第三篇 加速推进智能电动汽车产业化 /073

人工智能时代的未来出行设计 /074

技术突破与用户价值双重驱动的智能驾驶研发创新 /076

拥抱变革，智启未来 /079

积极拥抱高阶智能驾驶的标配时代 /081

方向盘上的 AI 革命 /084

汽车智能化浪潮下模拟芯片的演进趋势 /086

打造行业领先的智行芯片解决方案 /089

第四篇 构建多元互融、面向用户的智能汽车新生态 /091

汽车革命不能独立进行 /092

开放协同　迈向智能汽车舱驾融合时代 /094

关于智能汽车供应链关系与国产芯片发展的思考 /098

面向中央计算的整车操作系统 /101

关于汽车电子电气架构与计算系统终极形态的思考 /103

关于智能驾驶算法演进的思考 /106

智能汽车时代下汽车企业 AI 转型的思考 /109

设计赋能，MG 品牌迎接全球新时代产业挑战 /112

中央计算、大模型、车手互动加持下汽车智能化的思考及展望 /114

探索国产汽车操作系统发展之路 /117

车规级惯性导航在自动驾驶中的应用 /121

从追赶到超越，共创产业融合新高度 /123

第五篇 车路城协同的实践探索及路径展望 /127

5G+AI 加持，网联智驾加速 /128

汽车产业下半场最重要的是多要素协同 /130

智能交通及车路融合的动态与启示 /133

巩固和扩大新能源汽车发展优势

以路驭车 以车驭城——粒流协同交通管控与服务系统 /137

借通信行业之"势",赋能新能源汽车产业发展 /140

C-V2X 车联网及车路云协同进展及建议 /142

第六篇 动力电池产业创新发展趋势 /145

电动交通需求持续增加 固态电池创新不断推进 /146

全固态电池引领新时代 /149

动力电池行业迎来淘汰赛,呼吁提升质量和技术水平 /152

新发展格局下电动化技术发展趋势——超充 /154

混动引领产品趋势,固态电池研发持续 /156

第七篇 大算力、大模型、大平台在汽车领域的应用 /159

人工智能、无人驾驶最新进展与发展趋势 /160

AI 大模型在汽车领域的应用场景及生态共建路径 /162

大模型引领汽车行业新变革 /164

通用人工智能加速智能汽车驶入未来 /166

自动驾驶 3.0 时代,大模型重塑汽车智能化路线 /168

大模型带给座舱真正的智能 /170

大模型在汽车领域的创新与应用 /172

端到端模型为智能驾驶催生新质生产力 /174

第八篇 商用车低碳化、智能化的目标与路径 /177

燃料电池商用车的关键技术突破 /178

商用车低碳化、智能化思考与探索 /181

商用车低碳化与智能化的发展与实践 /184

携手聚力,共"碳"未来 /186

城市物流车新能源化的思考 /188

全服务订阅模式助力打造商用车行业新质生产力 /191

AGI 与新能源驱动物流变革 /193

自动驾驶在干线物流应用的目标与路径 /195

打造自动驾驶物流新质生产力 /197

无人车开启商用车的智能化时代 /200

第九篇　完善新能源汽车全生命周期价值体系 /203

当前汽车消费市场的结构特征 /204

推动新能源汽车品牌向上与国际化发展 /209

新能源汽车行业发展情况及未来趋势 /213

以颠覆性技术打造世界级品牌 /216

迈入电动汽车 2.0 时代，打造可持续盈利的智能电动汽车行业 /218

滑板底盘创新造车服务范式——释放多场景、个性化创造力 /221

2024 年中国新能源汽车用户需求与产品洞察 /224

第十篇　构建电动汽车服务保障新体系 /227

智能汽车时代的汽车保险发展机遇、挑战与创新趋势 /228

新能源汽车在交通运输领域应用的思考与探索 /232

新能源在用车健康管理新生态建设的思考与探索 /235

新能源技术变革给汽修服务领域人才供需带来的新挑战 /238

新能源汽车消费者核心诉求的识别和应对方案 /241

助力新能源汽车企业做智能保险的先行者 /243

高标准养车服务体系推动新能源售后网络共建 /245

蔚蓝共同创造绿色未来，构建新型能源格局
——电动汽车充换电基础设施体系的创新与实践 /246

电池资产管理模式的发展与展望 /248

汽车新生态，车检新变革：新能源汽车技术变革对车检人才的机遇 /250

巩固和扩大新能源汽车发展优势

面向全球的新能源汽车动力电池回收利用产业布局探索 /253

第十一篇 建设面向未来的车能融合产业生态 /257

重型货车换电基础设施创新发展助力交能融合 /258

氢电一体共塑生态 /260

推动氢能产业规模化发展 /262

换电——连接车和电网的桥梁 /264

加快建设以全液冷超充为代表的高质量充电基础设施,有效支撑新能源汽车快速发展 /266

推动氢能产业规模化迈进 /268

"光+储+车+网"新融合模式破解电动汽车与能源困局 /270

车能融合推动能源转型,共创绿色未来 /272

建立可持续发展的充换电网络 /274

第十二篇 建立创新和互信的全球新能源汽车协同发展环境 /277

加快构建充电基础设施网络体系 /278

交通电动化浪潮:创新驱动、政策引领与可持续发展挑战 /281

坚持道路自信,加速实现全面电动化 /283

推动智能网联新能源汽车的可持续发展 /285

把握未来机遇,助力中国可持续智能出行 /288

材料创新协同碳管理推动新能源变革 /290

智能化技术革新塑造未来出行新篇章 /292

车芯协同融合,赋能汽车产业新变革 /294

汽车产业的技术革新与增长动力新探 /296

半导体技术助力汽车行业智能化与可持续发展 /298

问顶电池技术助力绿色新能源产业 /300

换储充一体化引领新能源补给新篇章 /302

巩固和扩大
新能源汽车发展优势   1953   1959   1969   1979

1989　　1999　　2010　　2023　　2024

第一篇
推动中国新能源汽车产业发展

> 中国电动汽车百人会理事长
> 国务院发展研究中心原党组书记
> 陈清泰

继往开来　为新能源汽车稳定发展做出新贡献

2024年是中国电动汽车百人会成立十周年，这个时候我们面对着一个"逆电动化潮流"的涌动，我想在这个当口上，要追忆过去，温故而知新，保持住发展新能源汽车的战略定力；要继往开来，更上一层楼，服务好政府，服务好企业，为新能源汽车的稳定发展做出新的贡献。

为此，我翻出10年前（2014年5月5日）在中国电动汽车百人会成立大会上的讲稿作为今天的发言。

在中国电动汽车百人会成立大会上的讲话

百人会的各位理事，各位来宾：

经过近半年的筹备，今天我们在这里召开"中国电动汽车百人会"成立启动会。百人会聚集了国内与电动汽车相关的院士、专家、企业家，特别是有关政府部门的领导也欣然参与其中，这就使百人会成了一个名副其实的官产学研协同促进电动汽车发展的智力平台。今天，万钢部长、苗圩部长，徐冠华、汪恕诚等老领导作为百人会成员莅临现场，使我们倍受鼓舞。

作为百人会成立启动会的开场，我就"中国电动汽车百人会"的由来、初衷和活动讲三点意见。

一、百人会设立的过程

李岚清同志有很深的汽车情怀，一直关注我国汽车产业的发展，2013年就曾请我和吴敬琏同志到他那里讨论电动汽车发展之事。去年，美国特斯拉电动汽车异军突起，我和吴敬琏等同志合写了《特斯拉汽车公司创新发展对我国的启示》的调研报告，他看后，10月中旬再次邀我俩去讨论。他提出希望我们搭建一个非官方的平台，邀请汽车及有关行业的人士，开展电动汽车相关技术、政策的研究，推动研讨、交流与合作，促进产业链的建设，并为有关部门提供咨询意见，促进电动汽车的发展。

我与科学技术部"电动汽车重点科技专项总体专家组"组长、首席科学家、全国政协常委、清华大学教授欧阳明高进行了多次讨论，在几个初步方案中感觉设立"中国电动汽车发展百人会"比较适宜。之后，我又与中国汽车工业协会秘书长董扬、国务院发展研究中心产业经济部部长冯飞等同志讨论并征求有关人员意见，大家都支持效仿"中国经济50人论坛"和"中国信息化百人会"的模式，设立"中国电动汽车百人会"。

主要的考虑如下。

一是百人会作为一个技术与政策研究的发展论坛，官、产、学、研，以及跨专业人士都可以以个人身份参加，有很好的包容性。特别是可以吸收政府官员以个人身份参与，研究工作的选题和成果都可以与政府的政策制定和推行有更好的衔接。

二是百人会作为一个非官方、非营利性平台，研究、讨论、交流、协调等促进工作皆可进行。但它又不是一个在工商和民政部门注册的"正式"组织，不需要审批，组织结构简单，有较大的灵活性，运行成本也比较低。

三是目前已有"中国经济50人论坛""中国信息化百人会"在运行，政府和社会对他们都有较好的反应。我们这个百人会也容易被大家接受，他们的经验和做法可以为我们借鉴。

四是这个方案在与相关人员沟通中总体受到欢迎，名称商定为"中国电动汽车百人会"。

今年1月，"百人会方案"报给李岚清同志，他很同意；之后又报给了马凯副总理，他批示，"请万钢、苗圩同志阅""请有关部门支持"。经协商，第一届理事会由我任理事长，欧阳明高、董扬和冯飞担任副理事长；徐冠华和吴敬琏为经济与学术委员会联席主席。之后我们就开展了具体的筹备工作。清华大学为百人会的设立提供了支持。

二、为什么设立百人会

有两个主要原因促成了百人会的成立。一，电动汽车已经上升为一项国家战略；二，电动汽车产业化初期存在市场失灵的因素。

我国在20世纪90年代前期就开始制定和实施新能源汽车科技规划，对各种主要技术路线都进行了跟踪研究，在电动汽车方面大体跟上了全球的步伐，这在中国汽车史上还是头一次。

在全球金融危机爆发后，我国很快将电动汽车的发展上升到国家战略层面。这既是调整产业结构的需要，更是抓住汽车动力技术变革机遇，从长远出发做出的战略抉择。

把电动汽车上升到国家战略层面，我想主要出于三种考虑。

一是国家能源安全。中国至1993年还是石油净出口国，10年后，2002年石油对外依存度就上升到25%，2012年12月，当月日平均进口量超过了美国，预计2014年对外依存度将达到58.8%。在未来较长时间内，我们还处于能源需求旺盛的增长期。过高的对外依存度、高油价，使我国能源安全面临有史以来最大规模、最为严峻的挑战，其中交通能源在新增石油消费中处于主要地位。

当前这场新能源革命为我国提供了新的思路、新的途径，电动汽车的广泛使用可以改变交通能源结构，大幅度降低对石油的依赖，提高国家能源的安全性，使我国方兴未艾的汽车业有可能冲破能源的约束而获得健康发展。

二是降低大气污染和温室气体排放。在北京、上海、广州等大城市的市区，汽车排放已经成为氮氧化物、一氧化碳、碳氢化物等污染物第一大来源。汽车还是重要的二氧化碳排放源。特别是近年大范围、重度、持续的雾霾，已经威胁到居民的健康和正常生活，成为社会关注的一个焦点。随着欧Ⅲ、欧Ⅳ，直至欧Ⅴ、欧Ⅵ排放标准的升级，技术难度越来越大，研发和生产成本越来越高。而电动汽车则另辟蹊径，从根本上解决了汽车自身排放的难题，将有利于实现政府对居民改善大气环境的承诺和对国际社会减排的承诺。

三是电动汽车是我国产业升级的一个突破口。现在的电动汽车技术路线还有多种选择，知识产权、技术专利的壁垒尚未形成，国际标准尚待制定，商业模式有待开发，规模化生产正酝酿起步，竞争格局还不明朗。这一切为后发展国家和企业提供了技术追赶，甚至超越的机会，是后起者进入的最佳时点。

中国已经成为汽车产销大国，但还不是强国。在燃油汽车技术上，我们进行了近50年的追赶，但技术差距依然很大，在较长时间内仍难以摆脱受制于人的窘境。但是，在电动汽车领域差距相对较小。传统汽车巨头因对传统技术的"路径依赖"和巨大资产存量的拖累，有时会犹豫和踌躇，而我国作为后发展国家则可轻装上阵。两者的反差为我们提供了赶超的机会。当前，汽车动力技术百年不遇的重大变革，正是中国汽车产业实现技术跨越的战略机遇。

在我国经济转型和产业升级的重要时期，政府关注汽车动力技术的变革，不仅是产业发展的需要，更是利用新能源革命的机遇提高国家能源安全、保护环境的战略选择；电动汽车不仅要作为一个短期经济增长点加以培植，更应当作为迎接第三次工业革命的一个亮点；不仅要从汽车产业本身来评估电动汽车的技术经济价值，更应该从拉动产业结构升级的方面进行系统考量。

但是，电动汽车在发展初期存在着市场失灵的领域。

电动汽车节能、自身零排放、可大幅度改变能源结构，降低对石油的依赖等优势，都是外部性效益，与几乎完美无缺的燃油汽车相比，近期对生产者来说，它不是盈利的产品；对消费者来说，电动汽车还不经济、不成熟、不方便。本质上，生产侧和消费侧对汽车动力技术的转换，并没有紧迫性和现实的需求。可以说,现在电动汽车产业化处于市场失灵或"市场不太灵"的发展阶段。

如果任其自然发展,电动汽车产业化还需较长时日;如果要加快实现产业化,就需要政府适度、巧妙地伸出一只看得见的手。这里涉及大量跨行业的技术研发和突破,涉及发展政策的设计和行政法规的调整,涉及能源生产和供应结构的转换,还涉及基础设施的布局和建设等。目前,在能源环境的巨大压力下,为早日获得电动汽车重大正外部性效应,各国政府几乎都成了第一推手,并成为各国产业竞争的一个热点。

从产业发展的历史看,由重大技术突破到形成有经济价值的主流产品,一般需要10年甚至30年。如复印机用了11年,电视机用了22年。液晶显示器从20世纪60年代开始研发,直至40多年后才成为成熟的主流产品。燃料电池、插电式混合动力电动汽车的研发至少已经有三四十年,电动汽车至今才见曙光。但是要真正成为市场主流产品还需要10~20年,怎样的支持政策才不致使企业吃上"甜蜜的毒丸"产生依赖?怎样的促进政策才能增强竞争强度,调动企业的内生力量,度过漫长的过渡期,而不致半途而废?

另外,有正反两个方面的经验值得我们注意。进入21世纪,平板显示器取代显像管(CRT)的时代已经到来,但我们没有参与相关技术变革,彩电行业的命运依然绑在行将衰落的CRT技术之上。2005年前后的短短几年,我国彩电产业几乎全军覆没,一切归零。类似的产业惨剧早已发生过,如20世纪90年代的磁带录像机和彩色胶卷。

切身经历告诫我们,在引进技术—国产化—自主创新这三个阶段上,不尽快走上自主创新之路,产业规模越大风险越大。相反,20世纪90年代,在通信装备由模拟信号向程控系统转换的时候,我国的"巨、大、中、华"[一]实现了重大技术突破,进而在无线技术上实现了跨越,赢得了通信装备产业的主动权,进而成为全球无线通信技术与装备的领先者。

[一] "巨、大、中、华"是巨龙通信、大唐电信、中兴通讯和华为技术四家企业的统称。
——编者注

今天，汽车动力技术的电动化是又一个时机的来临。在汽车行业能不能重复通信技术装备翻身的故事？能不能产生汽车行业的华为、中兴？

电动汽车产业化初期的一些阶段性特点，给"中国电动汽车百人会"这样一个汇集官产学研专家和企业家智慧的促进平台提出诸多命题，提供了一个可以作为的空间。

三、百人会的性质和活动

"中国电动汽车百人会"是一个非官方、非营利性的论坛；接受工业和信息化部、科学技术部、国家发展和改革委员会及财政部指导；成员都以个人身份参加，既包括官产学研，又跨学科、跨行业、跨部门；是以促进电动汽车发展为目标，打破部门和所有制局限搭建的一个通过研究和交流推进多领域融合、协同创新的平台和论坛；反映企业呼声，为政府部门提供咨询建议。

百人会要做的工作，绝不是对政府部门和非政府组织的替代，而是"跨界、补缺"。政府与非政府组织想做而没能做到的，是百人会发挥作用的地方。例如：

1）针对行业重大或热点问题举办专题研讨。

2）对涉及不同产业协同的技术和政策问题开展跨部门、跨产业和企业的对接与交流。

3）举办电动汽车年度论坛，就电动汽车产业发展的重大问题展开对话和深度研讨，分享跨行业、跨领域、跨学科的研究成果。

4）根据国家战略和电动汽车涉及的相关产业发展需要，开展重大课题研究。

5）汇集和编辑百人会研究报告及会员研究成果，编辑内部刊物，促进沟通和交流等。

各位理事，各位同志，我们正在参与到我国由汽车大国走向汽车强国的过程之中。"中国电动汽车百人会"要以高度责任感为此做出应有的贡献，不辜负各方面对我们的期待。

> 全国政协经济委员会副主任
> 工业和信息化部原部长
> 苗圩

加快智能网联汽车协同发展

在刚刚闭幕的全国两会期间，习近平总书记就发展新质生产力、科技创新、推动高质量发展等发表了重要论述，为推进中国式现代化提供了方向指引和重要的遵循。今天我想借这个机会就学习、领会习近平总书记重要指示精神，结合汽车产业发展谈一谈我的认识和体会。

一、新一轮科技革命和产业变革正在深刻地改变着汽车行业

一是进入新世纪以来，以互联网、大数据、云计算、人工智能等为代表的新一轮科技革命在不断地推进，加快全球产业变革。 习近平总书记指出，进入 21 世纪以来，全球科技创新进入空前密集活跃的时期，新一轮科技革命和产业变革正在重构全球创新版图、重塑全球经济结构。由技术革命推动的汽车产业变革已经在世界范围内展开，汽车产业由传统能源为动力向新能源为动力转变，新的生产方式正在取代传统的生产方式，新质生产力不断催生新产业、新模式、新动能。

二是绿色低碳发展是全球共识。 碳达峰、碳中和是人类生存和发展必须要达成的目标。2020 年 9 月，国家主席习近平在第七十五届联合国大会一般性辩论中，向国际社会做出碳达峰、碳中和的郑重承诺，为我国社会经济绿色低碳发展指引了方向。我国汽车行业积极行动起来，坚持走绿色低碳可持续发展道路，统筹推进技术创新、推广应用和基础设施建设等方面的工作，培育了全球最大的新能源汽车消费群体，有力推动技术进步和产业生态建设，为全球新能源汽车产业发展注入了强劲的动力，提供了宝贵的经验。

2023年，我国新能源汽车产销量达到950万辆左右，连续9年位居全球第一；新能源汽车销量在全球占比超过60%，初步实现了"换道超车"的目标；我国新能源汽车市场渗透率达到31.6%，而且呈现出加快推进势头，这种发展势头已经不可逆转。我个人认为，渗透率超过50%的目标指日可待，有可能提前9年或者10年达成2035年超过50%的中长期规划目标。

三是新一轮科技革命和产业变革正在深刻改变着汽车行业。 作为汽车、电子信息、通信、能源等领域跨界融合的产物，智能网联汽车的发展成为全球技术革命和产业变革的前沿阵地，这对国内外传统汽车企业都是巨大考验。在这场大变革中，有的企业畏惧后退了，有的企业彷徨而失去了方向，而以比亚迪为代表的一批中国传统汽车企业准确识变、科学应变、主动求变，在危机中育先机，于变局中开新局，实现了后来者居上。2023年第四季度，比亚迪的季度销量首次超过特斯拉，成为全球最大的电动汽车企业。

汽车行业的这场变革才刚刚开始，如果我们把新能源汽车发展比作体育比赛中的上半场、将智能网联汽车的发展比喻为下半场，那么中国汽车行业在上半场已经取得了全球领先的优势，但是决定胜负的还在下半场。我们应该保持战略定力，增强自信，不为国际上一些老牌汽车企业的后退所左右，不因惧怕美国等西方国家的打压而退缩，发挥我国大市场和社会主义制度的优势，早日实现汽车强国目标。

二、以智能网联汽车发展为标志的变革已经开哨

一是智能网联汽车产业规模化发展迈出关键一步。 2023年11月，工业和信息化部、公安部等四部委联合发布了《关于开展智能网联汽车准入和上路通行试点工作的通知》，明确在前期道路测试与示范应用的基础上，组织开展智能网联汽车准入和上路通行试点，推动量产车型上路通行和推广应用，在保障安全的前提下，

促进产品功能、性能提升和产业生态迭代优化。如果说2009年四部委共同启动的"十城千辆"示范运营，对新能源汽车的推广应用产生了重大影响，那么此次达到L3、L4级自动驾驶车辆的准入和上路通行试点，无疑将对促进智能网联汽车规模化、商业化应用发挥关键作用。

二是车路云协同发展是我国的优势所在。实现整车的智能化有单车智能和车路云协同这两种方式。国外汽车企业往往采用单车智能方式，这并不是他们无知，而是因为他们对基础设施建设没有指望。我们都能看到，在新能源汽车充电基础设施建设方面，我国和其他发达国家之间形成了鲜明对照，由于我国中央政府统一规划、地方政府积极响应，行业部门之间、央地之间高效协同，不断增大建设力度，优化网络布局，已建成全球最大规模的充电换电网络，有力支持保障了新能源汽车发展。

虽然目前的充换电基础设施数量和建设速度仍滞后于新能源汽车发展和广大消费者的需求，我们还要继续加力，但是今天建设充换电基础设施和早期起步时的建设已经完全不一样了，目前大量社会资本已经主动投资建设充电基础设施，这就是我国社会主义制度优越性的具体体现。

2024年1月，工业和信息化部、公安部、自然资源部、住房和城乡建设部、交通运输部又联合发布了《关于开展智能网联汽车"车路云一体化"应用试点工作的通知》，力图建成一批架构相同、标准统一、业务互通、安全可靠的城市级应用试点项目，推动智能化路侧基础设施和云控基础平台的建设，这些都有利于促进规模化示范应用和新型商业模式的探索，有助于推动车路云协同的智能网联汽车发展。

三是信息基础设施为智能网联汽车的发展提供了坚实保障。随着智能网联汽车的深入发展，对移动通信网络的带宽、移动性、时延、连接能力以及路侧基础设施建设等不断提出更高要求，而网络建设适度超前也是公共基础设施的普遍特点。

一方面，5G 网络建设为智能网联汽车发展打下了良好基础。我国 5G 基站总数超过了 338 万个，已经建成全球规模最大、技术领先的移动通信网络，融合应用的深度也在不断拓展，创新能力在不断提升。

在刚刚闭幕的巴塞罗那通信展上，华为全面展示了 5G-A 技术的进展，大家形象地把它叫 5.5G，实际按照 3GPP 标准，这是 5G 第二阶段的 R18 标准的第一次亮相。5G 到 6G 之间有 R18、R19、R20 这三个标准，之前已经有 R15、R16、R17 三个演进标准，5.5G 可以更好地应用于 L3、L4 级自动驾驶服务等场景。以雨雾天气为例，5.5G 网络可以自动感知道路障碍或异常，并在 1 千米以外通过地图通知驾驶员，保障出行安全。需要特别强调的是，无线通信技术的发展历来遵循着循序渐进的模式，大约 10 年演进一代，这是一个技术演进的规律，我国现在拥有全球规模最大、技术领先的 4G 和 5G 网络，将为下一步建设 5.5G、6G 网络奠定坚实基础。

另一方面，各部门正在积极推动智能交通基础设施建设。公安部早在 2020 年就批准了行业标准《道路交通信号控制机信息发布接口规范》，规定了交通信号控制机信息发布的通信要求、信息格式与消息内容，这都有利于促进面向车联网应用的道路交通信号控制机标准的统一，大大有利于车辆感知、识别这些信息。2023 年 9 月，交通运输部发布《关于推进公路数字化转型 加快智慧公路建设发展的意见》，致力于促进公路全流程数字化转型，推动实体公路和数字孪生公路建设，构建现代化公路基础设施体系。2023 年 11 月，住房和城乡建设部发布了《关于全面推进城市综合交通体系建设的指导意见》，提出实施城市交通基础设施智能化改造，推动多杆合一、多箱合一，建设集成多种设备及功能的智慧杆柱，感知收集动态、静态交通数据，在重点区域探索建设全息路网。

综合来看，比起上半场的发展条件，我国下半场发展智能网联汽车的政策成熟度、市场发育水平、技术迭代能力、商业模式、基础设施建设水平等都要优越得多。2024 年《政府工作报告》明确提出，要巩固扩大智能网联新能源汽车等产业的领先优势,相信我们有最大的机会能够获得下半场的胜利。

三、人工智能技术发展和应用将加速智能网联汽车发展

人工智能是引领新一轮科技革命和产业变革的颠覆性技术,具有溢出带动性很强的头雁效应,加快发展新一代人工智能,是事关我国能否抓住新一轮科技革命和产业变革机遇的战略性问题。最近两年,全球人工智能技术突飞猛进,对于文本、语音、图像、视频的处理能力在快速增强,从ChatGPT开放的公测,到GPT4接收文本和图像的输入,再到最近的Sora模型通过文本生成视频,文生文、文生图、文生视频等应用,不断推陈出新,令人目不暇接。

伴随着汽车产品形态和功能属性的拓展,汽车与人工智能的结合是任何一家汽车企业都无法回避的现实,必须尽早做好准备。借此机会,从算力、算法、操作系统和数据等角度分享几点我个人的思考。

一是智能驾驶芯片领域,我国企业正在奋起直追。从全球市场来看,车用人工智能芯片市场80%被英伟达、Mobileye等国际巨头占领,我国企业,如华为、地平线、黑芝麻等正在迎难而上奋起直追,借助我国汽车大市场的优势和国内汽车企业的支持,国产车用人工智能芯片已经在一部分车型上得到应用。

二是在高度关注算力的同时,还要重视软件工具。在通用人工智能大模型上,英伟达的GPU+CUDA已经初步显现了产业发展生态的垄断之势。最近又有报道,在安装CUDA11.6及更高版本时,英伟达在最终用户许可协议中明确要求,禁止通过使用转换层在其他硬件平台上运行基于CUDA的软件。这个规定在业界引起了不小的震动,英伟达出手封杀第三方GPU公司兼容CUDA的行为,维护其CUDA生态系统的垄断地位,对于那些依赖模型转换来运行CUDA软件的第三方公司而言无异于釜底抽薪。这再次提醒我们,汽车行业在利用大模型训练车用系统时必须群策群力,培育壮大中国的编程模型和软件工具,构建自主可控的产业

发展生态。

三是开源开放的操作系统开发生态十分必要。近年来,我在很多场合呼吁要重视车用操作系统的开发,已经引起了广泛关注,一些汽车企业采用全栈自研的方式,打通了从车载向车控系统的演进。但是我认为,全球汽车行业中,可能只有少数汽车企业有能力采用不开源的系统,对于大多数企业而言,特别是对中国汽车企业而言,还是更希望有开源开放的操作系统,在统一的操作系统之上,汽车企业可以开发属于自己的个性化功能软件,将来,功能软件的好坏将更多地决定汽车性能的好坏。统一的操作系统可以兼容各种异构芯片,一定程度上可以弥补我们在先进工艺制程芯片上的短板。

随着汽车行业从以卖产品为核心,转向以持续深化服务用户为中心,软件及售后服务的长尾效应日渐明晰,汽车行业的微笑曲线也在不断显现。卖硬件不如卖软件,卖产品不如卖服务,汽车企业可以从功能软件的销售或订阅中取得回报,为用户提供的服务也可以转化为企业源源不断的收益。商业模式和盈利模式也可以随之转变,否则大家都打价格战、"内卷",最后都不赚钱。如果哪个企业能够率先走出来,将是一种互联网时期新的商业模式和盈利模式。

目前特斯拉的 FSD 软件包折合售价大约是 6.4 万元,华为的 ADAS2.0 高阶智能驾驶包售价为 2.6 万元,蔚来的 NOP+ 订阅的价格为 380 元/月,极氪的完全智能驾驶辅助系统售价为 3.5 万元。将来买车的时候就像选购选装件,选购一项服务交纳一项费用。将来卖车的时候就要问客户在这些功能软件中选哪一项,要一项收一项费,可以采用一次性收费模式,也可以采用按月订阅方式,甚至可以打造收费套餐。

四是数据作为新型生产要素,在智能网联汽车发展中将发挥至关重要的作用。随着新一轮科技革命和产业变革的深入发展,数据作为关键生产要素的价值日益凸显。发挥数据要素的放大、叠加、倍增作用,促进道路基础设施数据、交通流量数据、驾驶行为数据等多元数据融合应用,有助于提供智能网联汽车的创新服务,提升主动安全防控等水平，也是推动汽车产业高质量发展的必然要求。

目前，座舱智能化应用成为行业热点，大语言模型加速上车，优化人机交互体验。据分析，特斯拉通过影子模式，一直在持续收集大量真实场景的使用数据，近两年，采用端到端深度学习方法，持续加强算法训练，不断提升车辆智能化水平，目前已经走在行业前列。

场景库是辅助驾驶、自动驾驶领域竞争的关键资源，对于我国汽车、电子信息等行业企业而言，如何充分发挥我国丰富的应用场景、数据资源等优势，是企业面临的共性问题。应该采用系统工程的方法，统一思想，加强协同，加快探索基于大模型的场景生成、基于数据确权和可信安全计算的场景资源共用等技术突破与合作机制，简单来说，就是大家组织起来集各家所长，有效保障各方权益，联合共建智能网联汽车产业发展所必需的共用场景库。在下半场，如果打单打，我们不一定打得过某些国际领先企业，但是如果打团体赛，我们必胜无疑。

四、展望未来如何推动人工智能技术赋能智能网联汽车发展

当前我国正聚力发展新质生产力，扎实推进新型工业化，汽车产业作为国民经济的重要支柱产业更需要主动担当作为，把握智能网联汽车发展的历史性机遇，以实际行动贯彻落实好高质量发展要求。

一是进一步加强多部门协同，强化合力。全面贯彻落实党中央、国务院的决策部署，充分利用好部际协调机制，坚持系统观念，加强战略性、系统性、前瞻性谋划，明确战略重点、优先顺序、主攻方向和推进方式，强化协同，加快智能网联汽车协同发展。

二是加强中央政府与地方政府的工作联动。以智能网联汽车准入和上路通行试点为契机，以智能网联汽车"车路云一体化"试点为抓手，鼓励地方政府针对行业的热点、难点和痛点出台相应的支持政策，央地联合，以实证加快促进产业创

新发展，夯实安全底线。

三是支持和鼓励跨行业、跨领域的企业融合发展。应强化企业创新主体地位，鼓励和支持相关行业和领域的企业坚持需求导向和问题导向，整合操作系统、算力、算法、数据等资源，加强战略协同，避免"百模大战"，避免低水平雷同复制的不良竞争，杜绝资源浪费。

中国科学院院士
科学技术部原部长
中国电动汽车百人会学术委员会主席
徐冠华

中国新能源汽车产业需关注的几个问题

这些年，我国的新能源汽车，无论是技术能力还是产业规模都跃上新台阶，整个生态系统也在为产业发展提供助力，使得关联产业和队伍都发展起来，这是可喜的局面。应当说，我国当初启动新能源汽车产业设定要解决的能源安全、环境友好、汽车工业提升三个问题，已经找到很好的着力路径，当然也遇到不少难题。在这样的背景下召开此次会议，回顾我国新能源汽车和中国电动汽车百人会的十年历程十分必要，也可借此机会来探讨一些战略问题。如果战略不清，未来可能要走弯路，甚至歧路。

通过观察与探讨，我以为有四点需要高度关注。

第一，中国新能源汽车发展的信心与决心必须坚定不移。当前，随着新能源汽车相关技术的迭代与升级，各种工程、技术难题正在显露，西方国家也在不断鼓吹退出新能源汽车，调查中国产的新能源汽车，试图与我国脱钩，进而扰乱我国汽车产业的发展步伐。面对这些问题，需要我们保持定力，有自己的判断与立场，坚定信心走既定的发展方向。

第二，科技成果要惠及更广大群众。2023年全国汽车保有量为3.36亿辆，其中新能源汽车2041万辆，占汽车总量的6.07%；大体上是三分之一家庭有车，三分之二家庭无车。下一步怎么做？是让车更豪华、更贵，还是关注买不起车的群众？这个问题需要思考。科技成果惠及更广大群众是科技工作者的使命，也是中华民族伟大复兴的落脚点，我们必须要让更多百姓消费得起新能源汽车。

第三，大型化和小型化并举。据预测，2024年中国新能源乘用车销量将同比增长 24%，至约 1100 万辆，增势强劲。但是从结构上看，由于电池能量密度增大等原因，整车大型化愈发明显，导致成本、价格双涨，而这最终都要由消费者买单，资源也十分浪费。高消费、高浪费不是新能源汽车的目标，资源节约和环境友好才是核心价值，商业有效性必须与国家战略意图高度绑定。

有数据显示，私人新能源汽车平均日行驶里程 95% 在 60 千米以内[一]。这说明对于大部分用户而言，小型车完全能够支持日常使用。30 千米以内，小型化新能源汽车比燃油汽车更经济，比两轮和三轮车更安全、更舒适。以五菱宏光 MINI EV 为例，该车型价格不到 5 万元，截至 2023 年 1 月，连续 28 个月蝉联中国新能源汽车销量冠军，七度登顶全球新能源单一车型销量冠军，国内 20~40 岁年轻用户占比达到 76%。导致该现象的原因之一，就是该车型响应了广大群众"好开、易停、低成本"的购车核心驱动需求。

大型化有市场需求需要发展，小型化也应成为重要方向，这不仅惠及更广大群众，也有利于降低碳排放。

第四，电池技术路线要"自主创新、突出重点、储备未来"。截至 2024 年 3 月 12 日，纯电动汽车保有量为 1507 万辆，占新能源汽车保有量的 77.68%。纯电驱动效率高、噪声低，优势明显，但是 80 度电以上大电池的快速充电、续驶里程等仍旧是挑战。目前有企业提出快速充电、换电等方案，但成本高、利润低，这与新能源汽车发展大方向不相符。

电池并不只是要提高能量密度，而是要考虑综合性能。当前，油电混合是优化组合，但是它始终不够低碳，2023 年用电的煤炭消费占比就超过 55%。未来，燃料电池依旧是重要方向之一，只是受成本和安全问题限制，它当前暂时无法大面积投向市场，但这个方向应该坚持。

习近平总书记强调，我国风电、光伏等资源丰富，发展新能源潜力巨大。风

[一] 数据来源于《私人电动乘用车规模化增长的充电保障与城市电网协同发展策略研究》，清华四川能源互联网研究院，2023 年 8 月。

电和光伏都是不稳定能源，要充分利用就需变成稳定能源，其中，储能是重要环节。

目前，磷酸铁锂是较好的可用技术，但从长周期、大规模储能来看，氢是合适的介质。因此，我们必须站在国家层面来思考储能问题，应大力探索和发展包括可再生能源制氢在内的多技术路线，实现能源结构调整和能源多元化。

从这些角度上看，未来新能源汽车怎么办？首先，应高举自主创新旗帜，根据市场需求解决电池的综合性能问题，即纯电驱动、复合电源（油电混合、增程）、氢电混合等多种技术都要有所发展；其次是短期、中长期两手抓，不仅要突出当前主流技术，更要为未来储备技术。储备方面，从能源利用趋势角度，对氢电混合需要有前沿性关键技术的突破和产业生态的营造。这不仅对新能源汽车产业十分重要，也关乎国家整个氢能产业未来的发展。

我们一直主张新能源汽车必须服务国家战略大局和安全、成本并行。面对未来，还需要大家继续潜心从基础研究入手，加强自主研发，推动各项技术、工程的交叉与融合，通过不断实践与积累加快形成定义产品的能力，推动产业更好发展。

工业和信息化部
副部长
单忠德

加大赋能我国新能源汽车产业高质量、系统性、国际化发展

新能源汽车是世界各国推动经济社会绿色低碳转型发展的必然选择,党中央、国务院高度重视新能源汽车产业的发展,习近平总书记多次做出重要的指示批示,2014年5月在上汽考察时就指出,发展新能源汽车是我国从汽车大国迈向汽车强国的必由之路,发出了中国汽车产业转型升级、高质量发展的总动员。十年来,我们锚定发展目标不动摇,坚定不移、坚持不懈、坚决有力推进新能源汽车产业发展,取得了显著成效。我们建成了高效协同的产业体系,培育了全球最大的新能源汽车消费市场,涌现出一批具有国际竞争力的领军企业,推动绵亘百年的汽车产业在新时代焕发新活力。十年间,我国新能源汽车年产销量从当时的7.5万辆增长到950万辆,全球比例超过了60%,年均复合增长率达到了71%,为中国制造增添了新亮色。我们向国际社会供应了性价比高、品类丰富、质量可靠的新能源汽车原材料、零部件和整车产品,为全球汽车产业电动化转型注入了强大的动能。

十年栉风沐雨,十年春华秋实。中国新能源汽车产业之所以取得令人瞩目的发展成就,一是根本在于习近平总书记的掌舵领航,在于习近平新时代中国特色社会主义思想科学指引,在于以习近平同志为核心的党中央坚强领导,国家层面接续制定面向2020年和2035年的产业发展规划,为产业发展指明了目标方向、绘制了宏伟蓝图。二是相关部门和地方齐心协力、主动作为,先后推出80余项支持政策、制定实施了160多项技术标准,形成了推动产业发展的强大合力。三是

行业企业加大投入、矢志创新，构建了上中下游协同、大中小微企业融通、产学研深度融合的产业新生态，汇聚起技术创新突破的源源动力，共创了市场竞争的新优势。四是坚持开放合作，2018年起全面放开新能源汽车外商投资限制，吸引一批新的外资项目在华落地并获得良好发展业绩，全面参与国际标准法规制定协调，积极贡献基于中国实践的技术方案。

在肯定成绩的同时，我们也清醒看到，中国新能源汽车发展还面临着一些困难和挑战。从国际看，还需要共同构建畅通稳定的全球产业链供应链，进一步维护公正透明的经贸规则，更好地赋能构建人类命运共同体。从国内看，车用芯片、基础软件等还要加强攻关，新能源汽车低温适应性、安全性、充电便利性等还需持续提升。我们坚信，建设清洁美丽世界的美好愿景符合人类的共同利益，汽车产业绿色低碳发展的共识已经深入人心，全球产业链分工合作实现提质、降本、增效是全球化发展的可能规律，新能源汽车产业发展的机遇大于挑战、有利条件强于不利因素，我们对产业发展的未来充满信心！

全国两会期间，习近平总书记强调，要牢牢把握高质量发展这个首要任务，因地制宜发展新质生产力，加强科技创新和产业创新深度融合。2024年《政府工作报告》提出，要巩固扩大智能网联新能源汽车等产业领先优势，鼓励和推动消费品以旧换新，提振智能网联新能源汽车、电子产品等大宗消费。工业和信息化部将坚决贯彻落实习近平总书记重要指示批示精神，落实《政府工作报告》和全球新型工业化推进大会部署，加强部门协同、完善政策举措，进一步提升创新发展能力、系统竞争能力、开放合作能力，加快推动智能网联新能源汽车高质量、系统性、国际化发展，培育形成新质生产力。

一是我们将坚持创新驱动，进一步增强发展的内生动力。强化企业科技创新的科技主体地位，加强人才汇聚，支持"链主"企业牵头、联合产业链上下游实施主体，建立技术攻关、平台支撑、示范应用协同的创新体系。着力补齐短板、拉长长板、锻造新板，加快新一代动力电池、车用芯片、操作系统、自动驾驶等技术攻关及产业化，增强产业链供应链韧性和竞争力，持续提升创新引领发展能力。

二是我们将完善政策体系，持续优化产业结构和生态。进一步加强产业统筹布局和投资引导，遏制盲目投资和重复建设。加快推动机动车生产准入管理条例出台，健全落后企业退出机制，开展集团化管理试点，支持优势企业提质降本、兼并重组、做强做大，进一步提升产业集中度。引导传统汽车企业依据自身技术、渠道优势和开放合作加快转型。严厉打击不正当竞争行为，维护公平公正的市场秩序。

三是我们将加大推广力度，不断深化跨域融合创新。研究制定汽车以旧换新、充换电基础设施建设等支持政策，深入开展新能源汽车下乡、公共领域车辆全面电动化试点等活动，进一步提高产品质量安全标准，积极扩大智能网联新能源汽车消费。开展智能网联汽车准入和"车路云一体化"试点，加快路侧感知、网联云控基础设施建设，开展高级别自动驾驶汽车城市级示范应用。

四是我们将坚持国际合作，以高水平对外开放助力现代化产业体系建设。指导汽车企业国际化联盟建设第三方技术政策服务平台，更好地服务中国企业海外发展，造福世界。同时，坚持国际化创新、全球化发展，热忱欢迎世界各国企业加大在华汽车投资和技术合作，共享发展机遇、共创美好未来。

> 住房和城乡建设部
> 副部长
>
> 秦海翔

推动跨界协同　为人民群众美好生活造好车、建好房

这些年，我国汽车行业以创新驱动发展，成功开辟新赛道。2023年，中国汽车整车出口量跃居世界第一，电动汽车领跑全球，已经成为我国出口新引擎之一，与锂电池、光伏一起被称为"新三样"。汽车行业打造电动汽车的很多思路和做法值得住建行业学习和借鉴。

汽车是行的工具，房子是住的载体，好汽车、好房子都是群众的美好生活需要。2023年，倪虹部长曾提出，学习借鉴汽车产业，为人民群众建好房子，并聚焦设计、建造、使用、服务四大环节进行了系统的阐述。一年来，住建行业和专家都行动起来了，别的行业也在帮着我们出谋划策。对于好房子我们形成了一些新认识、新体会。

第一，在技术标准上追求绿色、低碳、智能、安全。不同类型、不同价格有不同的好汽车。同样，不同面积、不同价位也有不同的好房子。对标新发展理念、对标高品质生活，我们认为好房子应当是绿色的、低碳的、智能的、安全的，让人民群众住得健康、住得方便，成本低又安心、放心。

第二，在设计理念上，坚持"一平方米"的理念。好汽车、好房子都追求空间的合理化、最优化利用，如果设计不合理，大而不当是浪费，但小而不精不能满足日常实用功能，老百姓不舒心就是因小失大，所以我们强调好房子要从人民群众的居住生活需要出发，秉持精细做好每一平方米的理念，把每一平方米都精心设计好，让每一平方米都物尽其用。

第三，在发展方向上倡导高质量、新科技、好服务。现代社会无论是汽车还是

住房，拼的是高质量、新科技、好服务，企业只有抓住机遇转型发展、不断创新，研发好材料、好设备、好产品，为群众造好车、建好房、提供好服务，企业才能有市场、有发展、有未来。

做事情要想明白、干实在。基于这样一个思路，2024年我们开始全面发力，倪虹部长在全国住房和城乡建设工作会议上做出了部署，我们将抓样板、立标准、建体系、强科技、优服务，建造新型的好房子，改造提升老房子，下功夫在住房领域创造一个新赛道。

创新是第一动力。当今时代科技飞速发展，在创新的道路上跨界协同已经成为强大的引擎，衣食住行既是群众生活的基本需求，也是科技创新应用的最大场景。我们希望多行业协同发力、跨界创新，一起为人民群众造好车、建好房，不断满足美好生活需要。

一是车房协同，努力解决停车充电难的问题。我们不能让买了新房子的群众没有地方停车，找不到地方充电，同时还要积极改造老房子、老旧小区。2023年我们结合老旧小区改造增设了85万个停车位，2024年我们将再改造5万个老旧小区，建设一批完整社区，挖存量、拓增量、促共享，会同有关部门增加停车位、安装充电桩，让广大群众能够方便停车、方便充电。这些工作每一件都很不容易，但再难，只要群众需要，我们就想办法去干，努力干一个成一个，让群众受益一个。

二是车路协同，培育经济发展新动能。城市建设为产业发展、科技应用提供了最为广阔的空间，从2021年开始，我们和有关部门一起在16个城市开展智慧城市基础设施与智能网联汽车协同发展试点，三年来打造了智慧物流、智慧公交、智慧交管、智慧城管、智慧环卫、无人物流配送、重点车辆监管等应用场景集群，展现出车路协同发展的巨大增长潜力。我们要有力有序推进新型城市基础设施建设，用更智能的路支持更聪明的车，以更多应用新场景合力创造新的投资和消费。

三是车城协同，推动城市高质量发展。纵观城市发展史，交通工具和方式变革深刻影响着城市的发展，城市的发展又促进了交通工具和方式的创新。当前进入城市更新的重要时期，智能电动汽车发展的新阶段，我们要以车路协同为基础，向车城协同稳步迈进，一体推进智能网联、智能交通、智能城市建设，靠智能、靠共享，提效率、提效能，解决道路堵、停车难问题，推动城市高质量发展，让人民群众在城市出行更便捷、更安全。

习近平总书记强调，我们的目标很宏伟，也很朴素，归根到底就是让老百姓过上更好的日子。新的征程上，我们将和汽车行业一道，勇于担当、勇于创新，打造更多好房子、制造更多好汽车，在高质量发展中更好地满足人民群众美好生活的需要。

商务部副部长

盛秋平

努力为巩固和扩大新能源汽车发展优势贡献商务力量

党中央、国务院高度重视发展新能源汽车。习近平总书记强调，发展新能源汽车是我国从汽车大国迈向汽车强国的必由之路，要深化新能源汽车产业交流合作，让创新科技发展成果更好造福世界各国人民。二十多年来，我们保持战略定力，坚持一张蓝图绘到底，我国新能源汽车从无到有、从小到大、由弱变强，走进千家万户、走向世界各地，发展水平不断提升。

2023年4月28日，习近平总书记主持召开中央政治局会议，强调要巩固和扩大新能源汽车发展优势。李强总理在2024年的《政府工作报告》中五次提到"汽车"，三次提及"新能源汽车"，要求巩固扩大智能网联新能源汽车等产业领先优势，提振智能网联新能源汽车等大宗消费。

商务部深入贯彻落实党中央、国务院决策部署，立足商务工作"三个重要"新定位，即在新发展格局当中，商务工作是国内大循环的重要组成部分、是国内国际双循环的重要枢纽、在新发展格局中发挥重要作用，用好国内国际两个市场、两种资源，统筹抓好新能源汽车流通消费、对外贸易投资合作等工作，努力为巩固和扩大我国新能源汽车发展优势贡献商务力量。

一是加强政策支持，推动我国新能源汽车产业做大做强。 联合相关部门印发了《关于搞活汽车流通、扩大汽车消费若干措施的通知》《关于推动汽车后市场高质量发展的指导意见》《关于支持新能源汽车贸易合作健康发展的意见》等政策文件，提出了支持新能源汽车购买使用管理、推动新能源汽车后市场发展和推进新能源汽车对外贸易投资合作等系列工作举措。

二是认真办好活动，引导促进新能源汽车消费良好氛围。统筹"2023 消费提振年"工作安排，在全国范围举办"百城联动"汽车节，组织开展"千县万镇"新能源汽车消费季活动，加快新能源汽车下乡，掀起覆盖城乡、亮点纷呈的新能源汽车促消费热潮。2023 年，各地共组织开展汽车促消费活动 1300 多场，新能源汽车下乡车型销量达到了 320.9 万辆。

三是完善配套保障，强化新能源汽车发展支持体系。加快在全国示范步行街、智慧商圈和一刻钟便民生活圈、县域商业体系等重点商业区域建设充换电设施。充分用好中国国际进口博览会、中国国际服务贸易交易会、中国国际消费品博览会等展会平台，协调支持高级别自动驾驶汽车在海南、北京、上海等地开展商业化示范应用，加快智能网联汽车发展。支持高水平报废机动车回收拆解项目建设，超 3/4 的报废机动车回收企业具备了新能源汽车的拆解能力。2023 年，二手车交易量和报废机动车回收拆解量分别增长了 15% 和 34%，有效地激活了汽车流通全过程。

四是坚持内外联动，推动新能源汽车高水平对外开放。深入开展"投资中国年"活动，扩大新能源汽车领域利用外资和对外投资，同时加强与外资、合资汽车企业常态化交流，建立外资汽车圆桌会制度，举办汽车及消费品专场活动，宣讲行业政策，回应企业诉求。此外，商务部还在积极开拓"一带一路"共建国家出口市场，推动利用中欧班列开展新能源汽车出口运输，建立新能源汽车多双边合作机制，全链条推进新能源汽车及其供应链企业国际化经营。

2023 年，面对多种压力，我国汽车市场逆势而上，新能源汽车延续亮眼表现，新能源汽车销量 949.5 万辆，同比增长了 37.9%，有力带动了汽车消费市场增长，市场渗透率达到了 31.6%，占全球比例超过 60%。对外贸易方面，2023 年我国新能源汽车出口规模再创新高，同比增长约 80%，出口额超 400 亿美元，销往全球 160 余个国家和地区。我国每出口 3 辆汽车，就有 1 辆是新能源汽车，助推中国首次成为全球第一出口大国，年出口量达到了 522 万辆，其中新能源汽车出口超过

120万辆。现在新能源汽车已经成为大宗消费的热点、外商投资的重点、外贸出口的亮点。

当前我国新能源汽车市场发展还面临一些困难和问题。从国内市场看，有效需求不足、购买使用环境存在短板等制约新能源汽车消费。从外部环境看，地缘政治影响日趋复杂，持续拓展海外市场需付出更多的努力。

与此同时，我国汽车市场正在加速转型重塑，新能源汽车发展迎来了新的机遇，新能源汽车市场渗透率逐年提高，新旧动能加速转换。汽车市场由"增量时代"进入了"存量和增量并重的时代"，以旧换新的潜能巨大。汽车与商、文、旅、体等行业深度融合，从交通工具向生活空间和生活方式转变已成为下一步发展的方向。国际合作不断深化，新能源汽车及其相关产业对外贸易投资成为新的蓝海。

综上研判，我们以为，未来我国汽车市场机遇大于挑战，巩固和扩大新能源汽车发展优势大有可为。国务院日前印发了《推动大规模设备更新和消费品以旧换新行动方案》，2024年，商务部将以实施汽车以旧换新为重点，聚焦全产业链、全过程壮大新能源汽车市场，支持新能源汽车发展。

一是深入开展汽车以旧换新。加大财政金融支持力度，打好政策组合拳，着力建立去旧更容易、换新更愿意的有效机制，推动汽车换能，进一步提高新能源汽车、节能型汽车销量的占比，统筹支持全链条各环节，更多惠及消费者。同时，结合"2024消费促进年"工作安排，组织开展全国汽车换新消费季活动，调动各方力量参与，扩大政策影响力。当然这些都要建立在充分尊重消费者意愿的基础上。

二是全链条促进新能源汽车流通交易。我们将在相关部委的大力支持下，推动汽车数据共享，建立汽车全生命周期的信息平台，持续落实二手车销售和出口便利化措施，提升新能源汽车在用车动力电池检测评估能力，加快活跃新能源汽车二手市场。2023年主题教育期间，我们发现新能源汽车二手车交易存在障碍，主要是检测和估价系统权威体系没有建立,所以委托中国汽车技术研究中心加快研发,争取新能源汽车电池的估价检测系统尽快上线运营。下一步,我们还将研究推动优化新能源汽车保险费率,推动提高新能源汽车社会化维修服务能力,着力解决群众购车后顾之忧。研究规范报废新能源汽车动力电池回收行为,鼓励报废机动车回收拆解企业提高资源再利用能力,提高废旧电池资源综合利用质效。

三是培育释放智能网联汽车市场潜力。 开展汽车流通消费改革试点,培育智能网联新能源汽车创新发展典型城市,支持引导高级别自动驾驶汽车商业模式探索,加快发展智能网联新能源汽车后市场,鼓励智能网联新能源汽车深度参与国际合作,提升品牌知名度。

四是推动新能源汽车对外贸易投资合作健康发展。 支持引导新能源汽车及其供应链企业加强国际合作,完善国际营销服务体系,提升海外售后服务能力,为全球消费者提供更多优质新能源汽车产品和服务。

> 原国务院参事
> 国家能源专家咨询委员会副主任
> 国家气候变化专家委员会委员
> 徐锭明

一个能源工作者的思考

2024年3月14日，美国太空探索技术公司（SpaceX）新一代重型运载火箭"星舰"第三次试射取得成功，标志着人类进入了宇宙新纪元，星际巴士正向我们走来。

《联合国气候变化框架公约》第二十八次缔约方大会（COP28）宣告，人类进入了后化石能源时代。

国际能源署（IEA）《2023年能源技术展望报告》指出，人类进入了以新能源技术为引领的新型工业化时代。

能源是人类社会发展的重要动力，对能源的控制和利用代表了一个文明的发展和繁荣程度。

一个智慧文明取决于两个因素，一是能源，二是科技。根据卡尔达肖夫指数，现在人类文明只处于0.7级，对所处行星能源尚未完全控制。今天，我们讨论的汽车问题就是能源利用、能源控制和科技成果相结合、相融合的典型成果，是人类未来文明的一支迎春花。

参加中国电动汽车百人会论坛促使我产生以下思考。

思考一，为什么要造新能源汽车？因为要应对气候变化、保护地球、实现可持续发展；实现科技创新，培育新的经济增长极，建设美丽中国。

思考二，什么样的能源是新能源？

思考三，新能源与原有能源有什么不同？

未来能源是什么？未来能源从哪里来？未来能源到哪里去？

新能源汽车首先在于新能源，没有新能源谈何新能源汽车？

思考四，对当前新能源汽车发展的自问自答。

一，安全问题，生命是根本。

二，技术问题，可靠是根本。

三，成本问题，市场是根本。

四，生态问题，绿色是根本。

五，社会问题，发展是根本。

在发展中要坚持"三度一力四性"：

技术成熟度，对应着先进性。

产品可靠度，对应着适用性。

市场认可度，对应着经济性。

公民的吸引力，对应于趣味性。

趣味性包括好用、好玩、好看、个性、特性、运动性、游戏性。未来的汽车要区分不同年龄层，要适应不同年龄层，要拥抱不同年龄层，要满足不同年龄层的体验。

思考五，未来汽车的定义是什么？未来汽车的形象是什么？

新时代、新定义，新时代、新形象。从能源属性看，从驱动装备看，从操作方式看，从使用环境看，从智能形式看。

真理在批评中发展，谬论在赞扬中滋生；问题来源于对手，灵感来源于对手，认识来源于对手，创新来源于对手。没有对手就没有战略。战略研究不是研究未来干什么，而是研究今天干什么才有未来。

当今世界正面临着百年未有之大变局，世界经济数字化转型大势所趋，新的工业革命将重塑人类社会。

能源百年未有之大变局是什么？造车业百年未有之大变局是什么？我们要以数据化培育新动能，以新动能培育新发展，以新发展创造新辉煌。Sora是人类第二次走出非洲（一种科学假说——智人取代能人）的一声礼炮，人工智能（AI）竞争战火纷飞白热化，AI时代每一天都是革命性的一天。AI时代只见新人笑，不闻旧人哭。世界向何处去？人类向何处去？我们向何处去？

在人类第二次走出非洲的旅程中，我们要自豪而不要自傲，我们要自信而不要自恋，我们要自强而不要自狂，我们要自力而不要自闭。未来的汽车将是什么样的汽车？未来的人类需要什么样的汽车？未来的汽车应该是我们的梦中情车，但现实中我们还没有看到它。当造车人将它展现在我们面前的时候，我们的眼睛就会发亮，我们就会经常说：这就是我要的汽车。

同志们，这就是乔布斯先生的市场观，所以未来的汽车不但是一个产品、一个工具、一个生活场所，更应该是人类所欣赏的艺术品，一个极致的艺术品。我不会开车，眼睛不好，但我热爱车，希望我能看到它，看到中国造车人展现给人类极致的艺术品。

未来的汽车是一个产品、是一个工具、是一个生活场所、是一个运动和游戏的玩具，未来的汽车是能源互联网的节点，未来的汽车是物联网的节点，未来的汽车是城市大脑的节点，未来的汽车将实现车路一体化、路行一体化、人车一体化、陆地、水域、天空一体化，生活、生产、生态一体化，让人们快乐地工作、快乐地生活、快乐地休闲。

在准备这个稿子的时候，我突然想起汽车之父奔驰先生，仿佛看到他的妻子贝瑞塔驾驶世界第一辆汽车的情景。我们要感谢卡尔·奔驰，同时要感谢他的妻子贝瑞塔。可以毫不夸张地说，多亏了贝瑞塔女士，人类才开上了汽车，伟大的贝瑞塔，伟大的爱情，她是汽车的"助产师"，她用爱情支撑着奔驰的发明，她用爱情推动着奔驰的创新，她用爱情助力着奔驰的诞生以及走向世界、走向人类。今天我们要怀着对人类的爱、对地球的爱、对未来的爱，所以，我期待新能源汽车在AI时代，在新的工业革命时代，从中国走向世界，走向全人类。

国家税务总局
原副局长

许善达

要高度重视高科技重资产企业税制竞争力低于美欧日的问题

我讲讲我们对当前税收政策的两项研究成果。

第一，从 2017 年特朗普总统上任开始，美国及其他发达国家就开始对其企业大规模减税，减税的重点是高科技重资产企业。我们将他们的各种政策进行对比后，于 2020 年左右得出一个结论：中国企业的税制竞争力低于美国、日本、欧洲企业，特别是在高科技重资产领域，低的幅度还相当大。

我国电动汽车产业的发展方向，是从简单的机器制造、能源生产，向高科技重资产领域发展，人工智能、芯片等高科技重资产领域，恰恰是中国企业税制竞争力低于美国、欧洲、日本的主要领域。虽然我们在很多领域都有竞争力，但是税制竞争力是非常重要的，所以我们对此要给予高度关注。

第二，在中国电动汽车百人会 10 年历程中，我们也参加了一些工作。过去，我们实施了许多减税政策，但税务局、财政部一些同志在研究企业税负时更关注要减多少税，计算减少了多少财政收入，这是很自然的，但很少计算减税以后还能给财政带来多少收入。我们在电动汽车百人会的研究工作中，对这些问题做了更深入的思考并写了报告。政府出台的减税措施，给国家税收带来的增量远远超过减税的量。

对我们的企业，特别是高科技重资产企业的税制竞争力低于美国、欧洲、日本的问题，如果不做适当改进，在未来的竞争中，我们国家的竞争能力就会减弱，可能会出现一些失误，而这些失误不仅会导致行业发展的损失、就业的损失、

GDP 的损失，还会带来税源的减少、税收收入的减少，所以要研究我们用什么样的减税措施，能够鼓励和帮助高科技重资产企业发展。

这些高科技重资产企业都是龙头企业，一家企业站住了，发展起来了，带动的产业链是非常长的。过去简单的机械加工产业链就很长，现在的产业链更长，所以，在计算鼓励政策时，既要计算减税使财政收入减少了多少，同时还要考虑这种减税对高科技重资产龙头企业给予的支持，使他们在国际竞争中站住脚，甚至打败对手，由此给国家带来的发展，包括税源的增长、税收的增加。因此，要全面认识和调整我们的税收政策。

巩固和扩大
新能源汽车发展优势　　1953　　　　1959　　　　　1969　　　　　1979

第二篇
巩固和扩大新能源汽车发展优势

中国电动汽车百人会副理事长
中国科学院院士
欧阳明高

汽车强国靠四化：电动化、智能化、低碳化、全球化——回应关于新能源汽车的种种质疑

尊敬的万钢主席、陈清泰理事长、苗部长、单部长，各位领导，各位院士、专家，各位同行：

大家下午好！

刚才万主席让我讲讲全固态电池，但是我今天没带笔记本电脑，临时没法变。我今天不是讲一个特别学术化的话题，而是主要针对当前社会上对新能源汽车的种种质疑表达一些我的观点。我取了一个题目，叫《汽车强国靠四化：电动化、智能化、低碳化、全球化》。

下面我想讲三个问题：第一，发展战略问题；第二，当前技术问题；第三，未来前景问题。

第一，发展战略问题。

谁在引领电动化？网上有很大一部分人说电动化是西方设下的陷阱，其实这不符合事实。发展新能源汽车是中国政府综合考虑石油安全、大气污染、产业升级实施的重大国家战略。十年前习近平总书记发出指示："发展新能源汽车是我国从汽车大国迈向汽车强国的必由之路"。汽车强国战略就是发展新能源汽车。前面几位领导都已经提到了，我在这是再次重复。中国电动汽车百人会是十年前5月成立的，所以具有很重要的历史意义，到2024年刚好十年。

有一系列数据表明，中国引领了电动化变革。2015年，中国新能源汽车产销

量成为全球第一，这是中国首次在全球率先成功大规模导入高科技民用大宗消费品，以前的收音机、电视机等都是国外先普及再传到中国的，但新能源汽车不是，新能源汽车是我们自己率先成功大规模引入的。

国外是什么时候开始转型的呢？是 2016 年。2016 年是全球"纯电驱动"技术转型的标志性年份。这页 PPT（演示文稿）是我以前做的，这是历史。中国新能源汽车的市场占有率超过 1% 之后各个国家才开始转型，这是他们当时的一些规划。中国新能源汽车产业化率先发力，从产品导入期进入产业成长期的时候，国外也开始转型，说明这个发展趋势是不可逆转的。当然，有些跨国汽车企业电动化规划做得过于激进，比如到 2030 年实现全面电动化，但实际推行时遇到了中国汽车企业的竞争以及欧洲电价的上涨（欧洲电价普遍高于中国，其中有些国家电价甚至是中国的十倍），导致市场表现不及预期。因此，他们选择适当调低规划目标是合理的，但绝不是放弃。欧洲多家汽车企业的中国区负责人在中国电动汽车百人会论坛闭门研讨会上表示，将继续推行电动化战略。欧洲是全球汽车碳排放法规最严格的地区，基于化石能源的燃油汽车是无法满足日益严格的碳排放法规的。

关于智能化，中国也是智能化领先的国家之一。有人说燃油汽车也可以搞自动驾驶，为什么非要用电动汽车呢？电动汽车具有智能化的先天优势，燃油汽车自动驾驶与电动汽车竞争是比较难的。我是做发动机出身的，博士课题方向是发动机控制。发动机控制的难度是很大的，发动机控制的精确性是无法跟电机控制相提并论的，控制的响应时间是秒和毫秒的数量级差别。目前的市场表现也表明，新能源汽车的自动驾驶普及率大大高于燃油汽车。

还有一种说法是电动汽车不是新能源汽车。大家知道中国新能源全球领先，按照目前的电力结构，电动汽车相比燃油汽车全生命周期碳减排超过 40%。2023 年中国风电、光伏累计装机容量超过 10 亿千瓦，2023 年新增 2.9 亿千瓦。今后 7 年，我们就按照这个数字再增加 20 亿千瓦，2030 年风电、光伏的总装机容量将达到 30 亿千瓦,将可能是煤电(燃煤发电)装机容量的 2.5 倍,非化石能源总发电量有望超过 60%。所以电动汽车将成为以消费绿电为主体的新能源汽车。

现在国际上还有电合成燃料——E-FUEL。有一种逻辑是,我为什么要搞电动汽车?我把内燃机变成使用 E-FUEL 的不就是新能源吗?是的,是可以,因为本身可再生能源既可以发电,也可以制氢,制完氢再加碳,就是电合成燃料。合成燃料的使用端不需要建基础设施,但生产端是需要建基础设施的。生产 1 升的合成燃料要 2.9~3.6 千克的二氧化碳,国际上流行的概念是从空气中捕捉所需要的二氧化碳,能耗很大。电合成燃料在内燃机中燃烧后再生成二氧化碳排回大气。国内有技术创新,不从空气中捕捉,把煤化工的二氧化碳拿过来用,但这是不是碳中和燃料存在争议。

国际上有做合成燃料的石油公司预测,到 2050 年,每升电合成燃料价格是 1 美元,这还是比较高的。所以现在的主流共识是,长途大型飞机燃料需要用 E-FUEL,船用燃料可能也是要用 E-FUEL 的,但是汽车就没有必要了。把可再生能源发电、制氢、做合成燃料三种路径比较,基于欧盟的报告(数据基于壳牌公司),直接做电动汽车全生命周期的效率是 77%~81%,现在是 77%,2050 年是 81%;如果制氢做氢燃料电池汽车,现在的效率是 33%,2050 年是 42%;如果做柴油搞燃油汽车,现在的效率是 20%,2050 年效率是 22%;如果做汽油,效率就更低了,现在是 16%,未来是 18%。所以,从这个意义上讲,电动汽车明显具有效率优势,其他动力形式的效率低就对应高成本。因此,电动汽车是汽车低碳化的主流技术路线,电合成燃料内燃机汽车很难是。

还有一个使用电合成燃料的内燃机难以做到的,就是新能源汽车跟新能源电力之间的车网互动。电动汽车可以进行实时互动来消除电网的中高频波动,使用电合成燃料的内燃机汽车是没法做到这一点的。新能源汽车是新能源整个技术体系的重要组成部分之一,而且是核心部分、引领部分。我们的智慧能源系统都需要车,比如沿高速公路部署的光、储、充、放、换一体化系统,或者光、储、充、放、氢一体化系统，我的团队在内蒙古已经开始做了。还有车、能、路、云一体化，我们在南方做这方面工作；还有房、车、能、路、云一体化，我们团队在深圳有一个住建部的智慧低碳建筑工程中心，就是做房、车、能、路、云智慧能源系统。

另外，储能技术大都来源于电动汽车。第一种，是长周期储能。氢燃料电池电动汽车带动了氢能全链条的发展，将来，氢能是长周期储能的主要手段。我们现在的发电厂是煤电的，随着光伏、风电越来越多，燃煤发电厂不需要发那么多电了，就变成一个调节性的电源了。现在建大型光伏、风电基地都要建调峰电厂，现在是烧煤的，以后就用光伏、风电、电解水制氢，用氢替代煤燃烧发电，这就是"氢储能"（用氢合成的氨、醇、油等在一定场景下相对氢具有经济优势时也可以采用），它将是最重要的长周期大规模储能方式。在北方可以实现完全零碳的能源系统，是因为有氢储能。没有氢储能是不可能实现完全零碳的能源系统的。第二种，是现在的中周期储能，就是储能10小时以内的（目前定义还没有统一），可以靠电化学储能，也就是储能电池。这个也是从汽车动力电池发展来的，可能会成为中周期储能的主体，当然还有很多其他的，例如压缩空气、抽水蓄能等。大家知道，抽水蓄能做得再多，到2030年也就1亿千瓦，但是电池储能一年就可以到1亿千瓦，这是没法比的。2023年电化学储能做到1800多万千瓦，抽水蓄能做了那么多年也就是5000万千瓦。第三种，是短周期储能，即储能2小时以内的，将来最具潜力的是电动汽车，因为电动汽车的储能量太大了，2040年电动汽保有量预计超过3亿辆，车载动力电池总容量将超过200亿千瓦·时（2023年我国平均每天的用电量约250亿千瓦·时），假设用一半来储能，就会有100亿千瓦·时，容量非常庞大。所以三个储能主流技术路线都与新能源汽车有关，这是战略问题。

第二，当前技术问题。

第一个技术问题，是电池安全问题。2023年春节期间，当地对电动汽车登船的歧视性规定，导致大量去海南度假返程车辆车主的抱怨，也引发全社会对电动汽车安全性的质疑。根据国家消防救援局的数据，2022年第一季度，新能源汽车中自燃车辆有640辆，保有量是891万辆，自燃率等于万分之0.718，与燃油汽车（含旧车）的自燃率统计处于同一数量级，但新能源汽车的自燃率要稍高一些。我们仍需要通过科技创新不断提高新能源汽车的安全性。电池安全技术分为主动安全、被动安全和本征安全三大技术。在主动安全技术方面，我的团队已经研发出人工智能大模型应用于电池安全预警，并将电池缺陷检测技术应用于电池生产线，还正在研发智能电池技术用于电池主动安全控制；在被动安全技术方面，我的团队发现了电池喷发颗粒物诱导电弧发生导致热失控蔓延和电池包自燃的机理，为电池包电气系统与电池喷发物分离设计阻止火灾发生提供了指导原则，还发展了电池包热失控蔓延的测试方法、仿真模型和系统设计成套技术并应用于国内外主要电动汽车企业；在本征安全技术方面，我的团队揭示了锂离子电池的全过程热失控机理，并以此为基础开发了系列化本征安全技术应用于主要动力电池企业。此外，我的团队还在全力开展全固态电池研发，2024年1月，我发起成立了"中国全固态电池产学研协同创新平台"，全固态电池技术将会使电池的本征安全再提升一个档次。因此，我们对电动汽车的安全前景要抱有充分的信心。中国汽车工程学会发布的《节能与新能源汽车技术路线图2.0》关于动力电池热安全的规划目标是2030年自燃率降低到万分之0.1。

第二个技术问题，是电池回收与污染。人们对铅酸电池污染的印象太深了，久久不能抹去，总是有这么一个印象。而锂电池的利用价值高、回收技术丰富，且创新活跃。现在有三条主要的电池回收路径：火法回收、湿法回收和直接回收。火法回收、湿法回收要把整个电池材料分解为元素，现在新出现的直接回收是保留材料晶体结构，是更先进的，也是更具创新的一种技术。

锂离子电池如果不回收，则制造过程的综合能耗和碳排放会是比较高的。如果采用了火法回收，会减少能耗碳排放，但是不多；如果我们用湿法回收，碳排放减少32%；如果直接回收，碳排放减少一半以上，这是按照现在的电力结构计算的。如果我们按照2030年的电力结构，即绿电占比增加，则在这个基础上再减少百分之十几；如果按照2050年的电力结构，绿电比例更高，那就减少接近75%；如果完全使用绿电，电池生产、使用和回收全生命周期达到近零排放。这也是现在很多电池企业把制造基地向西部可再生能源丰富的地区转移的原因。

第三个问题，是关于续驶里程与能量补给的质疑。最近春节出现了一些异常情况，又是冬天，湖北又有冰雨等，导致负面舆论上来得很厉害。其实纯电动汽车最高续驶里程可以达到1000千米，冬天的续驶里程减少可以通过最新的电池脉冲加热技术和基于热泵的综合热管理技术来有效缓解，一些汽车企业已经推出了这样的产品，当然买的人不多，因为比较贵。另外，10分钟充400千米的超快速充电技术也开始产业化，还有自动驾驶，但这些都是要付出成本的。对于7万~10万元的家用主流紧凑型要求性价比的轿车，目前要把这些都装上，有点难度。

目前我们的市场处于什么状况呢？当前产品正处于市场占比31%~50%之间，这个时候进入市场的主要消费者叫"早期大众"。比"早期大众"更早，最先使用创新产品的消费者叫"创新者"，"创新者"对价格不敏感，但"早期大众"是要求性价比的客户，对于花多少钱、性能怎么样是比较挑剔的。这个时候我们应该怎么做呢？我们的高端电动汽车、经济型电动汽车前些年都火过了，现在正在从两边往中间发展。中间这个"肚子"很大，A级家用乘用车一年市场500多万辆，这是新能源汽车市场占有率从31%到50%的过程中最重要的一个销售车型种类和客户群体，对国内市场来讲，这是当前的重中之重。我在2023年百人会论坛上提出"双轮驱动"，就是纯电动和插电式混合动力并行推动的产品战略。插电式混合动力车型在替代燃油汽车主流地位、抢占家用主流A级车市场方面将发挥决定性作用，它的综合性能也可能全面超越燃油汽车。

1）电动性。纯电续驶里程越来越长，插电式混合动力汽车现在可以到100多千米，也就覆盖了平时上下班的里程，而长途可以变成油电混合。

2）经济性。插电式混合动力汽车可以用混合动力专用发动机，比一般的内燃机效率要高很多。以前觉得汽油机热效率做到40%以上太难了，现在国内厂家普遍都超过40%，接近45%了，这在以前是不可想象的。另外，发动机运行工况点，插电式混合动力汽车集中在高效区，燃油汽车发动机运行点分布很散。大家看百公里油耗，插电式混合动力汽车优势明显，可以达到3.8升/百千米。

3）动力性。插电式混合动力汽车输出总功率等于发动机功率加电机功率，基本上在200千瓦以上，燃油汽车一般都在100多千瓦。根据典型车型统计，百公里加速时间，插电式混合动力汽车平均7.3秒，燃油汽车9秒多，插电式混合动力汽车优势明显。

4）可靠性。国内目前普遍采用双电机串并联混合动力构型。这种构型的好处是既可以串联，又可以并联。其实它要是处于串联状态就相当于增程式，它包含了增程式，但是因为增程式在高速公路上油耗偏高，所以在高速公路行驶时是以发动机直驱和电机辅助驱动相结合的并联混合。因此，它既可以并联，又可以串联，而且变速机构极其简单，比燃油汽车要简单很多，所以它的故障率大幅降低。根据车质网的调查数据，插电式混合动力车型故障率占比最高也就是3.1%。

5）售价对比。刚开始是电比油贵，后来是油电同价，现在厂家都喊的是电比油低，有的燃油汽车喊的是油比电强，我没理解怎么个强法，因为按刚才那些数据，插电式混合动力汽车的动力性、经济性、可靠性都强了，到了最后这一条，插电式混合动力汽车的价格还低。这种车型是目前在7万~10万元市场快速提高新能源汽车市场占有率最有力的武器，它具备燃油汽车的功能、增程式混合动力汽车的功能，还有纯电动汽车的功能。

基于此，我认为在今后几年，插电式混合动力汽车的市场占有率在A级紧凑型轿车市场会大规模渗透，因为现在渗透率还不高，所以现在重点在这个A级紧凑型车型上，一年500万辆，这是一个大市场。我认为插电式混合动力车型是会上来的，在今后几年甚至有可能插电式混合动力、纯电动各占一半。当然，随着电池性能的不断改进和充电设施的不断完善，以及车网互动等功能的加入，5~10年后，纯电动还是会回来的。最终还会是以纯电动为主体，但是近中期我们一定要看到周期性和结构性的影响因素，这非常重要。

第三，未来前景问题。

最后，对未来的前景做一个小结。

首先，新能源汽车是一个技术体系，不是单一的电动化，它包含了第四次工业革命的全部内涵。它引领了三场变革：电动化变革、智能化变革、低碳化变革。

1）电动化。2009年1月正式开始公共领域"十城千辆节能与新能源汽车示范推广应用工程"。从2010年起，私人购买新能源汽车补贴试点工作展开。2022年，中国新能源汽车市场出现爆发式增长，年销量达到688万辆。2030年左右，全固态电池有望实现产业化。

2）智能化。2015年10月，特斯拉推出了半自动驾驶系统——Autopilot，Autopilot是第一个投入商用的自动驾驶技术。2023年第二季度，特斯拉FSD（Full-Self Driving，完全自动驾驶）测试里程超过3亿英里，Dojo超级计算机开始量产。2024年2月，OpenAI Sora推出。2030年，我国基于端到端结构的全自动驾驶轿车商业化是大概率事件。

3）低碳化。2020年9月22日，习近平总书记提出"双碳"目标。在此之前，电动汽车和氢能汽车并没有以使用绿电、绿氢为目标。2024年2月，在中央政治局第十二次集体学习时，习近平总书记提出要顺势而为、乘势而上，以更大力度推动我国新能源高质量发展。2030年，中国非化石能源发电量有望达到60%，新能源革命爆发期有望提前到来。

这三场革命最终要实现什么？汽车强国！汽车强国还要加一个市场全球化，汽车强国市场都是在全球的，不可能就在国内。

电动化、智能化、低碳化、全球化的相互关系是什么呢？

1）动力电动化。电动化只是改变了动力，基础是电动化，电动化推动低碳化，电动化引领全球化。

2）整车智能化。没有电动化做不好智能化，它是基础，智能化能够添彩电动化。

3）能源低碳化。低碳化是针对能源讲的，对于全生命周期的制造、使用和回收，碳排放是目前最好的衡量标准。不管是燃油汽车，还是电动汽车，都用碳排放来衡量，用油耗不太好衡量，用碳排放是最好的。电动化不等于低碳化，因为电动化是对动力而言的，低碳化是对能源而言的，途径是电动化，目标还是低碳化，最终我们要占领道德制高点，为了人类的可持续发展、绿色发展，这是全人类的共同理想。所以光谈电动化，不谈低碳化，容易让人钻牛角尖，低碳化是我们的初心使命。

4）市场全球化。电动化、智能化、低碳化推动全球化，全球化带来高端化，最后实现汽车强国。

下一步我们怎么做呢？

1）坚持电动化。电动化是经过20多年反复论证的既定战略和技术路线，不能动摇，不需要改变。要将电动化进行到底，全力攻克下一代电动化核心技术——全固态电池技术。市场方面，采用双轮驱动战略，一方面继续优化纯电动汽车在极端工况下的性能，这些技术其实都有，关键是如何把它工程化应用。同时，我们现在的发展模式要由"以车带桩"向"以桩带车"转型，我们总说先有鸡还是先有蛋，现在应该可以分辨了。原来没有车的时候基础设施不好搞，我们用车带桩；现在车多了，车的大规模普及要靠桩（充电桩）来带，以桩带车，这就是政策转型，要大力推动充电设施的普及和升级。另一方面，近期应大力推广插电式混合动力车型，快速提升市场占有率到50%以上。

2）加快智能化。要抢抓人工智能革命的机遇。人工智能是非线性发展的，不像电动化，电动化一般比较慢，能源变化也会比较慢，但智能化系统科学革命是非线性的，来得非常猛，上得非常快，所以我们最近总是被国外来的视频冲击，它来得太快、太猛、太有冲击力。所以我们首先要普及城市导航的辅助驾驶，同时全力攻克下一代智能化核心技术——全自动驾驶技术。加快人工智能在新能源汽车设计、制造、管理、回收全生命周期大范围应用。我们现在都在"内卷"，下一步要提质、降本、增效。效益靠什么？靠数字化转型、靠智能化升级。

3）重视低碳化。我们有时候往往会忽略低碳化，只是说两场，即上半场、下半场。我觉得低碳化要重视。新能源汽车的初心使命是实现人类绿色发展的美好愿景，要坚持新能源汽车近零排放的目标，优化双积分。现在双积分作用不大，引入碳交易，特斯拉一年碳交易赚接近18亿美元。我们的汽车企业现在总的盈利情况并不是很理想，因为我们都在投入期，所以我觉得这个是很重要的。要发挥中国新能源总体优势，加强新能源汽车与新能源电力的协同互动，推动超级快充与光、储、充、换一体化，超级快充要真正实现，必须搞光、储、充、换一体化。有序充电与车网互动产业化，车网互动之前要搞有序充电，因为我们首先要建立监控云平台，把车联接起来，实现从有序充电到车网互动的产业化，还要推动车、能、路、云智能产业生态融合发展。

4）拓展全球化。现在搞全球化也有一些难度，需要我们使点劲拓展，政府民间一起努力，应对国际风险挑战。要更加自信地对国外开放新能源汽车市场，做到互通有无。我们中国错失了成为燃油汽车强国的机遇，我们现在要建的汽车强国是新能源汽车强国，我坚信我们的目标一定能实现。

谢谢各位！

中国汽车技术研究中心有限公司
党委书记、董事长
安铁成

推动新能源汽车产业健康发展
助力汽车产业提质增效

过去 10 年，新能源汽车产业向国家、社会和大众消费者交出了一份亮丽的成绩单，产销量连续 9 年位居全球第一，产业链、供应链实现了自主可控，技术水平从追赶到领跑，民族品牌加速向上，出口规模和质量同步提升，成为汽车产业发展的新引擎和新名片。

我就"推动新能源汽车产业健康发展，助力汽车产业提质增效"谈一点看法和思考。

第一，过去 10 多年，汽车产业在发展中形成了五大经验。

一是抢抓战略机遇，坚持一张蓝图绘到底，才取得了今天的成绩；二是在新能源产业发展过程中，政府扮演了产业发展引导者和维护者的角色；三是建立了系统全面、与时俱进的政策体系；四是推动产业生态由传统的链式关系向网状生态演变；五是以开放共赢的思维对内促转型，对外拥抱全球化。

第二，应该看到新能源汽车产业发展过程中，出现了一些新情况和新问题。

主要体现在以下四个方面：一是国际约束环境对产业发展构成了新挑战。美欧日等推动本土产业加快发展和海外产业链回流，以《欧盟电池和废电池法规》为代表的国际电池法规不断加大我国产品的合规难度，我国新能源汽车全球化发展受到围追堵截。二是在发展过程中新旧动能转换过快，可能引发系统性风险。我们要加快研究如何应对新旧动能转换过快可能导致的无序竞争，如降价潮、区域经济下滑、管理失调等系统性风险，这已经成为当务之急。同时，未来一段时间，燃油汽车与新能源汽车将会并行发展，燃油汽车产业发展仍旧不可忽视。**三是国际化进程提速，产业发展亟须构建新体系。**2023 年，我国首次超越日本成为第一汽车出口大国，汽车国际化发展必将成为推动我国汽车产业发展的重要引擎。中国企业开始在产品研发、制造技术、市场营销、企业管理等方面积极参与全球竞争，我们应该以国际化思维建立产业发展体系。**四是我们面对的新情况、新问题是产业发展进入大融合时代需要形成协同发展的新格局。**随着新能源汽车产业的发展，汽车、能源、信息、交通等产业趋向深度融合，国家明确提出建立构建车、能、路、云融合发展的产业生态，如何推进产业协同发展，也是摆在我们面前的重要课题。

第三，就产业实现高质量发展提五点建议。

一是加快推进适应新形势的税收体系研究。要基于汽车产业中长期发展趋势，多维度、多层次深入剖析汽车税制改革需求，研究建立引导产业绿色低碳创新发展的财税机制。

二是探索"双碳"目标约束下产业转型发展的新路径。要从战略引领、技术创新、资源整合协同、示范工程引领等方面形成激励约束机制，探索开展低碳制造、碳数据管理平台等试点示范工程，加快锻造汽车产业的低碳竞争优势。

三是要稳步推进新旧动能的接续转换。以进促稳、先立后破，既要深入实施发展新能源汽车的国家战略，也要着力加强传统产业技术革新和设备更新，提升价值创造能力，构建新型产业生态。

四是建立全方位、多层次的国际化发展支持体系。继续加大在政策、物流、金融、合作平台等方面的支持力度，促进汽车企业全面提升全球布局能力、技术创新能力、国际合作与交流能力。

五是打造安全、强韧、开放的汽车供应链体系。聚焦车规级芯片、高性能传感器、车载操作系统等关键领域，立足自主研发，善用国际合作，坚持促增量、稳存量、提质量并举，促进产业转型升级，补短板、强弱项。

长安汽车总裁

王 俊

坚定不移推动新能源汽车产业高质量发展

当前，全球新能源汽车产业正在阔步向前，在这一轮转型升级过程中，中国为全球新能源汽车产业发展探索了一条成功之路，不仅培育出了全球最大的新能源汽车消费市场，也通过持续地技术创新，不断培育新质生产力，形成了较为先进、成熟的智能网联新能源汽车产业模式。

具体来看，当前中国新能源汽车产业为全球汽车产业的发展做出了以下三方面贡献。

一是中国新能源汽车市场为全球新能源汽车产业规模化发展奠定了坚实基础。2024年两会《政府工作报告》指出，中国新能源汽车产销量占全球比例已经超过60%。中国汽车工业协会公布的数据显示，2023年，我国新能源汽车产销量双双突破900万辆，连续9年居世界第一，中国自主新能源汽车品牌市场占有率也突破80%。

二是中国为全球新能源汽车产业提供了中国的技术解决方案，发展沉淀了较为成熟的技术，提供了较完备的产业链基础。20多年来，中国汽车品牌构建了"2+3"的优势，带来了高质量发展的新机遇，其中，"2"是指成本和效率；"3"是指造型设计、新能源和智能化。此外，中国已形成了一大批优质的"大三电"和"小三电"的零部件企业，新能源产业链基本成型。据不完全统计，中国在"三电"（电池、电驱动、电控）系统领域已形成了1000余家电池企业、280多家电驱动企业、350余家电控企业，带动了包括新能源在内的整个能源产业。同时，通信、大数据甚至人工智能产业迅猛发展。

三是中国汽车产业有义务也有能力，更有责任为人类提供更好更多选择的新能源汽车产品和服务。目前，一些欧美汽车巨头陆续宣布推迟电动化进程，但是我们认为，全球汽车产业向电动化、智能化转型的浪潮不会改变。转型就是为了让汽车更好开、让汽车更环保，是为了解决复杂的用户场景需求，实现人们对美好出行的向往，绝不会因部分企业的战略调整就发生改变。

中国取得这些成果有以下几方面原因。

一是坚定不移地推进全球生态环境治理。随着《京都议定书》《巴黎协定》等国际性公约的发布，以及中国"双碳"目标的加速落地，中国汽车工业抓住了电动化、智能化、网联化转型机遇，强化顶层设计，助力推动技术创新、产品创新和市场创新；充分发挥国家体制的优势，以稳定的政策导向推动了新能源汽车产业快速发展。

二是始终坚持技术创新。中国企业不断持续加大研发投入，如长安汽车在过去10年在新能源和智能化领域共投入了2300亿元，为新能源汽车产业发展注入强大的动力。企业通过统筹科技创新和产业创新，持续加强关键核心技术和关键零部件的自主研发，有力提升了中国汽车工业的核心竞争力和品牌影响力。

三是始终坚持全球产业链协同发展。通过开放的发展，实现了上游供应链的协同创新和终端商业模式的创新。整车企业完善了产业布局，构建了完整的服务新生态，市场中用户的体验越来越好。

但当前新能源汽车产业高质量发展仍面临诸多的问题和挑战。

一是电池技术还有较大的改善空间，电池安全、低温衰减、电池寿命、补能速率等方面还有一些痛点。从整车企业视角来看，电池标准化步伐推进较慢，不利于成本控制。此外，电池回收和梯次利用的产业链闭环尚未完全打通。

二是用户补能体验有待改善，补能基础设施的布局不够均衡。2023年，新能源乘用车上险量为726万辆，但私人充电桩安装量只有246万根，差距较大。

三是新能源汽车成本高企，规模效应未充分显现。2023年，行业在售新能源车型 403 款,平均月销量只有 1500 辆。100 多个乘用车品牌中,真正能够盈利的寥寥无几,这是行业可持续发展必须解决的问题。

针对上述问题和挑战,提出以下建议。

一是要加强电池的技术攻关,着力研究电池补能效率、全域使用场景的痛点问题。同时还要推动动力电池,尤其是电芯方面的标准化,加大电池回收和梯次利用的产业研发投入,加速推动全球电池产业链循环一体化。

二是加快完善新能源汽车补能基础设施的布局,扩大补能设备的覆盖范围,优化充电桩结构。

三是高度重视并加大在人工智能、半导体、先进通信、先进材料等方面的投入,着力研究大模型在垂直场景中的应用,推动以智能网联、新能源为特征的新汽车加快发展,布局新的汽车发展领域。

四是加速推动新质生产力在汽车产业的应用和推广,加快全球化发展的进程,通过技术进步与产业规模发展进一步降低成本、提高效率。

比亚迪股份有限公司
董事长兼总裁
王传福

突破迭代临界点，加快汽车工业绿色低碳转型

2023年是我国汽车工业不平凡的一年，是创造历史的一年，我国汽车工业经过70年的发展，产销量首次突破了3000万辆，同时跃居全球第一大汽车出口国；在全球前十的汽车销量榜单中首次出现了中国品牌的身影。

随着新技术、新产品的快速迭代，我国在推进碳达峰、碳中和的过程中塑造了新产业的发展优势，新能源汽车产销量连续9年全球第一，占全球的比例超过了60%，形成了极具韧性和竞争力的完整产业链，为全球汽车绿色转型做出了示范。经过长时间的发展，新能源汽车走到风口，实现了爆发式增长，这是行业同仁坚守创新、共同奋斗的成果。大家都是汽车电动化、智能化变革的起风人。

在新一轮的科技革命和产业变革的浪潮中，无论是AI（人工智能）算力，还是电动汽车，最底层都是对能源的需求，而人类发展历史上每一次工业革命的背后都伴随着能源类型的转换以及能源利用效率的提升。2024年2月底，习近平总书记在新能源技术与我国的能源安全集体学习时强调，要统筹好新能源发展和国家能源的安全，推动我国新能源高质量发展，为共建清洁美丽的世界做出更大的贡献。我国是一个多煤少油的国家，煤炭和水能资源丰富，石油和天然气储量相对较少，水电、风电、光伏发电等可再生能源的装机量世界第一。我国可再生能源的发电量装机规模在2023年历史性地超过了火电，全年新增装机量比例超过了全球的一半，未来将为人工智能、电动汽车等领域的发展提供绿色能源的解决方案，以及丰富的应用场景。电动汽车主要利用夜间波谷的电来充电，用电相对比用油更有保障，也更有利于节约社会资源，促进能源结构的优化调整。加快发展

电动汽车将有助于减少石油的消耗，调整能源结构，形成绿色可持续发展的未来。当前机遇与挑战并存，面对世界百年未有之大变局，我们要更加坚定地拥抱汽车百年未有的大变革，保持战略定力，确保战略方向的正确性。

新能源汽车的崛起是不可逆转的趋势，而且新生事物在中国市场变革的速度和效率远超国外。2023年，全球新能源乘用车的销量超过了1300万辆，整体渗透率为18%左右，而中国新能源乘用车销量大概是788万辆，整体渗透率超过了35%，正处于从量变到质变的关键期。伴随新能源汽车研发力度的持续增强，新车的投放数量也在快速提升，我国新能源汽车变革进度持续深入，正在突破迭代的临界点。就在上周，新能源汽车行业上险数的渗透率已经突破了48.2%，如果按照这个速度发展，估计未来3个月内，新能源汽车的渗透率可突破50%，甚至更高，从而占据市场的主导地位。

新能源汽车发展之路也是一条荆棘之路，行业走到今天有喜有忧。喜的是，新能源汽车市场还有充分增长的空间，如果2024年国内新能源乘用车平均渗透率从2023年的35%增长到45%，那么全年增幅将达到10个百分点，相当于超过200万辆的销售增量；同时，新能源汽车的出口提速，也会形成较大的增幅。忧的是，市场竞争日趋激烈，行业进入一个惨烈的淘汰赛阶段。一方面，我国汽车工业经历了70年的发展，已进入结构性的调整阶段，纵观全球汽车强国之路，产业集中度提升是必然阶段。另一方面，我国新能源汽车经历了20年的培育和壮大，已进入一个周期性的调整阶段，企业需要尽快形成规模效应和品牌优势。

时代的车轮滚滚向前，任何行业都是从0到1、从1到100的发展过程，大家一起努力，推动新能源汽车更好更快地发展。

2024年全国两会时，李强总理在《政府工作报告》中指出，要巩固扩大智能网联新能源汽车等产业领先优势，提振智能网联新能源汽车等大宗消费，体现了我国加快汽车电动化、智能化转型的决心，也更坚定了行业的信心。电动化上半场已经驶入快车道，智能化下半场正在换档提速，未来，智电融合的整车智能是发展方向，只有打好电动化的基座，才能建好智能化的高楼。

比亚迪2024年年初发布了璇玑架构，打破车控、智驾（智能驾驶）、智舱（智能座舱）的固有框架，把整车作为高级智慧生命体，提供安全高效的协同交互。以仰望U8为例，整车智能好比给四个独立电机上的控制装上了眼睛、耳朵、神经和更强大的大脑，打造出易四方泊车、高速爆胎控制、赛道无人驾驶等高度创新的颠覆性功能，形成电动化和智能化高效融合的驾驶体验。

比亚迪肩负责任使命，将坚持用原创性、颠覆性的技术催生壮大新质生产力，突破迭代的临界点，为汽车工业的绿色低碳转型发展贡献力量。

吉利控股集团总裁
极氪智能科技 CEO
安聪慧

以体系化发展竞逐新能源汽车潮流

2024年全国两会《政府工作报告》对我国新能源汽车发展的成果给予了肯定，这也是十年以来，我国新能源汽车首次能够与国产大飞机、国产大邮轮等国之重器一道得到国家的重点表扬。十年向上，初见锋芒。但与此同时，我们也要清醒地看到当前随着电动化、智能化的不断深入，市场的竞争也越来越激烈，有人"掀桌子"，也有人"下桌子"，还有一些跨国汽车集团放慢了电动化的脚步，甚至有人担心新能源汽车会不会变成中国的"独角戏"。

毋庸置疑，智能网联的新能源汽车代表着更先进的新质生产力，它和传统燃油汽车之间绝非简单的替代，而是全方位的进化。电动汽车看起来比传统的燃油汽车少几千个零件，但多了至少十亿行代码，还蕴藏着无限多样的需求场景等待发掘，这种需求的变化也改变了汽车企业的竞争方式。在燃油汽车时代，大家聚焦于产品，比动力、比空间、比"堆料"；在新能源汽车时代，汽车企业之间是全链路、全体验、全生命周期的体系化竞争。而体系化的发展优势，最终决定差异化的竞争能力。基于这样的战略思考，吉利控股集团开启了全品牌矩阵的新能源转型。

吉利控股集团的发展目标，是成为新能源汽车时代的大众集团。要达到这个目标，我们必须具备"一纵、一横、全球化"的协同创新能力，并以此来实现产业协同、生态协同和全球协同。

第一是纵向的产业协同，即整个产业链的垂直整合能力。新能源浪潮是全球汽车的百年变局，缺乏垂直的整合能力往往会受制于人。而一旦具备这种能力，就可以将整合带来的创新成果快速地从局部协同到整体，在各品牌之间实现"一新百应"。

从天地一体化的科技生态布局，到整车全生命周期的智能进化，吉利围绕新能源汽车各个核心领域，从产业链逆流而上，舍末逐本。技术路线方面，吉利打造了中国品牌第一个拥有完全自主知识产权的原生纯电架构——浩瀚架构。"三电"方面，极氪自研的电驱凭借不断的技术进化，形成了豪华、高性能的标签，800伏的金砖电池，从电芯到电池包全栈自研自造。智能制造方面，吉利的一体式压铸是全球首条L4级别的智能生产线，极氪也是国内首个自建压铸车间的自主品牌。

第二是横向的生态协同。当前新能源汽车产业模式具有纵向的垂直整合的空间，新能源汽车的商业模式则具有全链路、全场景、全生命周期的生态特点，只有不断加强横向的生态协同，才能打造更极致的用户体验。

其中最具有代表性的是补能网络的协同。里程焦虑至今仍是新能源汽车用户的最大痛点，随着800伏超快速充电时代的到来，高效、便捷、安全的超快速充电补能体验将成为根治用户里程焦虑的最优解之一。目前，吉利是全球唯一提前布局了800伏全生态解决方案的汽车企业，掌握了"三个800"：既有800伏的车；又有800伏的电，即金砖电池；更有800伏的网，即超快速充电补能网络。

极氪品牌从创立之初就自建自营补能网络，2024年将全面部署极充V3——800千瓦超快速充电桩。目前，极氪超快速充电网络规模稳居行业第一，并将在2026年之前实现"千站万桩"的布局规划。同时，吉利也正在加快开放生态协同，除集团内部各品牌可以直接共享补能生态外，未来也可以与更多的友商打通充电协议。

纵向的垂直整合、横向的生态拓展放大到全球市场，就要做到全球协同。新能源汽车时代的中国汽车企业也应该在向全球输出产品、输出品牌的基础上，输出经验、输出技术和输出模式。

基于这种思考，吉利在2017年进入东盟市场，与马来西亚的宝腾汽车协同发展；此外，还携手共建马来西亚丹戎马林汽车高科技谷，打造东盟新能源和新技术研发制造高地。吉利控股集团有将近三分之一的员工在欧洲，国外的销量占比接近40%。极氪在2023年开启全球化战略，进入欧洲发达国家市场和其他的新兴市场。对吉利控股集团来说，欧洲是第二主场，有得天独厚的协同优势，到2024年年底，极氪将进入瑞典、荷兰、德国等8个西欧市场，以及38个涉及中东、东南亚地区的市场。

协同向新，方能纵横四海。上下同欲者胜，风雨同舟者兴。相信在党中央和各级政府的领导下，中国新能源汽车产业必将不断地巩固和扩大发展优势，成为全球新能源转型的协同榜样，为中国经济的高质量发展做出更大的贡献。

> 蔚来汽车
> 创始人、董事长、CEO
> 李　斌

加强行业合作，共同解决电池寿命问题

在2015年4月29日，财政部、科学技术部、工业和信息化部、国家发展和改革委员会等四部委联合发布的《关于2016—2020年新能源汽车推广应用财政支持政策的通知》中，明确规定了新能源乘用车动力电池系统的质保要求，即不低于8年或12万千米（以先到者为准）的质保期限。这一质保政策降低了私人购车者对于电池使用寿命及后续维护成本的顾虑，对于提振私人用户的消费信心具有重要意义。随着该政策的实施，从2016年开始，我国新能源汽车在私人消费者群体中的接纳度不断提升，私人购买的数量逐年攀升，逐渐取代了早期主要依赖政府补贴推广的营运车辆，成为推动新能源汽车市场发展的核心力量。

过去8年，我国新能源汽车累计上险量已超过1940万辆，这意味着接下来的8年内，这批车辆的电池质保将会陆续到期。电池作为新能源汽车的核心部件，其维护和更换成本相当高昂。目前市场上不同类型的新能源汽车，如插电式混合动力汽车（PHEV）配备的30度电量大电池，售后服务成本大约为5.8万元，而增程式电动汽车所需的40度电量电池则可能高达8.6万元，纯电动汽车的电池成本可能会更高。现行的主流质保政策通常为8年或12万千米，并且仅保证电池容量在该期间内健康度维持在70%以上。当电池容量衰减至一定程度（如降至70%健康度以下）时，不仅影响续驶里程，还可能带来安全性的显著下滑，严重影响用户使用体验。尽管近年来新能源汽车产业在电池安全、续驶里程、成本控制、充电效率以及充电设施布局等方面取得了显著进展，但电池寿命的标准并没有得到相应提升，这就预示着未来将出现大规模的电池更换需求。按保守估计，若近

2000万辆新能源汽车均需花费约6万元解决电池售后问题，则总成本将达到1万多亿元。业界曾寄希望于通过电池梯次利用来降低这一成本压力，然而现实情况是，车载退役电池并不适用于储能场景，因此主要还是依靠电池回收的方式来解决。鉴于我国在全球新能源汽车市场的销量占比高达60%，这个问题在我国显得尤为突出和急迫。因此，解决动力电池的寿命问题并寻求更加经济且可持续的电池全生命周期管理方案，是我国乃至全球新能源汽车行业面临的关键挑战之一。

过往电池寿命设计中，无论是日历寿命（指从生产之日至寿命终结的年数），还是循环寿命（指电池能完成完整充放电循环的次数），往往设定的标准低于许多电动汽车用户期望的实际使用年限及行驶里程需求。当电池达到任一寿命期限，就需要更换。前两年在特斯拉的案例中，车辆行驶了100万千米就需要更换3块电池，就是这个道理。为了解决这个问题，蔚来汽车正在通过持续地研发和创新来延长电池寿命。蔚来汽车的电池策略是可充、可换、可升级，并配套电池租赁方案，以减轻用户对电池寿命的顾虑，同时探索更加可持续的商业模式。蔚来汽车认识到，要提升电池寿命，不仅要聚焦本征研发，还需着力构建智能化电池运营体系，从而整体上延长电池作为关键部件的服务年限。类似于人体健康的维护，既要注重先天基因，又要强调后天的保养。

蔚来汽车在电池技术研发方面不断深入探索，电池研发实验室占地面积超过2200平方米，并已拥有逾1000项专利，其中约10%的专利专注于电池寿命延长技术的研究。近年来，蔚来汽车还构建了一套电池智能云运营系统，该系统将材料、电芯、电池包以及整车的数据整合至云端，形成大数据平台。通过这一智能云系统，蔚来利用其独特的换电体系进行电池健康管理，最初主要用于保障电池安全，如今更进一步应用于电池健康维护，显著提升了电池使用寿命。蔚来已在近期的长寿命电池战略沟通会上明确了未来长寿命电池的技术与运营目标，即确保电池在15年的合理汽车使用周期内保持高效运行，实现"里程无忧"。蔚来正与电池制造领域的合作伙伴如宁德时代、中航锂电等共同推进长寿命电池的研发与应用，为用户带来实际利益，同时对社会长期效益和新能源汽车产业的健康发展产生积极影响，增强全球竞争力。此外，蔚来不仅自身积极推动换电模式的发展，也积极倡导全行业共享这一创新成果。目前，蔚来已与长安、吉利、奇瑞、江淮等多家汽车企业展开换电网络的合作，并即将迎来更多汽车企业的加入。目前，蔚来汽车已完成累计 4000 万次换电服务，单日最高换电次数接近 10 万次，深受用户喜爱。蔚来期待自身的创新实践能激发业界更多的灵感与合作，共同推动新能源汽车行业的发展进步。

小鹏汽车
董事长、CEO
何小鹏

下一个十年是智能化的十年

2014年8月，小鹏汽车成立。在过去十年，小鹏汽车在前五年完全闭门研发，到了第五年，也就是2019年的时候，才有了第一款车，自此之后，小鹏汽车每年都会推出一款新车。2019年，我国大概有300多家造车新势力企业，到现在为止，总共剩下大概10家。进入下一个十年，在汽车企业已经迭代第三次架构的情况下，我相信未来三年，我国新能源汽车将会进入一个高度市场化竞争的淘汰赛阶段。

对于小鹏汽车来说，怎么去迎接这个淘汰赛？首先最重要的是建设好体系能力、组织能力和经营能力，其次则是蓄力拥抱智能化的未来。小鹏汽车坚信，汽车产业上一个十年是新能源化的十年，下一个十年将是智能化的十年。小鹏汽车从创立的第一天开始，就相信智能化是未来。智能汽车的核心拐点，就像当年的iPhone 4一样，其革命性来自智能化，而不仅仅是造型、成本、质量。

过去十年里，小鹏汽车一直在坚定不移地投入自动驾驶。2021年，小鹏汽车推出了我国第一个在高速公路上利用高精度地图的NGP（导航辅助驾驶）方案。虽然目前这一功能在造车新势力企业20万元以上的车型中已经成了标配，但那个时候没有人相信。一年半前，小鹏汽车在广州推出了行业第一个无图城市高阶辅助驾驶功能，在2024年1月已经拓展至243个城市。

在未来18个月到更长时间，高等级智能驾驶拐点将会到来。

安全是人们关注自动驾驶时首要关注的问题。非官方数据显示，全球每年因为汽车死亡的人数超过200万。而就目前的数据来看，智能驾驶的事故率是人工驾驶的1/10以内，且随着智能驾驶能力的提高，越来越多的智能驾驶功能升级到完全自动驾驶，这个数字可以降到1/100~1/1000。如果我们真的能在10~20年间，把全自动驾驶或者高等级车、路、云协同的无人驾驶做好，把这 200 万人变到 2 万人以内，这对整个社会将有巨大的价值。

高等级智能驾驶将带来更好的开车体验。高等级智能辅助驾驶可以做到每 100 千米主被动接管次数约为 0.1 次，即每开 100 千米，大部分时间都完全不用驾驶员接管。但目前在城市里面，每 100 千米接管的次数超过 10 次。我相信，在未来的 18~36 个月，如果能够把所有的城市，99% 的道路，99% 的场景做到 100 千米只需接管 1 次以下甚至到 0.1 次，那么我们开车的体验会完全不一样。

高等级智能驾驶将变得更"聪明"。ChatGPT、Sora 的出现都让大家看到人工智能（AI）在更大的算力、更大的数据模型里面的变化。2024 年，小鹏汽车在智能化方面的研发投入将会达到 35 亿元；第二季度，小鹏将会成为行业内首家把大模型应用到车上的企业。小鹏会开始将视频流转换成汽车能够理解的规划和规则，比如在下雪情境下给出不同的自动驾驶方案，让智能化变得"聪明"。

过去，智能辅助驾驶不是影响客户购车决策前三位的因素，原因就是价格。高等级智能辅助驾驶比一般仅提供 ACC（自适应巡航控制）功能的智能辅助驾驶大概要贵 5 万元，而如果只贵 1 万~2 万元，我相信高等级智能辅助驾驶甚至无人驾驶会快速占领市场。在过去的时间里面，绝大部分企业不讨论这个话题，是因为没有办法，因为 CPU（中央处理器）不是我们的，因为需要很多的传感器，因为研发成本非常高，因为平台化做不好……过去五年，小鹏汽车每年有一款车面世，而当未来三年小鹏有十几款新车，以及有多款面向全球的车型面世的时候，就可以大幅度摊销成本，使更便宜的自动驾驶能够到来。

三年前，我提出没有汽车企业在那个时候能够推出一款便宜的、带高等级智能驾驶的车，不是因为做不出来，而是因为没有利润。小鹏汽车即将面向全球推出 10 万~15 万元级别的 A 级车，会将小鹏汽车的高等级智能驾驶，甚至在将来会将无人驾驶代入，并且能做到有利润。希望通过小鹏汽车全新品牌在 A 级车市场中的登场，能够实现科技平权，让全自动驾驶走向千家万户，走向全球！

百度集团副总裁
智能驾驶事业群组总裁
王云鹏

让 AI 技术和车辆工程紧密融合，做中国新能源智能网联汽车的技术合伙人

当前，汽车电动化趋势已定，但智能化竞争才刚刚开场，自动驾驶产业正迎来新的发展阶段。过去 10 年，在政府的指导和政策的支持下，自动驾驶已经从封闭测试场，到开放测试道路，再到示范运营区。过去 1 年里，我们欣喜地看到，以北京、上海、武汉、重庆、深圳等为代表的国内很多城市都开始快速扩大智能网联汽车示范应用的范围，现在已经进入了城市级示范应用的新阶段。以武汉为例，智能网联开放的路网，辐射面积已经达到 3000 平方千米，触达人口数量超过 770 万，可以 7×24 小时运行。可以说，经过多年的艰苦奋斗，自动驾驶已初见曙光。

当前，在北京、上海、武汉、重庆、深圳等多个城市都能打到百度旗下的萝卜快跑无人车（车内没有安全员）。截至 2023 年，萝卜快跑的用户总订单量已经超过 500 万，最常用的用户已经打了超过 2000 单，里程最长的一单已经超过了 95 千米。在武汉，萝卜快跑可以在汉南、经开、汉阳、硚口、东西湖，跨过长江大桥到江南的江夏、洪山、青山、东湖高新等多个核心区域，服务近一半的武汉市民。现在，武汉每天全无人运营（车内没有安全员运营）的里程已经超过 5 万千米，服务单量在武汉网约车中的比例已经超过 1%，这个数据还在快速增长。相信过不了多久，无人驾驶也会像今天的电动汽车一样，成为中国科技创新的骄傲。

无人驾驶非常难，行百里者半九十。百度作为起步最早、投入最大的公司，

发展过程中不仅开放了源代码,还为行业培养了很多人才,10年坚持,是百度对技术的信仰和不懈追求。除了在无人驾驶技术领域深耕以外,百度还在积极地把这些技术应用在辅助驾驶上面,加速应用的落地,为汽车企业客户和用户创造价值。百度坚持走人工智能(AI)技术和车辆工程紧密融合的路线,坚持做汽车企业智能化的"技术合伙人"。

当前,行业面临的一个共同挑战,是智能驾驶还没有成为影响用户购车决策的关键因素,归根到底,是目前市面上的智能驾驶产品都没做到足够好,没有做到像地图导航一样,让用户用了就离不了。2023年,阿波罗(Apollo)智能驾驶取得了技术能力和产品体验上的双重突破,国内首个纯视觉城市智能驾驶在极越01上实现量产,应用BEV+Transformer技术,最新的版本已经率先应用了占用网络(OCC)技术,带来了安全性和用户体验方面的提升。

过去两三年,汽车企业在介绍自己的智能驾驶的时候更多会说自己的硬件指标,经过两三年的开发,大家慢慢认识到,如果没有软件算法、数据上的能力支持,这些昂贵的硬件只是增加了成本。百度的纯视觉城市智能驾驶解决方案,可以充分利用百度在大模型和高质量数据方面的积累,将车端硬件能力发挥到极致,是当下平衡安全、体验和成本相对较优的解决方案。

好的智能驾驶应该是到哪儿都能开的智能驾驶。当前,行业讨论比较多的是"无图"的智能驾驶方案,但在我看来,其实大可不必。包含先验交通信息的地图数据对自动驾驶的重要作用,技术人员是有普遍共识的。对于智能驾驶来说,要做到充分利用地图,但不完全依赖地图,要具备实时的场景感知能力,还要能够对地图的数据有一定的容错能力。基于此,就需要智能驾驶和智能地图一起协同进化,共同发展。

目前,百度地图以车道级导航数据作为基础,可以兼顾标准地图和高精度地图的优势。通过大模型技术升级了自动化产线后,效率较之前提升10倍,但是成本只有之前的1/20,现在车道级导航已经覆盖了全国超过360个地级市。百度开发了手机车机一体化的地图引擎，一方面能够支持手机的百度地图导航，同时也能让 ANP（阿波罗领航辅助驾驶）智能驾驶得以应用，以此实现有百度地图的地方智能驾驶都能使用。百度地图的车道级导航是完全开放的，不仅服务于百度自己开发的智能驾驶产品，也能够为汽车企业客户的智能驾驶产品提供高精度、高质量、低成本、更新及时的地图数据，提升智能驾驶的安全性和用户体验。

在智能座舱方面，过去的一年是大模型和生成式 AI 非常火的一年，百度基于文心大模型开发出来一款新的座舱应用，在智能驾驶产品为车主用户配备一个"靠谱的老司机"的同时，大模型上车又能送上一个"贴心的小助理"。大模型不仅具备语言交互能力，更具备场景理解能力，基于此，车机可以从原来只是执行命令的遥控器，升级为一个能够主动理解用户需求，提供主动服务的贴心助理。

当前，智能驾驶尚未成为让用户购车的关键性要素，是行业还没有把产品做得足够好，没有能够做到像开车离不开地图导航那样让用户用了就离不了。接下来，我们要一起努力，扎实打磨技术，提升用户体验，提升安全性，做出兼顾成本、体验、安全的产品，真正实现智能化跨越。

北京地平线科技有限公司
创始人、CEO
余 凯

用户价值为先，引领智能驾驶普惠和升级

地平线在2020年成功实现了车规级芯片的前装量产商业化突破。截至2023年，地平线已经与超过30家中国主流汽车企业建立深度合作关系，产品和技术还成功延伸至合资品牌市场。搭载地平线芯片的爆款车型深受消费者喜爱，目前已有超过110款量产车型搭载了地平线的芯片进入市场销售，并且有更多的车型正处于量产阶段并逐步交付的过程中。

2023年，在高阶智能驾驶NOA（Navigate on Autopilot，自动辅助导航驾驶）计算方案的市场竞争中，英伟达凭借48.9%的份额占据榜首，而地平线以35.5%的份额位居次席，头部两强的格局比较凸显。在前视一体机计算方案（L2 ADAS，L2级高级驾驶辅助系统）市场，地平线的市场份额位居第二，占比达到23.7%。在这个细分领域，Mobileye、日本瑞萨与地平线三家企业共同占据了主导地位。

2024年，地平线将推出征程6系列芯片，这是首次推出的全面覆盖从低阶到高阶智能驾驶需求的家族系列芯片。征程6系列芯片的核心革新在于采用了全新的纳什架构，支持在复杂环境中高阶智能驾驶与周边交通参与者进行博弈。纳什架构在处理传统的卷积神经网络以及更先进的基于Transformer的大模型时，实现了数倍乃至数十倍的计算效能飞跃，这一突破使得地平线能够为不同市场需求的客户提供完整解决方案。

智能计算是车载操作系统在汽车智能化进程中的关键突破方向。现阶段，智能驾驶和智能座舱分别搭载独立的芯片，并各自配备专门的域控制器。未来的智能汽车电子电气架构设想是在同一中央计算域控制器内部集成这两种独立的功能。

面对人工智能（AI）、大模型算法和端到端 Transformer 技术等新时代背景，智能驾驶与智能座舱、人机交互之间的界限不再泾渭分明，而是趋向于一体化的 AI 驱动模式，这些功能将只是建立在 AI 计算和操作系统之上的应用之一。这种演变将催生全新的以人工智能计算和数据流处理能力为核心的计算架构和操作系统，与过去以软件为核心的传统架构有着本质区别。

车载操作系统需要"杀手级"应用来牵引。单纯从底层操作系统着手构建一个占据绝对生态主导地位的操作系统并非易事，而往往从满足垂直应用的需求出发，才能有效推动操作系统的广泛应用及生态繁荣。以 Windows 和 Android（安卓）为例，Office 办公应用软件的巨大市场需求提升了用户对于 Windows 操作系统的依赖度；得益于谷歌（Google）的一系列垂直应用，安卓构成了生态体系的核心吸引力。打造一个成功的汽车操作系统，这一原则同样适用。必须跳出纯技术视角，转而运用商业生态的全局观来构想和规划大操作系统的发展路径。大操作系统必定是植根于广泛的主流应用场景之中的，如此才能形成强大的生态壁垒。

车载操作系统第一个"杀手级"的应用是智能驾驶。近年来，辅助驾驶配置渗透率持续提升，至 2023 年，已有超过半数的新车具备辅助驾驶功能。随着技术迭代和成熟，消费者会越来越能享受到智能驾驶带来的安全和便捷，未来车辆装配辅助驾驶系统的比例将趋于 100%。同时，L2+ 及以上级别智能驾驶的配置率也将持续增长，尤其在 20 万~30 万元价格区间的车型中，NOA 的装配率将显著提升。不过，现阶段高阶智能驾驶仍面临一些实质性挑战。高昂的成本阻碍了更大范围的市场推广，此外，NOA 在极限场景下的功能表现尚不理想，这导致部分消费者对其实际效用持保留态度。智能驾驶技术对用户的价值可以按照"可用""好用""爱用"三个层次展开。在高速公路或封闭城区道路环境，NOA 已经达到了"好用"的水平，基本可以做到全程无接管。至于城区 NOA，离"可用"还有一定距离。目前谈到"可用"时，行业主要聚焦于成本、驾驶速度以及接管率指标，然而，要达到"好用"的标准，则需要满足更为复杂的要求。

以往智能驾驶系统的研发存在两种路径导向：一种是以拓宽应用场景为目标，力求在各类场景下都可用，此类策略导致整体智能化程度不高；另一种是专注于追求无人驾驶，这种方式虽能实现很高的自动驾驶技术水平，却往往局限于特定的区域，例如早期 Robotaxi 的发展模式即为此类，不过如今也正逐步朝着更广阔的区域扩展。现在的行业愿景是实现全场景覆盖的高阶智能驾驶量产应用，这意味着智能驾驶技术不仅要达到极高的性能上限，而且其运行设计域（ODD）和运营范围也要得到大幅度拓宽。

下一代智能驾驶系统的竞争力，可以通过标准场景通过率、通行效率、行为拟人三个维度评估。目前的智能驾驶系统虽然在标准场景通过率上表现优异，但在通行效率提升及行为拟人化层面仍有较大的发展空间，尤其是后者，常被用户反馈系统行为过于僵硬。所以，打造"优雅不怂、从容笃定"的拟人化系统，是下一代智能驾驶系统要追求的目标。现阶段高阶智能驾驶的安全性已展现出明显优势，实验数据显示，其事故发生率低于人类驾驶员的平均水平，下一步的重点是进一步提升智能驾驶系统的操作品质，实现"优雅、从容且坚定"。

> 阿里云智能集团副总裁
> 汽车能源行业总经理
> 李　强

以云计算基础设施建设
赋能中国汽车产业的智能化和全球化

阿里云作为一家基础设施公司，从云计算角度，将会在智能化和全球化两方面服务和支撑整个汽车产业。

一、支撑汽车产业智能化

从人工智能（AI）时代开始，阿里云就非常笃定"具身智能"已经是一个共识。现在看来，"具车智能"也已经成为一个共识，且"具车智能"大概率会发生在"具身智能"之前，"具车智能"也大概率会发生在中国汽车企业中。"具车智能"除了自动驾驶以外，还包括大模型上车。以2B（面向企业）和2C（面向消费者）的一些场景为起点，这一应用以及大模型在整个汽车行业的广泛推广，能够让我们在下一个十年更早看到"具车智能"的发展。

在"具车智能"中，最关键，甚至起到决定性作用的就是强大的基础模型。强大的基础模型主要有两个特点，一是全规格，二是开源。阿里云积极拥抱开源，截至目前，陆续开源了通义千问5亿、18亿、40亿、70亿、140亿、320亿和720亿等参数的多款大语言模型。以此为起点，未来在车端上车的场景中，可以有多个模型在端侧弱网环境下使用。此外，未来可能在更多的人机互动、更丰富的场景中使用更大的模型。

在部署方面，未来一定是采用云端协同、大小模型混合部署的方式。在"具车智能"时代，如果大模型是非常关键的"胜负手"，那么作为基础设施的云计算也是大模型的"胜负手"。一个好的基础大模型最核心的就是算力，其次是它的人才和数据。从算力角度来看，我们希望未来能够为所有的模型公司提供一个异构的基础设施。在云计算领域把多款不同品牌和型号的异构芯片整合在一起，提供一个大模型跑一次任务所需要的所有算力。

在智能化时代，阿里云希望实现两件事情，一是通过阿里云本身云计算的能力，提升算力的效率；二是提高中国上云企业的渗透率，以此来支撑企业高速的创新和发展。云计算原来是IT（信息技术）的一部分，未来的云计算将是一家企业的战略，而不是可有可无的事情。我们坚定地认为，一切最先进的技术栈、一切最先进的技术应用一定发生在云端，所以像吉利、极氪、小鹏、理想、蔚来这些汽车品牌其实在成立的那一天就在云上，是云原生的状态，所以创新的速度非常快。

二、支撑汽车产业全球化

当前企业"出海"面临的最关键的问题就是数据的安全合规。2023年，在中国"出海"排名前十的国家中，阿里云的基础设施都是在当地部署的。

其实，这样的部署已非一日，从创立起，阿里云就把目光瞄准全球，是最早设立国外数据中心的中国云企业。目前，阿里云基础设施已面向全球4个大洲，开服运营30个公共云地域、89个可用区。

此外，汽车企业在"出海"过程中，除了要合规安全，也要关注生态建设。我们希望能和诸多优秀合作伙伴一起，助力中国汽车企业的"出海"战略。

最后，需要重申的一个最核心的定义是，阿里云到底要做什么？其实，阿里云的核心战略就是两件事：第一，AI驱动，以大模型为主；第二，公共云优先。如果中国的汽车产业，特别是新能源汽车产业是一个繁茂的森林的话，阿里云作为基础设施的提供者，将是其中一个重要的环节。

> 京东集团副总裁
>
> 缪　钦

以用户为中心，共建服务新生态，共筑数智供应链

20多年前的一个春天，京东的第一位车主在京东电商平台上购买了首个汽车类产品——一个汽车靠垫。2023年，京东已经打通整车在线全款购买和线下交付的全流程服务。如今，京东积累了超过6亿的消费者，并且拥有了超过2亿的车主用户群体。基于如此庞大的用户基数和丰富的消费数据，京东对汽车消费市场有着深刻的理解。京东见证了用户需求的多元化变迁，从最初对汽车用品、零配件及维修保养服务的需求扩展到了整车购买、二手车置换、用车服务等多个维度。用户不仅追求高品质自营产品的快速服务，也关注性价比更高的第三方商品，并且呈现出明显的线上线下融合趋势，对全渠道一体化服务提出了更高要求。同时，京东不仅限于零售业务，京东物流和京东科技等也为用户贡献了价值。这些变化不仅反映了用户需求的变迁，也拉动了京东对自身业务的重新定义与升级。尤为值得一提的是，京东平台上已有1亿多位车主主动上传了自己的车型信息，基于这些信息洞察，京东能够描绘出详尽的车主用户画像和消费偏好，助力汽车品牌获得更精准的市场定位与销售策略。因此，深入了解和服务用户是京东汽车前行的最大底气。

新能源汽车产业在过去取得了显著进步，已然成为我国引以为豪的产业成就。但未来10年能否实现更快速的飞跃，取决于能否敏锐地洞察并顺应用户需求的转变趋势。基于京东的用户和数据积累，我们归纳出以下几点前瞻性趋势。

首先，用户购车行为在变化。汽车作为大宗消费商品，线下体验还是交易最重要的环节，但线上平台在汽车消费决策过程中的作用日益增强。调研数据显示，

高达56%的新能源汽车车主在到店之前已经锁定了购买车型。这意味着，在未来的汽车流通渠道中，线上部分将更多地承担消费决策的角色，而线下则聚焦于体验与交付。汽车购买模式将发生深刻变革，用户将在线上轻松完成消费决策并下单，随后在线下进行试驾和深度体验，享受线下的交付服务。未来，汽车销售模式线上与线下的界限将变得越发模糊，全链路一站式服务将带来最高效的用户体验。

第二，用户的身份在变革。车主身份呈现出从首购变成增换购为主的趋势。调研显示，2023年汽车市场已经以增换购为主要消费模式，预测这一趋势会进一步得到强化，需要不断推出新功能和新技术以满足这些特别懂车的消费者的换购需求。在线下的养车场景中，由于线下门店擅长建立社区信任关系，将成为老车主换车的重要销售场所。基于对用户的深刻洞察，京东也推出了针对增换购用车的以旧换新服务。京东整合了政府、新车品牌、二手车以及金融保养服务等各方的需求，为用户提供全链路的界面，提升用户的决策效率并实现流程透明化，同时也能帮助政府实现补贴发放与管理的全链路监控。

第三，用户分布的重心在变化。尽管新能源汽车在下沉区域的渗透率仍显著低于一线城市，但随着用户分布重心由高线城市向低线城市转移的趋势日益明显，新能源汽车行业的未来增长点将在下沉市场迎来显著的扩容机会。京东的用户基础在三线及以下城市的占比已超过60%，且车主群体中来自下沉市场的用户比例也超过半数，这说明京东在汽车领域的下沉市场拥有深厚且广泛的用户根基。未来，京东汽车也将通过拓展下沉市场的销售渠道和服务网络，如设立集销售与售后服务于一体的大型门店，以拓宽渠道的覆盖，并加强售后服务保障，从而提升下沉市场的消费体验。

整体而言，京东汽车业务的核心理念在于提供覆盖汽车消费全生命周期的一站式综合服务，包括买、配、养、用、换全流程环节。目前用户在不同的消费环节面临诸多痛点，例如，在实际消费场景中，用户常常面临在不同业务环节需要辗转多个平台寻求服务的问题。京东汽车敏锐洞察到这一系列痛点，并致力于构建整合性的解决方案，积极探索O2O（线上到线下）的新型流通模式，实现线上线下无缝对接的一体化服务流程。针对买车环节，京东深度整合平台上数亿级的车品SKU（最小存货单位），探索汽车O2O流通新模式，通过线上线下一体化服务体验帮助消费者提升决策效率；针对车品环节，通过打造商品车型适配与推荐能力，来帮助用户选到心仪且适配的汽车精品；针对养车环节，以强管控的高标准连锁维修保养服务，解决用户维修保养的后顾之忧；针对用车环节，基于长期构建的用车服务网络，打造一站式多场景的车主服务体系，让用户享受省心满意的服务；针对换车环节，推出以旧换新服务，为用户提供闭环交易体验。京东之所以能够实现业务流程的高效拉通，其深层原因是基于长期积淀的车主运营能力，构建并整合了车主库、车型库、配件库，实现"三库融合"，从而提升了行业洞察力及系统匹配效率。

第三篇
加速推进智能电动汽车产业化

> 同济大学副校长、设计创意学院教授
> 瑞典皇家工程科学院院士
> 娄永琪

人工智能时代的未来出行设计

今天我给大家分享的主题是"人工智能时代未来出行设计的思考"。

一直以来，人们都认为创意和设计很难被人工智能取代。但最近几年，随着大模型技术的突破，大家意识到艺术、设计等行业被人工智能取代的概率大大增加了。人工智能将彻底改变设计行业。设计的未来在哪里？回到问题的根本，什么才是创意的核心能力？我认为，创造意义（Meaning Making）的能力将是人工智能时代最具有价值的能力。

下面我用理查德·布坎南教授提出的"设计四秩序"（Four orders of design）理论框架，讲一讲人工智能时代设计如何通过创造意义应对变革。

第一个是符号。对汽车而言，就是品牌和文化传播。前两周我主持了一场对话，对话嘉宾是Pagani（帕加尼）的创始人，火爆程度出乎我的意料。Pagani这么一个品牌，核心技术并不多，产量也不大，但是为什么会有这么多的粉丝？创始人想要传播的是品牌后面的精神、极致的工匠精神和背后的文化追求。所以对中国汽车行业，我们只讲份额，只讲产量，只讲价格，可能还不够。对汽车设计人来讲，怎么能够让中国的汽车和汽车品牌，成为受世界尊敬的符号。这种从日常功用外多出来的东西，就是文化。

第二个是物体。过去对空气动力学的各种数据分析，对审美等的多目标优化，靠的是乔治·亚罗这样的大师。但现在，人工智能都可以做出更加精准的分析。在造型这个领域里面，但凡已经有了定论的思路、传统概念、传统流程，人工智能都比人做得更快、更好。那么人在这里面能够干什么？人可以跳出来进行重新定义，创造出前所未有的跑道，并让社会接受。范式转型是一个社会概念，不仅仅是一个技术概念。物是承载意义的，未来一辆车里面，各种物和意义之间的关联，也是设计很重要的一个部分。

第三个是活动、服务和流程。未来，路上跑的汽车会分成两种，一种是私家车，一种是公用共享车。无人驾驶时代，私家车的性质会变化，需要有非常多的和个人感情有关的设计。这种对特别意味的追求，是人工智能难以做到的。未来除了车，和社群之间的交互、品牌理念的传播和需求的反馈，都需要设计。未来的汽车设计将包括出行、环境、服务、用户体验、城市设计等，几乎会涵盖所有的设计领域。

第四个是系统、环境和组织。当我们从系统和环境的角度来思考设计时，车就成为城市系统的一个可移动的基础设施。此外，当无人驾驶真正普及时，车就是一个移动的个人办公、生活和社交空间，是带轮子的房子，它既可能是个人的，也可能是共享的。这个时候不仅仅是空间本身需要重新定义，整个行业也将重新洗牌。未来，企业的战略和创新需要设计师更多地参与，这是一个更高维度的设计介入领域。

美国学者唐·诺曼等提出，技术推动的创新和设计驱动的创新，都能产生所谓的技术顿悟或者突破性创新。突破性创新往往产生于科技推动和设计驱动的交集。以游戏产业为例，最早的游戏行业非常依赖技术改变，靠越来越快的CPU（中央处理器），越来越快的运算，发展到一定阶段就停滞了。后来，意义改变，改变了玩游戏的方式，从一个人玩到几个人玩、群玩。之后又把陀螺仪引入游戏器件，开始了体感游戏。技术改变和意义改变轮番驱动行业变革，我相信同样的故事一定会发生在出行领域。设计创新和技术创新对汽车出行行业不仅是一样重要的，更是中国产生颠覆性创新、品类创新的双组分机制。

浙江极氪智能科技有限公司
副总裁
陈 奇

技术突破与用户价值双重驱动的智能驾驶研发创新

智能驾驶正快速被市场接受。全球科技巨头与整车企业正加大智能驾驶投入，纷纷推出高阶智能驾驶功能，我国市场 L2 级以上的智能驾驶系统渗透率已超 40%，高于传统欧洲及美、日等汽车强国和地区。智能驾驶正逐步重塑消费者的购车理念，2023 年 12 月，高阶智能驾驶选装率在国内头部汽车企业中已达 48.73%，部分企业甚至超过七成，例如在极氪 007 的销售中，超过 80% 用户选择价格更高的智能驾驶版本。过去，智能驾驶仅为豪华车型的附加选项，消费者购买意愿偏低。

智能驾驶行业繁荣的背后，行业发展思路正在发生转变，行业正逐渐回归理性。过去几年，智能驾驶技术路线以 L4 级为主，年融资金额近千亿元，但由于技术尚不成熟、法律法规和商业模式仍未完善，创业企业面临极大的生存压力，开始转型 L2 级量产项目。新技术功能仍不完善，用户体验不够好。近一两年，BEV（纯电动汽车）、Transformer 大模型等新技术快速涌现，企业竞相宣传先进技术，部分企业高成本安装大量冗余感知、算力零部件，但大量车型的车道保持、自动泊车等基础功能仍不完善，甚至部分豪华车型的智能驾驶功能用户不会重复使用。

深淘滩、低作堰，内外兼修，才能在智能驾驶马拉松中走得更远。深淘滩，就是要深入挖掘智能驾驶的核心技术，不断优化提升，建立核心竞争力。低作堰，就是建立真实的用户满意度，护城河不是通过高成本和垄断来建立的，而是来自深入满足用户需求、持续优化创新。若企业短期投入无法见到回报，轻则损失未来发展信心，重则可能使企业将半成品交付用户手中，损害当下体验，一旦行业的声誉受损，就难以重建信任。

核心技术上，智能驾驶是全范围的竞争，覆盖从公司架构体系到功能实现。某项智能驾驶功能只是冰山一角，可能名称一样，但实际体验相差甚远，其方案成本可能是几百元，也可能是上万元。智能驾驶长期发展的关键在于公司体系，即冰山的水下部分，覆盖研发流程体系、自动化标注训练体系、算法评估体系、软硬件工程化体系、验证防护体系、数据闭环体系、性能监控体系、模拟仿真体系、研发测试工具体系，甚至到文化层面的建设，也是极氪智能驾驶快速、持续发展的基础。

智能驾驶行业发展不存在捷径，需构建完整的体系。过去，行业部分企业只重视算法，不考虑架构和防护体系，导致功能研发出现反复甚至推倒重来。极氪智能驾驶团队在成立之初，重点构建工具和测试体系的建设，搭建了数据平台、数据采集、数据标注、数据训练、仿真模拟、测试防护体系，在此基础上形成了硬件设计、核心算法设计、数据闭环、系统架构的核心竞争力。因此，刚上市不久的极氪007已积累超过10多PB的场景数据、亿帧标注数据、近10万个场景案例库和近80万个测试用例。

用户体验上，口碑和评价对品牌的影响巨大。极氪搭建了用户反馈分析工具，了解用户的正面与负面反馈信息，从而更准确、更快速地了解用户的痛点和需求。同时，通过对负面反馈问题进行追踪、及时定位、改进形成闭环，通过真实的用户反馈，不断优化产品，提升用户体验。如极氪007结合用户需求，优先开发场景多、需求大的指尖泊车功能，上市后成为最受用户欢迎的功能之一。2024年5月，极氪还将首发上市机械车库自动泊车功能。

智能驾驶技术正从爆发期走向平稳期，侧重点应当从技术走向用户需求。技术爆发期，技术创新和突破是市场驱动力，前沿技术能激发消费者的兴趣和需求。但当技术逐渐成熟后，产品设计、市场需求、技术工程化将成为主导力量。在此阶段，消费者对智能驾驶的需求更具体和多样化，智能驾驶的用户体验、安全性能、成本效益等因素成为决定市场接受度高低的关键。因此，智能驾驶产品设计和创新须紧紧围绕用户需求，以市场为导向，推动技术发展优化。

未来，技术突破与用户价值将共同作用于智能驾驶市场，形成良性循环。技术创新突破为产品带来新功能、新体验，用户和市场反馈为技术的迭代提供指导和动力。极氪将在技术与用户双重驱动下，持续创新，打造产品核心竞争力。

博世智能出行集团
中国区董事会执行副总裁
张 颖

拥抱变革，智启未来

全球汽车产业转型升级，智能汽车不断发展，市场呈现出多元化的业态。从博世的角度而言，汽车整体技术和行业结构性的变化可以概括为三个方向：一是从各个独立的解决方案整合为五大"域"，分别为驾驶辅助、运动智控、能源动力、车身与舒适、信息娱乐；二是从硬件搭载嵌入式软件变成软硬分离架构；三是从围绕车辆本身所提供的产品，变成为移动出行提供整体、多元化的产品方案和服务。

在制造和研发领域不断加大投资的推动下，博世智能出行集团在智能汽车的关键领域实现了技术的创新和产业化。在电气化领域里，博世的电驱系统提供了丰富的产品组合，全栈技术方案将助力乘用车和商用车转型升级。博世的高阶智驾针对中国的主要场景，覆盖了城市、高架道路及高速公路等不同场景。博世的智能运动智控系统深入到用户的场景，打造实用、好用、好玩的系统解决方案。同时，博世的氢燃料电池业务板块应用于城市出行、物流和中重型长途运输等商用车典型场景。博世的全球布局与经验结合全栈式软硬件综合能力、创新与制造实力，将助力合作伙伴更好地发展国际市场。

针对乘用车不同场景下用户的不同痛点和需求，博世形成以下对应的功能解决方案。

第一是城市通勤场景。 主要问题是燃料成本的经济性及舒适性。eDTC（车辆滑行能量回收转矩控制）是在该场景下解决补能问题和续驶里程的有效手段，在保证了能量回收最大化的情况下使车辆更加安全与舒适。"丝滑泊车"（OMP）系统则是提高用户在驻车、停车过程中的舒适性。

第二是高端公务场景。 随着MPV及高端SUV市场不断扩大，用户对于极致舒适及智能化功能的需求增强。针对这一变化，CST舒适制动功能实现了在非紧急制动过程中的制动缓和；同时，在减少制动距离和保证安全的前提下，提高整车的舒适性。

第三是硬核越野场景。 针对全地形，例如泥地、沙地、雪地，给消费者带来车辆乐趣，这个过程中，智能脱困、ITAS（智能转弯辅助）能帮助终端用户在驾驶过程中，充分感受全地形带来的驾乘乐趣。

第四是极限运动场景。 其中最重要的是安全。在保证安全的基础上，不断提升极限工况下操纵的安全边界。例如，极氪001搭载四电机的转矩矢量控制，本土研发的"iDCS智能漂移"功能，使得非专业人士也能体验雪地上漂移的乐趣。我们希望利用技术平权，在保证安全的情况下，丰富消费者的驾驶乐趣。

另外，我们为整车的运动智控系统搭建了开放式的环境。通过软件提供的灵活部署方案，在人工驾驶和智能驾驶下，用户也可以参与到创新过程中。同时，通过大数据和AI挖掘终端用户使用过程中带来的价值，未来进一步实现接口标准化。在整个运动智控系统，包括车辆动态控制（VMD）、车辆效能控制（VME）、车辆运动控制（VMG），将有效的能量回收、效能控制、底盘系统做到极致。并结合车主用户画像，将运动风格化的部分表达出来，通过车辆运动的基础（VMF），把相关信号和开放的环境，提供给主机厂，满足不同的需求和要求。

博世智能出行集团始终秉承着不变与变化的发展理念。不变在于始终坚持"科技成就生活之美"的理念，保持持续创新，以客户为中心，根植本土，服务本土。变化是我们的战略、战术，我们的组织、能力都要与时俱进，随着这个时代共同成长。

大疆车载负责人

沈劭劼

积极拥抱高阶智能驾驶的标配时代

智能化浪潮下，高阶智能驾驶渗透率偏低。根据调研，在购车决策优先级中，智能驾驶相关功能需求已从 2021 年的第 14 位上升到了 2023 年的第 5 位，消费者偏好度显著提升。但当前智能驾驶主要集中在 30 万元以上的新能源车型中，其高阶 + 低阶智能驾驶覆盖率接近 100%。而在新能源市场占比超过 60% 的 20 万元以内车型，以及市场占比超过 60% 的燃油车型中，高阶智能驾驶配置率几乎为零，主要依赖性能有限的前视一体机 L2 级方案。在此现状下，大疆车载希望打开市场，普及高阶智能驾驶，让更多消费者体验到科技带来的便利。

高阶智能驾驶功能普及关键点在于使用体验上的"好用"和让用户"爱用"。目前的辅助驾驶功能大多仅能应对简单的行车、泊车场景，不能应对复杂的实际交通状况。因此，能解决各种复杂场景问题的高阶智能驾驶系统，有望成为高阶智能驾驶走向标配的分水岭。

大疆车载已形成一系列低成本高阶智能驾驶标准方案。大疆车载打造的"成行平台"基础版方案提供了如高速领航、城市记忆领航、记忆泊车等多项功能，特别是在静态障碍物制动停车、部分施工路段等需要高阶智能驾驶的极限场景处理良好，而其硬件成本为 5000 元左右，综合成本为 6000 元左右，略高于目前的 L2 级前视一体机的硬件成本。该方案采用"7V+32TOPS[一]"配置，包含 7 个相机，

[一] 1TOPS 指处理器每秒钟执行一万亿次运算。——编者注

即 2 个前视 800 万像素惯导双目相机、1 个后视 300 万像素的单目相机、4 个 300 万像素的环视相机，搭配德州仪器 TDA4VH 处理器实现 32TOPS 算力，可选配一个毫米波雷达和若干个超声波雷达。这套方案技术成熟度高，上车应用快，不依赖高精度地图，适用于燃油或电动的不同动力形式，基于已有车型的适配工作量约为 3 个月，在新车型中落地时间为 6~9 个月。目前，该方案已搭载于五菱云朵灵犀版、奇瑞 iCAR03、宝骏悦也 Plus 等 10 万~20 万元的车型上，预计 2024 年上市车型将超过 20 款。

大疆亦推出了能处理更复杂场景的高算力智能驾驶方案。大疆车载在"7V+32TOPS"的基础上推出升级版"7V+100TOPS"，增加城市领航辅助驾驶功能。方案将主芯片更换为高通 SA8650，未来还将采用国产芯片方案，可在现有的"7V+32TOPS"车型上直接更换升级域控制器，整套方案硬件成本预计为 7000 元。该方案定制了嵌入在域控制器中的标清地图，以降低适配中的不确定性，提高城市领航的落地速度和适应性。大疆车载还计划推出旗舰版方案，配备 10 个相机和 100TOPS 算力，通过增设 1 个前置长焦相机、2 个侧视相机，处理路口交通信号灯检测，保障大型路口交通应对能力，拓展感知决策空间，并将成本控制在合理范围内。

大疆车载也在探索各类智能驾驶创新方案。如大疆车载正推动燃油汽车高阶智能驾驶方案，系统将搭载于即将量产上市的上汽大众途观 L Pro 中，为燃油汽车消费者带来高阶智能驾驶体验。大疆车载还将发布"激目系统"，采用惯导三目视觉系统结合全链自研的激光雷达，综合了视觉和激光雷达的技术优点，用"前前融合"方式优化标定、同步等数据采样算法，售价与单颗分离式激光雷达基本一致，提供了远超单一激光雷达的性能。此外，大疆车载还在研发异构冗余处理器域控制器、预期功能安全处理器等相关技术。

未来 2~3 年内，高阶智能驾驶有望加速上车应用。2024 年，大疆车载将推动"7V+32TOPS"和"7V+100TOPS"在 8 万~15 万元及 15 万~25 万元价位的车型上搭载，并计划开拓更高端车型的"10V+100TOPS"方案。2025年，大疆车载将通过规模化降本策略使用"7V"方案替代更多经济型车辆上的基础L2级一体机方案；同年，也有望量产"激目系统"，并进一步开拓L3级别的智能驾驶技术。大疆车载希望与行业共同推动高阶智能驾驶的标配化。

小马智行
联合创始人、CEO
彭　军

方向盘上的 AI 革命

小马智行自成立以来，一直致力于发展无人驾驶技术，在北京、上海、广州和深圳全面上线全无人驾驶出租车 Robotaxi。截至目前，小马智行的自动驾驶车队在公开道路行驶超过 3000 万千米，其中没有安全员的全无人汽车行驶超过 60 万千米，主动安全事故发生率为 0，在安全度方面已全面超过真人驾驶。

无人驾驶技术已经开始普及。据数据统计，全球超过九成的交通事故是司机的失误造成的，而使用"虚拟司机"的技术手段不仅可以大大降低事故率，而且可以将人类从驾驶任务中解放出来，使车辆成为人们生活和工作以外的第三空间。汽车智能化将使汽车不再是简单的沙发叠加车轮，而是人们休闲、娱乐、生产的空间。

参考新技术的发展历史，任何新技术都遵循 Gartner 曲线的发展规律：从上升期到高速发展期，到下行期，再进入稳定发展期、恢复期，到最后真正的大规模应用。在此期间，下行期是产业真正进行深耕的关键时期和产业公司的优胜劣汰期。北京和广州的全无人汽车落地，表明自动驾驶应用在进一步向成熟化、大规模方向发展。

当前，"AI 司机"的应用场景以城区运人和高速干线运货为主。随着汽车行业"内卷"和"出海"趋势的兴起，在研发和商业化落地方面，小马智行在中美两国都有布局，积极探索"出海"机会，和沙特阿拉伯成立合资公司并完成落地，和阿联酋阿布扎比签署合作协议，和韩国高技术科技公司成立合资公司。

无人驾驶技术进入触底反弹期，依靠技术、政策、应用三大要素，和量产能力、规模化部署、产业链合作的支撑力量，实现让复杂的自动驾驶技术大规模应用。

首先是技术层面。在公开道路的测试里程超过 3000 万千米，驾驶位无人驾驶测试 250 万千米，全无人测试 60 万千米。与一般的辅助驾驶不同，全域无人驾驶将视辅助驾驶中的长尾场景为必须要处理的场景。

其次是政策层面。2023 年全国发布了近百项自动驾驶支持政策，包括产业结构、技术创新等方面，目前，在全国多个城市都有一定规模化的全无人驾驶应用。

再次，在大规模应用的推广过程中，量产是非常关键的。推动自动驾驶量产的关键是，把当前后装的无人驾驶套件，实现生产线上前装，可以降低成本，提高整车质量。

最后是规模化部署方面。通过产品、模式创新以及生态，无人驾驶立足于提供"虚拟司机"，随着整个产业链日益成熟，行业发展将不断加快。

> 纳芯微
> 创始人、董事长、CEO
> 王升杨

汽车智能化浪潮下模拟芯片的演进趋势

汽车智能化意味着大算力、大模型与人工智能推动下的逻辑芯片算力提升，但也间接影响着模拟芯片的功能。从纳芯微的角度来看，智能化车身、车灯照明及热管理系统三大领域将对模拟芯片提出新需求。

第一大类是智能化车身的演进。 智能化车身的演进趋势主要包括软件在线更新（OTA）、算力逐渐增加、舒适性功能配置增多、功能安全要求提升、模块化与集成化五个方面对模拟芯片产生影响。相关模拟芯片的发展需求如下。

第一，功率保护类模拟芯片，如高低边开关、eFuse（电子熔丝）芯片。车身智能节点的增加，带来更高的功率密度，需要更智能的配电系统与负载监控与诊断。此类芯片正朝着需求数量指数级增加、单芯片通道个数快速增加（1/2 通道到 4/6 通道）、导通阻抗需求越来越低（小于 20 毫欧姆的需求大于 70%）、软件灵活可配置，以及具备更多诊断和报警功能的方向发展。第二，电机驱动类芯片，用于车身电机控制场景。车身智能化会朝集中化控制、平台化设计的方向发展，需要诊断和保护功能。此类芯片控制器将上移到域控、多通道集成以降低成本，实现平台化设计（可软件配置多种电机类型），并提供丰富的诊断和安全机制。第三，通信接口芯片。其通信速率会越来越快，如从 CAN 走向 CAN FD、CAN XL；通信质量也会更高，如采用 CAN SIC 设计。

第二大类是车灯照明应用的变化。 在汽车智能化发展趋势下，车灯除了有照明和指示功能之外，正开始承担车身个性化功能的需求。尾灯方面，贯穿式快速代替分离式，通道数目快速增加，造型、灯语日趋复杂。前照灯方面，自适应、DLP（数字光处理）、uLED（微发光二极管）前照灯在高端车型上落地应用，格栅灯、贯穿式前照灯、多像素交互显示（ISD）加速普及。

在此趋势下，车灯驱动芯片发展需求如下：一是单驱动芯片通道数增加，从传统的1~3通道到24通道，以支持数百颗灯珠的显示；二是需要更高的功率密度，每通道支持更大的驱动电流，同时还需要降低功耗、提升散热；三是车灯灯语需要芯片支持数字接口控制和更快的通信速度；四是车灯控制也将融入域控制器，需支持域控架构、标准化控制协议。

第三大类是车身热管理系统对模拟芯片需求的变化。新能源汽车时代，整车热管理已从传统的驾乘舒适体验，拓展至电池、电机的制冷与散热管理。同时，随着电压平台从400伏向800伏演进，低压系统从12伏向48伏演进，以及热泵空调、碳化硅（SiC）等技术的应用，也对相关的模拟芯片提出了新需求。

在空气压缩机/PTC（正温度系数热敏电阻）应用中，更高的工作电压（48伏）推动高电压SiC器件、SiC门级驱动器的应用机会增加；更高的蓄电池电压（800伏）给予高工作耐电压（大于1500伏）的隔离通信接口芯片和隔离门级驱动的应用机会；更可靠的IC（集成电路）级SMT（表面组装技术）封装电流传感器正进入应用。在水泵水阀热交换系统中，高算力的域控处理器、多通道的模拟预驱同时控制多个BLDC（无刷直流电机）和步进水阀电机的方式成为主流，域控MCU（微控制单元）需求降低，高精度角度传感器进入应用。此外，随着整车热管理集成度提升，电子式主动进气格栅（AGS）、隐藏式电子出风口也将带来模拟芯片功能需求的增加，如压力温度集成（P+T）传感器将增加数字诊断功能，基于MEMS（微机电系统）的中压冷媒压力传感器有望取代传统的电容压力传感器，高集成度的小功率电机控制SoC（单片系统，集成LIN总线、电源、模拟接口、驱动、MOSFET［金属－氧化物－半导体场效应晶体管］）有望普及。

  模拟芯片是汽车智能化发展中电源、执行系统、车内感知等领域的基础支撑。纳芯微已准备好各类模拟芯片解决方案，如供电类、传感器信号链、通信接口、供电电源、电机驱动、高边开关、低边开关等，支撑我国汽车产业在智能化下半场进程中更好地发展。

极海微电子股份有限公司
副总经理
曾 豪

打造行业领先的智行芯片解决方案

极海汽车电子芯片产品布局通用微控制器（MCU）/微处理器、传感器、接口、驱动等多条产品线，战略聚焦车身控制、信息娱乐系统、电池管理系统（BMS）及域控制等领域，凭借20年集成电路设计经验以及优质的服务和多元化的产品组合，协助客户实现快速量产，助力国产汽车产业向上发展。

在自主创新方面，极海推出首颗国产超声波传感和信号处理器芯片GURC01，推动了智能驾驶中泊车功能芯片国产化。据汽车数字服务客户调查数据，用户在购买智能汽车时倾向的付费特性中，自动泊车、驻车辅助需求远超其他需求。自动泊车功能正在快速演化，从简单的半自动泊车（SPA）到自动泊车（APA）、记忆泊车（HPP），再到自主代客泊车（AVP）。自动泊车领域包括纯视觉和超声波雷达两条技术路线，成本方面，一套含12颗超声波雷达的系统成本低于500元，而特斯拉视觉系统成本超3000元；同时，超声波雷达在雨雾等能见度较低的恶劣天气及各类障碍物下仍可精准使用。预计到2025年，将有55.35%的汽车采用12颗超声波雷达方案，乘用车超声波雷达安装量约达8.7亿颗；全球汽车超声波雷达市场规模将从2023年的68亿美元增长到2030年的117.6亿美元，年复合增长率为8.1%。当前，全球车载超声波雷达芯片市场中，国外品牌厂商市场占有率超过95%，基本处于垄断地位，而极海的超声波传感和信号处理器芯片GURC01及解决方案，主要性能与国外竞品基本保持一致，并已在多款车型中获得定点。目前，极海第二代产品正在开发中，将结合国际AK2标准提升检测距离、信号传播、传感器带宽等参数。

此外，极海的汽车通用 MCU 与驱动控制芯片也正开始大规模上车。极海第一代汽车 MCU 广泛应用于车身控制、信息娱乐系统、安全系统、动力系统等领域，如中控门锁、智能座椅、T-Box、倒车雷达、底盘控制、BMS 等领域，2023 年出货量达 800 万颗。第二代通用 MCU 采用 40 纳米工艺，可用于 BMS、车身控制、信息娱乐等系统，目前已在超过 50 家一级供应商测试验证。驱动控制芯片聚焦车灯个性化应用，实现像素级 LED 独立控制、自适应照明、高精度亮度控制，可用于前照灯、高亮 LED 矩阵、自适应远光灯等照明系统。

未来，极海将持续聚焦汽车电子应用创新需求，提供符合 ISO 26262：2018《道路车辆　功能安全》标准、稳定可靠的汽车电子芯片及解决方案，从芯片设计、质量管理等方面与汽车系统供应商做好融合，与系统供应商一起参与汽车智能化，坚定地与中国汽车产业发展"同频"，共同开辟智能驾驶新时代。

1989　　　1999　　　2010　　　2023　　　2024

第四篇
构建多元互融、面向用户的智能汽车新生态

中国工程院院士

陈清泉

汽车革命不能独立进行

汽车出行改变了世界，在没有汽车之前，一个人从出生到去世，就是在一个小圈子里面转。移动意味着自由，移动意味着幸福，要移动就要有动力和能源。瓦特发明了蒸汽机，但是不能用在汽车上。法拉第发明了电机，可以用在汽车上，所以电动汽车比内燃机汽车出现得还要早。可惜那时候的电池是铅酸电池，车跑不远，后来发明了内燃机，美国又发现了大油田，使内燃机普及到全世界，人们的出行获得了自由。但人是不是幸福的呢？因为内燃机有污染，能源不可持续，还有交通堵塞、人员伤亡，人是自由了，但还不是幸福的。

现在，汽车进入电动化新征程，不但要实现电气化，还要实现智能化、网联化，要达到人与自然和谐共生，要为子孙后代着想，一方面要自由，一方面要能够得到幸福。

汽车不仅是一台机器，还是一位智能伙伴，用创新和智慧为你创造与众不同的驾驶体验。进入智能电动汽车时代，这些车辆是发展的典范，依靠可再生能源电力，并且对环境非常友好，但是智能才是这些汽车最与众不同的地方。

智能电动汽车配备了先进的传感器、人工智能技术，可以从周围的环境中学习，会根据交通、天气条件进行驾驶调整，在你需要充电或者切换到节能模式时满足你的需求，同时提供自动驾驶和碰撞预防等安全功能，减轻你的负担。

智能电动汽车不仅是汽车，还是你的"副驾驶"，是你的助手，是你在道路上的守护者。它提供了一种新的自由，是一种享受旅程的自由，不仅是送你到达目的地，而是一种远离发动机的轰鸣声和汽油味道的新概念。这种变化唯一不变的就是改变。当我们站在交通运输新时代的风口之上，要问问自己是否已经准备好去接受这种改变，是否已经准备好让我们的旅程变得更加智能和清洁。

我们要考虑智能电动汽车带来的可能性。从它的潜力可以看到，汽车驾驶的未来，不仅是从 A 点到 B 点，更是使旅程变得更加愉快，对地球更加友好。

人和自然要和谐共生，现在电动汽车已经进入"深水区"，所以我提出三条意见：第一，要加强前瞻性、基础性、全局性、跨界性的研究；第二，电动汽车一定要和电网友好互动；第三，人、车、路、云要一体化，最核心的是融合。我们提出的理论是四网融合，我出了一本白皮书，英文专著也已由爱思唯尔（Elsevier）出版社出版，中文专著将于 2024 年由机械工业出版社出版。

汽车革命不能独立进行，汽车革命一定要跟能源革命、信息革命一起进行；能源网、信息网、交通网、人文网要合作，前三个网是经济基础，人文网是上层建筑。

要互动，还要有流，能源流、信息流、价值流要融合。其中各种能源可以互动，比如说有太多的太阳能、风能，电网不能吸收就可以变成氢能，把能源变成物质，所以要有物质流。你用太阳能、风能制氢，价格是不是更贵呢？所以要用价值流来核算。通过耦合和共享，提高能源和资产的利用率，这样才能获得最大的经济效益和环保效益。其中的哲学思想是人文世界、信息世界、物理世界的融合。通过三者的融合，有效地将数据转化为信息，信息转化为知识，知识转化为智能，将无序系统转化为有序系统。在现实世界中，仅仅依靠技术并不能解决复杂的问题和迎接新的挑战，必须将人文世界、物理世界和信息世界深度融合。

最主要的就是一定要跨界和融合，上层建筑和经济基础要很好地互动。所以我总结以下三点：①电动汽车和电网必须能够友好互动；②人、车、路、云一定要一体化；③要加强国际合作，推动标准化体系和生态链建设，因为人与自然和谐共处，不是一个国家就能够做到的。我们要把电动汽车向全世界推广，造福全人类，一定要与各国的科学家、企业家、政治家一起合作。

斑马智行副总裁

袁 博

开放协同　迈向智能汽车舱驾融合时代

从 2023 年开始，消费者对汽车智能化的关注度越来越高。第三方调研数据显示，在用户购车决策中，智能化成为仅次于品牌、价格、能耗的第四位。不同级别智能驾驶和智能座舱体验成为用户购车显著的决策点，汽车智能化正在从"行业关注"转变为"用户关注"。

这种转变既有机遇也有挑战。一方面，行业加速"内卷"，价格战愈加激烈，智能化渗透率逐渐上升；另一方面，消费者对智能化的需求越来越高，但价格预期越来越低，目前用户愿意为舱行控制器、舱泊控制器、舱行泊一体化方案买单的价格和实际制造成本仍然有较大差距。因此，在消费者购买意愿增强的当下，我们面临智能化、研发成本和整车销售价格之间无法回避的矛盾。

我们可以回到智能手机产业发展的历程中思考这个问题，智能手机发展浪潮有两个特别的时间点："iPhone4 时刻"和"千元智能机时刻"。

第一个是"iPhone4 时刻"。2010 年，当 iPhone3G、iPhone3GS 迭代到 iPhone4 时，确立了什么是智能手机：以屏幕触控作为主要交互方式，以 App 形式承载应用和服务，还构建了一套开发框架，支持第三方开发者开发丰富的应用生态服务，通过应用商店去流转分发，智能手机的标杆形成了。

第二个是"千元智能机时刻"。2012 年是 3G 到 4G 的切换点，三家运营商在国内建设了数量超过百万级的 4G 基站，带来更低的资费、更大的流量。联发科、展锐等一系列芯片厂商交钥匙方案的推出，把智能手机的门槛一下子拉了下来。这一年,智能手机里面的千元机出现,以"中华酷联"⊖为代表的一系列国产品牌开始把有类似功能和体验的智能手机做到 1000 元以下,移动互联网的大潮开始加速产生,这是千元机规模普及带来的变化。同时,国产手机也开始集体"出海"。

回顾完智能手机发展历程,再看智能汽车。谁是智能汽车领域的 iPhone4,也许没有定论,但我相信一定诞生在中国。智能汽车领域的"千元智能机时刻"什么时候到来?我们认为需要满足三个要素:一是足够规模化的市场,一定是主力消费市场;二是足够的价格力,有足够好的性价比来支撑这个规模;三是新生态,既包含当年芯片和新技术应用的技术生态,也包含应用和服务生态。

1. 足够规模化的市场在哪儿?

小鹏汽车准备推出 10 万~15 万元的车型,成为热点。从 2023 年的价格区间分布来看,10 万~15 万元价格段销量占比超过 1/4,如果区间放大一点,8 万~15 万元则超过了 1/3,20 万元以下的超过 65%,且 3 年以来,20 万元以下车型的占比是极其稳定的,相信这也是未来 2~3 年要发力和"互卷"的区间,也许是智能汽车"千元机"的价位段。

可能今天还没说清楚谁是智能汽车时代的 iPhone4,但智能汽车的特征可以基本明确。作为移动空间的智能座舱、一定级别的智能驾驶、用户可感可知的智能服务,这三个智能形成了当下智能汽车的关键特征,也是产品和体验上的发力点。从数据上看,2023 年,中国乘用车市场同时具备智能座舱和一定级别的智能驾驶(L2 级及 L2 级以上自动驾驶)的车辆占比达到 30%,20 万元、15 万元以下的车型要同时具备这三个特征在成本上还有一定的压力。

⊖ "中华酷联"指中兴、华为、酷派和联想四家企业。——编者注

2. 支撑规模的价格力方案

基于以上考虑，智能座舱和智能驾驶融合（舱驾融合）在 2024 年是行业共同打造价格力和性价比的发力点。我们的第一个想法是在技术里要红利，看集成度是不是能进一步提升。智能座舱和智能驾驶要在技术栈、控制器层面，甚至在成本层面去做融合。

行业里舱驾融合呈现三步走的策略。最简单的"单盒"方案，把舱、驾放到一个控制器里省一些线束，今天很多主机厂已经在做了；还有"单板"方案，一些 Tier1（一级供应商）把舱、驾芯片放到一块印制电路板上，价格力好一点；挑战最大的是"单芯片"方案，把舱、行、泊基础功能放到一颗芯片中实现，能够带来最高的性价比。

作为一家操作系统（OS）厂商，我们认为要想实现最终的单芯片方案，一定要在软件和硬件层面做深度融合、协同优化，提升芯片的使用效率，俗称"挤出水来"。

各家主机厂和 Tier1 在这件事情上的发展节奏不一样，有的是"单盒"，有的是"单板"，需要更灵活的芯片+操作系统解决方案去适配不同的 E/E(电子/电气)架构的控制器。要能够分层解耦，垂直上做优化。这个底座做完了，一样要去支持往上的人工智能（AI）自动驾驶公司去优化，提高开发效率，真正降低完整产品的成本。

基于以上考虑，我们和合作伙伴一起往前多走了一步，通过 OS 与芯片深度协同，打造了业内首个单芯片舱行泊一体化解决方案，当前已经到了产品原型状态。这个方案既包含座舱的基础功能，也支持 2.5K 大屏、10 万面以上的 3D 渲染等，没有牺牲很多性能，同时也保留了对消费者来说比较实用的智能辅助驾驶功能，最终实现让 10 万~15 万元价格段的车型具有 20 万元以上车型的智能化配置，是极具价格力的解决方案，预计 2024 年将走向量产。

3. 智能汽车新生态

智能汽车的新生态，实际上就是"OS+ 芯片 +AI"，在我们合作的解决方案中就有所体现。对于产业来说，OS 与芯片开放适配，逐步走向联合定义，为行业建立了平台化的软硬件技术底座。从 OS 支持座舱和智能驾驶应用创新，逐步走向 OS 与 AI 大模型深度融合、重塑体验，支持个性化的产品与服务创新，我们希望与行业伙伴开放协同，共建"OS+ 芯片 +AI"智能汽车生态新范式。

斑马智行旗下的 AliOS 操作系统采用分层解耦架构模式，已经推出面向车载、座舱、智能驾驶、舱驾融合的子系统，年度新增搭载量超过 100 万套，同时引入了 AI 大模型、智能驾驶中间件、空间音频、IP 设计、渲染引擎等头部生态与能力。我们希望能够助力汽车企业开拓新的场景体验，丰富服务模式，从而获得更多用户的青睐。

芯驰科技副总裁

陈蜀杰

关于智能汽车供应链关系与国产芯片发展的思考

随着产业技术不断迭代，用户认可度的不断提升，2023 年我国新能源汽车渗透率再创新高，超过 30%。未来，我国新能源汽车销量、渗透率仍然具备很大的增长空间，预计到 2030 年，新能源汽车渗透率将超过 80%。与此同时，汽车行业的智能化发展势如破竹，接下来可能一夜之间就有"千树万树梨花开"的新景象，因为不仅仅是新能源汽车，燃油汽车的智能化水平同样也在飞速革新，各大汽车企业都在进行面向未来的电子电气架构改革。

激烈的行业变革和竞争背景下，汽车的供应链系统正在发生巨大变化。以前，芯片企业被称为零部件企业，与其他零部件企业，如电子后视镜、显示屏企业一样，被称为 Tier 2（二级供应商）。所有产品集成都由汽车电子系统企业来完成，也就是我们常说的 Tier 1（一级供应商）。过去，很多整车企业并不会重点关注用的是哪家芯片，芯片的具体性能是什么，而是由 Tier 1 做完整的交付。但现在，大部分整车企业都会积极地跟芯片企业进行沟通、合作。因为现在的智能汽车需要有灵魂，这个灵魂的底座就是芯片算力。只有确定了芯片的整体能力，才能进行与上层软件、操作系统、应用系统等各个层面的匹配，从而将整个电子电气架构完整设计出来。

过去，设计一辆汽车更多是看外形以及动力，但现在，汽车企业首先想到的是智能驾驶、智能座舱、消费者的智能化体验，这些已经成为新的竞争力。而定义新竞争力的前提，就是定义底层芯片的能力。

在这种变化的背景下，供应链企业逐渐走到台前，更加主动、深入地参与到产业链布局当中，与汽车企业、Tier 1共同引领传统的汽车半导体从单向供应关系走向共赢，共同定义、协同开发。从芯驰科技的经验来看，这种新型合作关系大幅缩短了过去传统芯片企业进入整车项目开发的周期，多流程并行下，汽车芯片量产的速度可以提升达30%。目前，芯驰也在同众多汽车企业建立联合创新中心，进行平台级的联合定义，多款车型都可以直接采用同一平台的电子电气架构设计，这大幅降低了我们的研发成本，提升了量产速度。截至2023年，芯驰已累计量产出货超300万片芯片，覆盖主流车型近40款，服务超过260家客户，覆盖国内90%以上主机厂及部分国际主流汽车企业，量产速度保持行业领先。

有媒体指出，现在芯片短缺的窗口过去了，我国汽车芯片企业如何才能占据有利地位？事实上，芯片短缺只是给我们打开了一扇门，推门进去以后，你会发现门内全是芯片巨头。接下来如何跟巨头共舞，如何在汽车芯片巨头的市场中占据有利位置，是现在我国汽车芯片企业需要积极思考的问题。

作为我国本土芯片企业，芯驰的竞争力是什么？

第一，芯驰更接近中国市场，更愿意与汽车企业、Tier1一起灵活反应，基于需求迅速迭代和调整产品。

第二，全链路的成本优势，不仅仅是芯片的成本，还有研发投入的成本、管理成本，以及宝贵的时间成本。基于和我国众多汽车企业的良好合作关系，我们能够积累更多相关经验，可以大量节省我们研发的时间。

第三，面向未来汽车电子电气架构的产品设计。芯驰自成立之初就面向电子电气架构的演进趋势，面向中央计算，从智能座舱、智能驾驶、智能控制三个核心域控方向去做产品布局，覆盖智能座舱、智能驾驶、中央网关和高性能MCU（微控制单元）。全场景、平台化的设计可以大幅降低研发成本和时间投入，实现80%的芯片硬件模块可复用，90%的软件模块可复用，从而助力客户实现高效产品导入。

最后，回到我们今天讨论的主题："构建多元互融、面向用户的智能汽车新生态"。想要把一枚汽车芯片用好,芯片企业不仅需要把产品做到极致,更需要和所有的生态完美打通。芯驰与超过200家合作伙伴构建了完善的生态圈,包括底层的基础软件、操作系统,各种工具链、中间件,以及上层的应用、算法和解决方案等,能够提供车规级全栈软硬件支持,显著减少客户评估和开发的时间。在这样良性的合作共赢模式下,我们相信智能汽车的时代还有无限的可能,我国的车规芯片也将有机会从中国走向世界。

中科创达高级副总裁
兼智能汽车事业群总裁
常衡生

面向中央计算的整车操作系统

我主要从技术、发展趋势角度来谈一下操作系统（OS）。

第一，对操作系统影响比较大的因素是人机交互方式。事实上，在IT（信息技术）发展的历史上，每次人机交互方式的改变都会让操作系统产生巨大的变革，从大型机时代的键盘诞生，到PC（个人计算机）时代的鼠标，再到移动互联网的触摸屏。

今天，由于大模型的快速发展，事实上，人和机器之间已经可以做到真正的自然对话。车上大量的物理按键和触摸屏可能在将来的使用场景会越来越少，甚至逐步消失。大部分情况下，将会用传感器，以事件驱动的方式产生，以语音对话的方式来控制汽车。基于图形/图像用户界面（GUI）的沉浸式交互方式将变为今天以语音和事件触发的跳跃式交互。而且内容可能完全不一样，UI（用户界面）和UE（用户体验）融合会发生很大的变化。过去，大家花了很长时间把手机的应用生态搬到车上，接下来在智能化的过程中，手机在车上将是去App化的过程。内容的生态不再采用App的方式，而是以SDK（软件开发套件）的方式和原子化的服务，在车上形成整体的智能助手，根据传感器事件、语音输入，融合各种信息来实时生成。基于语音的生成式UI，在语音交互过程当中不仅产生文字，也会产生各种图像。产生的图像不再是预先设计的，而是实时生成的。

第二，对汽车操作系统影响比较大的是芯片和电子电气架构，芯片和电子电气架构一直是逐步相互影响的。今天大模型上车所带来的更多应用场景对于端侧的算力要求越来越高，导致大算力的芯片、控制器会加速落地。大算力控制器上车后一定会逐步集成和兼并周边的低算力控制器，导致中央计算的加速到来。电子电气架构在走向中央计算的时候，现在独立的座舱、自动驾驶域控制操作系统一定会加速整合，推动整车操作系统的诞生。

对此，芯片企业最为敏感，也是走在最前面的。在过去几年，国际上高通、英伟达都发布了中央计算芯片，国内的地平线、黑芝麻、芯驰也都发布了中央计算芯片。当前，在向中央计算演化的过程中，整车企业相对芯片企业来说相对较慢，电子电气架构正从分布式架构向域集中架构发展。

接下来，我们认为中央计算会加速到来，在相当长的一段时间之内，中央计算架构和域集中的架构会长期并存，整车操作系统必须充分考虑汽车行业的碎片化特性，充分兼容各个主机厂的不同需求，打造弹性"乐高"的架构，尽可能做组件化和模块化。可以用整个平台，也可以只用其中某一部分模块、组件。对芯片来说也是一样，可以用中间的智能驾驶系统，也可以只用座舱系统，还可以用整体的中央计算系统。

操作系统要取得成功，不只需要技术的演进，生态的支持也极其关键。中科创达作为中立的第三方，且与全球绝大多数主机厂、Tier1（一级供应商）、芯片（企业）维持良好的关系，为此开发、布局了新一代整车操作系统——滴水OS。该操作系统主要特征有两点：一是开放、中立，尽可能采用国际化的技术架构，同时支持国内和国外的客户，支持中国汽车企业的"出海"战略，可以对汽车企业进行开源，确保在最重要的软件资产上汽车企业可以实现自主可控，不会有黑盒子存在；二是人工智能（AI）原生，各位都在谈大模型，大模型上车之后其实不止一个，在汽车上面有各种各样的场景会用到各种不同类型的大模型，大模型一定会像网络、Wi-Fi通信组件一样，成为操作系统的基础能力。到今天，我们已经把创达的Rubik大模型融入滴水OS当中，同时保持绝对的开放中立，可以接入第三方大模型。

深圳市欧冶半导体有限公司
CEO、联合创始人
高　峰

关于汽车电子电气架构与计算系统终极形态的思考

汽车芯片本质是提供计算基础能力，要做好芯片，首先要判断承载汽车智能化计算系统的终极形态应该是怎样的。

通信技术和汽车的结合不是现在才开始的。早期汽车上的电子功能、智能化功能，是以硬性嫁接方式呈现的。车最早是以燃油发动机为主体的机械产品，人们想到把收音机放在车上可能是比较好的应用，于是就作为一个ECU（电子控制单元）堆到车上，之后需要刮水器的时候，又作为一个ECU堆上去。车上承载的电子功能越来越多，独立的ECU也越来越多，一辆豪华汽车上的ECU可能有100~200个，每个ECU都是一个独立的孤岛，导致车上的线束特别复杂，每个功能和硬件是绑定的，要想进一步拓展变得非常难。

这有一点像智能手机出现之前的消费电子产品：看时间可能要买一块电子表，导航可能要买一个GPS（全球定位系统），听歌可能要买一个MP3播放器。为了实现一个个智能化功能，需要买一系列的硬件，就像最早车上的一个ECU。但智能手机出现之后，这些都被颠覆掉，所有的硬件都消失了，变成智能手机屏幕上的一个个App。智能手机本质上提供了计算平台、硬件平台，搭载操作系统，所有这些功能最后都被软件化了。

智能汽车进一步发展，要叠加越来越多的智能化功能，沿用原先一个个叠加ECU的方式是不可行的，最终一定会走向软硬件解耦。这时要进一步思考，承载汽车里面计算需求的计算平台，未来到底是PC（个人计算机）的形态，还是计算网络的形态？PC形态就是用单独的一个CPU（中央处理器）来支持汽车里面所有的计算。计算网络形态是一个计算的系统，可以承接整个汽车的智能化计算需求。

通信的历史跟汽车未来 E/E（电子/电气）架构的演进历史非常像。早期的网络架构是两个电话之间用硬件连接，网络很难做拓展，连接一万个用户从数学上可能需要五千万根线才能够支撑。后来通信架构、计算架构，都走向分层的计算，有中央层、汇聚层、端侧的接入层，可以非常弹性地扩张，支撑海量的计算端点。

2023 年在汽车智能化上有两个标志性事件。

第一个事件是以问界 M9 为代表的一系列新车型的发布，把智能化的体验变得更加触手可及。问界 M9 智能前照灯的选装价格是 3 万元，但选装率特别高，可见消费者不是不愿意去消费，关键是能不能提供消费者愿意买单的体验和功能。

第二个事件是特斯拉 Cybertruck 的发布，它第一次把千兆以太网在车里落地了，对汽车的 E/E 架构发展是非常大的推进。特斯拉在 E/E 架构上的变革在行业里至少领先 3~5 年。早期 Model S 还没有引进先进的 E/E 架构，车里 100 多个 ECU 相互连接，有信号线、电源线，导致车内的线束非常复杂。这带来两个问题：第一，线束的总长度可达 5~6 千米，重量可达 50~60 千克，成本可以达到 1000~2000 美金，线束成本非常高；第二，就是线束理线非常消耗人工，导致生产效率不能够进一步提升。在大量生产的自动化流水线上，很多工序都可以实现自动化，但理线这个环节往往占据了 50% 以上的人工。

到 2017 年发布 Model 3 的时候，特斯拉第一次把车身划分成三个物理区域：前车身、左车身、右车身，就是网络里的汇聚层，把这一层引入之后，各个端点就近引入到 ZCU（区域控制单元）之后，线束得到了极大的简化，从 Model S 到 Model 3，线束总长从 5000 米降到 1500 米。Cybertruck 又进了一大步，它第一次把千兆以太网引入，完全实现了线控底盘、纯线控方向盘，连接的终端数与 Model 3 相比从 273 上升到 368 个，上升了 50%，同时线束数量从 490 根降到了 155 根。马斯克的终极目标是把车里线束总长从 5000~6000 米降低到 100 米，我们认为完全可以做到。

它带来另外一个很大的好处就是软硬件解耦。通过形成端侧、汇聚层和中央三层计算的平台，计算平台间用以太网的方式连接，就形成一个标准、统一的计算系统，和原来承载的功能能够实现更好地解耦。

整个 ZCU 这一层的演进会分为三个阶段。第一个阶段是区域的聚合（Model 3），引入若干个不同的区域控制器，就近接入端侧的执行器，降低线束长度，收编周围简单的 I/O。第二阶段是 Cybertruck 现在落地的架构，从区域聚合上升到了区域控制，最典型的特征是它的网络性能得到了提升，实现了 0.5 毫秒以下的延迟。第三个阶段是智能区域处理，在 2.0 的基础上增加区域处理的能力，一些独立的计算处理可以在端侧完成，降低网络负载，有些边缘的处理功能也可以在区域就近完成，和中央计算形成一个协同工作的模式。这个方式非常像现在计算通信的架构，有云计算、CDN（内容分发网络）、边缘计算（手机终端计算），形成了一个计算的系统，最终成为车里面高效的一个计算平台。

E/E 架构的变革可以大幅度提高造车的效率，降低造车的成本，同时带来软硬件解耦，真正实现所谓的软件定义汽车。未来汽车智能化的核心，一个是基于 IP 技术的车载接入网和骨干网，是分层计算的模式。计算能力会在中央、区域和端侧进行一个合理的分布，实现整体计算效率的最优。在这样合理分布的计算和通信的架构上，硬件可以灵活地扩展，功能软件化，实现 OTA（空中下载）的升级，也就是软件定义汽车。未来汽车作为一种终极的移动计算终端，它的整个计算架构一定会加速向 IT（信息技术）化的方向继续演进。

爱芯元智半导体股份有限公司
车载事业部总裁
龚惠民

关于智能驾驶算法演进的思考

前几年，大模型在云端得到了非常广泛的使用和快速发展。ChatGPT 是一个划时代的产品，最近，OpenAI 又推出非常有意思，也非常伟大的产品——Sora，这个产品取自日本的一个单词——"空"，代表了无限可能。Sora 能够产生效果惊艳的视频，可以通过文字生成视频，这是一个非常好的创新。

Sora 其实是模拟引擎，但它并没有真正地理解支撑这个世界运行背后的物理规律，在复杂场景下的因果性有问题。如果大家仔细观察视频的话，会发现跟日常常识相违背的地方。比如幽灵椅子、老奶奶吹生日蜡烛之后纹丝不动的火焰，都与真实的物理世界相违背。Sora 在当前是偏娱乐性的，它产生的内容更像是太虚幻境。

智能驾驶是完全不一样的场景，它面向的是真正的物理世界。算法必须能够理解物理世界背后的规则。要理解这个规律，必然会经历以下三个阶段。

第一个阶段，是对物理世界进行学习，我们叫 Real World Study，即以真实的物理规律为准则；第二个阶段，我们对真正的环境、真实的物理世界做一个环境模型，即 Real World Model；第三个阶段，是在此基础上再往下走一步，即面对物理世界，应对物理世界。

最近智能驾驶发展得非常快，一方面，作为承载智能算法的硬件，芯片最近几年发展非常快，算力从最早的几 TOPS、十几 TOPS，演化到未来的数百 TOPS，甚至上千 TOPS；另一方面，智能算法本身经过了多次迭代，最早基于分立的 CNN（卷积神经网络）模型完成算法感知，后来出现 HyperNet（超网络），能够共享特征提取主干网络，然后在共享的主干网络上通过多头的模型去处理差异化的感知。更进一步可以看到，最近几年，尤其是随着特斯拉的 FSD（完全无人驾驶系统）一步步往前走，无人驾驶系统已经从相机空间开始迁移到 BEV（鸟瞰视角）空间，解决了以下几个问题：解决了我们在相机空间常见的近大远小，解决了相互遮挡的问题，解决了在相机空间的一系列透视问题。BEV 空间是时空融合的空间，更适合多传感器融合到统一的物理坐标系下，能够让我们更多地去关注感知所需要关注的车道线的曲直、车辆的位置、相互的速度关系等一系列关键因素。

最近一两年比较前沿的研究工作已经开始研究 Sparse Transformer，通过 attention 机制，将算力更加集中在处理对规控更加重要的驾驶元素，而不是将算力浪费在天空、平直的路面以及跟驾驶无关的区域里。

通过回顾芯片的发展、算力的发展以及智能驾驶算法的发展，可以发现，一方面算力在做加法，另一方面算法一定程度上在做减法，它关注的元素更加聚焦。这两方面其实并不违背，它其实是相互促进更加统一的过程，是一个聚焦的过程。算力的增加其实是增加了整个平台的计算能力，算法的聚焦让整体的算力能够更加集中到真正需要处理的任务上，我们叫做"力出一孔"，这样能够让我们在端侧实时性的任务上取得更好的效果。这就是我们观察到的整个智能驾驶在发展过程中出现的"压强理论"。做一个形象的比喻，我们的算力像一个锤子、算法像钉子，把力量汇聚到钉尖，产生极大的压强，通过这个过程让所有的力量都汇聚到一点，这样可以突破在整个智能驾驶中面对的最大的问题，就是性能问题，解决体验问题。

最近，ChatGPT、Sora 的成功，让我们很深刻地体会到，大算力加上先进的算法，再辅以数据驱动，能够产生非常惊艳的效果。

Transformer 是构建未来车载感知大模型必不可少的关键基石，从 2017 年发布以来，在云端取得了非常快速的发展，但在自动驾驶侧一直是"雷声大雨点小",真正完全实现了 Transformer 算法框架的产品非常少见。

这里面主要的几个挑战在于：①现在的端侧芯片受限于性能、成本、功耗，对 Transformer 的原生支持上存在或多或少的不足，包括对 Transformer 原生算子的支持；② Transformer 对向量的要求、对存储 IO 的要求，与传统基于 CNN 的芯片完全不一致；③用传统的 PTQ（大模型量化技术）部署之后，精度保持是比较大的挑战，为了维持这个精度，很多人引入了基于浮点的 CPU（中央处理器）子图弥补这个精度损失。但当做了这件事情之后，对于端侧推理的实时性及端侧性能带来非常大的影响。

为了解决这些问题，爱芯元智推出了 M76、M77 两颗芯片。在 M76 芯片里面，我们对原生的 BEV、BEV Former，还有各种 Transformer 的算子，都能够做很好的原生支持，对混合精度的灵活处理能够帮助我们保持非常好的精度。M77 是一颗真正支持端到端算法演进的芯片。

2024 年，无论是对主机厂，还是对 Tier1（一级供应商）和算法商，整个产业界都面临大浪淘沙、优胜劣汰。应对这种挑战，最好的办法是理想上慢半步，落地上快三步。

长城汽车
产品智能化副总裁
吴会肖

智能汽车时代下汽车企业 AI 转型的思考

回顾中国汽车工业百余年的历史，作为人类工业皇冠上的明珠，汽车一直是各个时代先进技术的集大成者。大工业时代，汽车行业主要集中在发动机、变速器、底盘、车身、流水线生产等结构化的设计和制造领域。20 世纪 50 年代后，汽车进入电气化时代，收音机、导航、ABS（防抱死制动系统）、EPS（电动助力转向系统）、GPS（全球定位系统）等电子系统开始上车应用并快速发展。2000 年后，智能驾驶、智能座舱、网联化、信息化技术快速发展，汽车逐步进入智能化时代。

2023 年，人工智能（AI）大模型横空出世，并以惊人的速度快速演化，让我们看到智能汽车可能到了新的拐点。智能电动汽车的上半场是新能源，下半场是智能化。在智能化的领域又有什么新的拐点？我们看到，实际上 AI 大幕已然拉开，风起于青萍之末，浪成于微澜之间，AI 大模型已然成为一股飓风巨浪，我们汽车行业正面临从软件定义汽车到 AI 定义汽车这样一个巨大的拐点。

今天有专家谈到，汽车行业不是对创新非常友好的一个行业。实际上，由于汽车产业链极其复杂和丰富，转型过程中确实面临非常多的挑战。但我相信，汽车行业人员对于前沿技术有非常敏锐的触觉，有非常大的推动决心和力度，正在积极拥抱变化，为自己正名。

接下来谈一下在 AI 定义汽车的时代，长城汽车的一些思考。

AI 领域不得不谈智能驾驶，如何去布局下一代智能驾驶的技术？以往智能驾驶的理念是教机器怎么开车，把复杂的驾驶任务拆解成感知、规划、预测、决策、执行等机器可以理解的单一任务。在这个基础上做了大量的探索和迭代升级，才有了今天的 Transformer + BEV（鸟瞰视角）、3D 占用网络、时序的持续预测、算法的端到端架构。

大模型爆发之后，可以从另外一个维度上理解这件事情。如果已经有了对世界知识完整认知的通用大模型，这种情况下就好像去教一个不会开车的成年人去开车，他实际上知道所有的交通规则，知道行人、三轮车、自行车，知道什么情况下会有危险，知道什么情况下要刹车。我们只需教会他如何操控车辆，随着驾驶经验的积累，他开车技术就会越来越好。未来可能是这样一个基于大模型的智能驾驶算法路径，虽然现在还在学术论文阶段，但有理由相信这是我们未来研发的方向。

除了自动驾驶是大体量的 AI 开发活动，座舱也是。甚至 AI 大模型对于汽车的直接影响就是智能座舱的体验提升，这已基本上形成行业共识。大模型会为智能座舱带来什么影响？概括来说，包含多模态的空间感知能力，基于 AI 大模型的认知能力，以及基于应用场景的智能推荐和基于用户习惯的智能学习。

实际上，相比于 AI 在产品层面所发挥的作用，长城更加看中 AI 作为生产工具在企业里面所能发挥的作用。大模型出现以后对业务流程最直接的改变就是生产范式的变化。长城汽车在对生产范式影响最大的代码和图形领域进行了应用探索，在研发效能提升方面引入了大模型，已经可以实现代码的生成、补全、注释，以及部分生成单元测试功能。在图形设计领域，自主研发了图文大模型，可实现文字生成图片、图片生成图片、语义生成图片功能，通过语音大模型技术，只需少量数据和算力投入就可以提升我们内部开发人员和设计人员的工作效率。

在内部的企业支持和数据层面，通过大模型的能力可以实现面向工程师和设计师的 AI 知识问答和 AI 智能数据标注，在检索增强生成（RAG）领域基于大模型搭建通用化的技术架构，在智能客服、标注查询、用户手册、智能诊断等多个领域进行业务实践。

最后再总结一下，在 AI 时代，汽车企业要怎样看待自己？首先，从发展方向上，底层技术和上层应用一定要并重，一方面加大投入，深耕底层技术，掌握AI的核心技术；其次，在AI的上层应用方面，门槛一定会越来越低，越来越人性化，越来越简单。要全面审视在AI全新大模型的范式下，作为一家AI企业如何去思考？在合作生态上，要积极拥抱开源共建的模式，拥抱MaaS（出行即服务）生态创新模式。

上海汽车集团创新研究开发总院副院长兼总设计师
上汽英国技术中心总经理

邵景峰

设计赋能，MG品牌迎接全球新时代产业挑战

1924年，MG品牌诞生于英国，到2024年刚好是100周年。2023年，MG品牌全球销量为84万辆，其中在整个欧洲的销量为23万辆，同比增长105%，占中国品牌在欧洲总销量的72%。回顾MG品牌发展的历史，应该说从2007年中国接手到今天，MG品牌有了一个新的飞跃。2007年到2023年总销量超386万辆，远远领先于前几十年的全部销量。

下面，我们通过回顾上汽MG三次重大的设计战略决策，来看MG品牌征战全球背后的设计赋能。

2007年，上海汽车集团通过和南京汽车集团的"上南合作"，拥有了MG品牌。当年，我们做出重大决策，坚持双品牌战略，坚持MG品牌的运动价值传承，保住MG品牌历史上最引以为傲、最辉煌的品牌基因，不为追求短期的利益而损害长远的品牌价值。到今天，这些决策正开花结果。中国和国外的产品规划有非常大的不同，依靠MG西方化的、欧洲化的表达方式，我们如今得以收获欧洲人的认可。比如2024年新推出的MG3，其适合欧洲市场的尺寸、适合欧洲市场的定价，以及适合欧洲市场的能源形式，引起了巨大的市场关注。

2014年，MG在国内面临着一系列问题，我们决定重新审视其设计战略。从2007年收购MG之后，我们在市场投放了很多车型，但没有达到销量预期，也没有让人对MG品牌有清晰的认识。在这个过程中，我们深刻地思考了英伦品牌在中国乃至全世界的打法。我们眼中的英伦永远是西装革履，像詹姆斯·邦德一样，但在英国人眼中，他们觉得这些太老了，他们要改变、要激情、要充满个性。于

是，我们提出了"蛋糕理论"。英伦的精髓要做显性的，做上面的草莓，但是底部是欧洲主流，在中国市场上不能过度显现他们眼中认为的英伦特色，我们应该把它历史上最能够引起我们情绪波动，唤起情绪价值的英伦元素重新展现出来。

2019年，电动化席卷全球。MG品牌如何做电动？我们没有做"为了电动而电动"的设计，而是在车型设计上融合了对电动化和全球化的双重思考，在造型设计语言上沿袭了它的历史传承基因，采用纯正的英伦电动"小钢炮"的形式。这个设计在欧洲市场得到了很多认可，它的销量也证明我们当时的设计策略是正确的。此外，我们要做品类的创新，把在中国市场还是蓝海的跑车重新设计出来，这就是MG Cyberster这款车型。我们以品类思考、以品牌表达，不断探索一种技术和文化统一的全新的设计范式。

总结一下MG品牌这十几年成长的历程，可以分为三个阶段。第一，坚持战略定力，贯穿着整个品牌的发展；第二，文化的融合，英国融入中国，中国融入世界，重新判定如何在不同文化背景下来做我们的设计；第三，坚持品类创新，全球协同，优势共振。以前，我们总是强调只有自己创造的品牌才是中国自己的品牌，在全球化的时代，我们有很多机会去拥有其他人的品牌，如何把它做好是我们这代人的责任。MG品牌经历过包括宝马集团在内的其他很多汽车企业的运作，最终在上汽手里盘活盘大。这个过程应该是一个典范，值得引起我们设计界的思考和讨论。最后，我们还是融入全球，我们在国际上输出的时候还是要更多地以一种文化融合的姿态和视角去做我们的产品设计，做我们的产品输出、文化输出，这是需要我们这一代汽车设计师不断总结经验的过程。

> 蔚来汽车
> 智能硬件副总裁
> 白　剑

中央计算、大模型、车手互动加持下汽车智能化的思考及展望

汽车智能化已经成为行业普遍的共识，也是现在消费者购买汽车的重要考量因素之一。现在的汽车智能化是全方位的智能化，不仅仅是我们通常讲的智能驾驶、智能座舱，其他的动力、底盘、车身等车辆控制领域，同样也在朝着智能化方向快速发展。

在智能座舱领域，国内的技术创新、产业创新已处于国际前沿。蔚来汽车作为高端纯电动汽车品牌，智能化方向是我们一直坚持的战略方向，在售全部车型硬件标配即顶配。这些强大的智能化配置为用户全生命周期体验的迭代提供了扎实的底层基座。

智能座舱未来会有什么样的技术发展趋势？有需求的趋势，有技术的趋势，也有生态的趋势。

在座舱需求方面，将会面临非常两极化的矛盾。对于座舱内游戏、导航、影音等与娱乐属性强相关的功能，要求能够快速迭代，满足用户持续迭代、尝鲜新潮技术的需求；同时，对于与法规以及安全相关的功能，比如车速的显示、档位的显示以及自动驾驶信息的显示等，要求做到高可靠性以及高功能安全性，对迭代周期倒没有特别大的需求。这种情况下，怎么设计智能硬件是一个问题。

为了满足这个需求，我们首创了类人脑的左右脑系统架构。具体来讲，人类的左脑主要负责逻辑、理解、记忆、分析等，那么在中央计算单元中，对于负责这部分功能的部分，如自动驾驶域、车辆控制域，以及与安全、法规相关的智能

座舱功能，我们称为车辆的左脑；人类的右脑主要负责艺术，情感、音乐等，那么在中央计算单元中对于负责这部分功能的部分，如智能座舱影音、导航、游戏类的功能，我们称为车辆的右脑。车辆左脑的特点是迭代周期较长，通常2~3年迭代一代；车辆右脑迭代周期类似于手机，会快速迭代升级，同时也支持硬件升级。

技术趋势方面，大模型应用将加速规模落地。在这个背景下，智能汽车到底应该承载什么样的使命？它的定位到底是什么？首先从功能部署上看，大模型部署在云端主要的优势就是规模比较大。数据处理能力强。在端侧部署的话，主要有以下三个优势：第一，隐私保护，信息在本地处理不上云，解决了很多场景下用户对于隐私的忧虑以及信息安全问题；第二，带宽大，助力图像等多媒体类的应用，这类应用对数据处理带宽需求非常大，端侧大模型的部署帮助解决了带宽痛点；第三，低时延，有利于多模态类的一些应用，比如手势、语音交互。那么在此趋势下，智能汽车应该充当什么角色？对于智能汽车，特别是高端智能汽车来讲，算力往往是比较富裕的，因此，智能汽车可以作为人工智能（AI）的生产力工具，帮助推动大模型应用。

生态方面，车手互动会带来更新奇的体验。蔚来布局了车端及手机的融合后，实现了更好的车手互动体验。比如超感的车钥匙、导航路线接力、智能车控、天空视窗、手机 NOMI 等。手机、车机打通后，人机交互可以做到一致。比如在车上呼叫 NOMI，可以自动识别是在呼叫手机还是车机；可以呼叫车机上的 NOMI 向手机发送指令，比如向我的一个好友打电话或者发送微信消息，做到了跨端应用的协同、效率和性能匹配、数据共享和打通、硬件的算力分享，还有可信的隐私保护。

车手互动要先做到互联，然后才能互动。目前，汽车的能力和开放出来的接口是比较浅层次的，如果再深入一步会产生什么效果？比如我们到了目的地，想泊车，如果车位比较窄想提前下车，怎么办？可以做到无感泊车，"无感"的意思是我们的用户不需要做任何操作。准备泊车的时候点击一下车机屏幕，手机接到无感泊车的指令以后，乘员下车并到安全位置后，车机会自动泊车，主打"无感"。为实现这样的功能，车端和手机端要做很多打通的工作，车手互动的所有能力，自动驾驶的能力都要向手机开放，还包括双端UWB（超宽带无线通信）的能力。开放能力之后，车辆可以启动无感泊车，在用户下车并且到达安全位置以后检测到这个状态，开始调用自动驾驶功能进行自动泊车，最后全程配合，实现最终的效果。

无论是左右脑系统架构、大模型、利用感知融合的跨端智能助手NOMI，还是超感泊车，都揭示了AI算力、车手互联、多元融合给汽车智能化带来的无限可能，这可能将是汽车行业的又一次深刻的变革，蔚来将继续在汽车智能化领域持续投入，并以更加开放的态度与业内伙伴保持交流，为推进行业产业发展助力。

中国科学院软件研究所集成创新中心副主任
国科础石总裁
薛云志

探索国产汽车操作系统发展之路

车规级操作系统（OS）面临很高的要求。这一方面来自电子电气架构持续剧烈的调整和变化，另一方面来自应用层高阶自动驾驶、大语言模型、整车智能化的要求。车规级操作系统不只是要满足传统的高安全、高性能要求，还要考虑人工智能（AI）原生的计算需求，考虑如何更好地开源开放。

目前，国产操作系统最主要的挑战有两个，一个是规模化量产，另一个是建立生态。

一方面，操作系统作为整个软件栈当中的最底层，量产上车非常艰难。一是难以建立产业对于国产操作系统的信心；二是技术架构不统一的情况下切换成本高，汽车企业决策难度大；三是国产操作系统缺乏量产案例，难以接触业务场景，无法在业务场景中迭代产品与技术，形成恶性循环。

另一方面，国产操作系统在产业生态、开发生态建设上受制于人。一是国外产品与生态成熟，国产操作系统生态替代没有需求牵引；二是缺少产业应用，国产操作系统缺少生态建设的牵引能力和议价能力；三是上下游未打通，国产汽车操作系统与国产芯片间并没有形成强产业协同。

针对业界解决国产汽车操作系统装车和生态建设挑战的做法，我们做了总结和梳理。

1）**切实做好产品**：优化功能安全、信息安全、性能等方面，并做好配套工具链、SDK（软件开发套件），提升产品力与易用性。

2）**全栈自研**：全技术栈自研，以芯片、算法及应用上的议价能力，带动国产汽车操作系统上车。

3）参与主机厂、Tier1（一级供应商）开放生态建设：面向主机厂开放供应链生态的建设需求，参与建立"OEM 发行版"。

4）构建标准体系标准先行：通过自上而下的行业产品标准、操作系统测评验证标准，促进国产操作系统上车。

5）要提供国产操作系统上车政策支持：以政策面撬动国产操作系统的应用。

6）面向行业部分开放源代码：向产业链主机厂、软件厂商和芯片厂商开放源代码，通过产业联盟发行面向行业的开源发行版。

7）全面开源：代码向公众开源，吸引广大开发者贡献代码，促进产品不断迭代发展，形成开发者生态。

8）操作系统和芯片企业协同：基础软件企业和芯片企业强协同，促进产业链上下游贯通互联，形成产业生态与开发生态。

9）要做到以开源促标准：以标准促生态，通过开源社区、开源联盟的建设，以开源促标准，牵引产业各方建立标准，促进生态建设。

10）随中国汽车"出海"：构建全球生态，伴随我国智能汽车"出海"的历史性机遇，构建并发展面向全球的开放操作系统生态。

我们也提出几个设想供大家讨论参考。

一是建立智能汽车操作系统的开源基线版本。

回顾 Linux 的发展历程，很重要的一点是建立根社区，就是大家都比较熟悉的 Kernel。根社区一直牢牢把控着 Linux 内核的发展思路、各项技术的合并，从 Linux0.01 版本开始一直把控主线，一直到最新的版本演进。根社区不是某一个人或者某一个组织控制的，而是有一个看门组织在运行。基于根社区和基线版本，Linux 发展出来非常庞大、繁荣的生态，运行在我们所能见到各种各样的设备之上，小到最小的微控制器，大到宇宙飞船，Linux 几乎无处不在。

反观现在的汽车操作系统，其实并没有建立起来根社区和基线版本。国科础石依托中国科学院软件所在操作系统领域多年的积累，已经在 RTOS、Hypervisor、车规级的 Linux 上完成很多工作。我们的 Linux 版本刚刚在上个月拿到全球第二张、国内第一张 ASIL（汽车安全完整性等级）B 功能安全评测报告。础石愿意把符合车规的系统贡献到开源社区里作为基线版本运行，与软件所推动的 OPENSDV 和开放原子基金会联合共建。

二是面向整车操作系统演进建设工具链，以工具促生态。

回顾 PC（个人计算机）历史，为什么最终微软的系统能够大行其道，一个非常重要的原因是微软对开发者一直非常看重，它的 Visual Studio 是最好的 IDE（集成开发环境）之一，自 1995 年发布以来，累积已发展数千万开发者，并集成了上千款开发插件，而 MacOS 在这方面的着墨并不是很多。

智能手机时代，谷歌安卓的 GMS（谷歌移动服务）封装了很多公共服务应用，并提供方便调用的应用程序编程接口，这些开发工具和开发资源极大地推动了操作系统生态建立。

在智能汽车操作系统的开发上，我们依然沿袭着开发一个嵌入式系统的传统方法，有必要发展一整套完整的工具，来支撑汽车操作系统生态的建立。对于基础的操作系统，过去大家已经有共识，像编译器、调试器等相对比较成熟。但是对于智能网联汽车而言，还有很多相关的工具，如 CP/AP 转化，车规级框架建立，有必要利用这样一些工具推动整车操作系统的建立工作。

三是建议芯片企业、操作系统企业、主机厂联合共建公共软件工程平台。

国产芯片企业与国产操作系统企业由于缺乏公共资源支撑，因此各自重复投入进行操作系统 - 芯片适配，并开发配套软件工具，造成产业整体成本高昂。第一，每家芯片企业分别适配多个操作系统内核，目前没有业界公认的标准架构，不同操作系统与不同芯片之间难以兼容，操作系统与芯片的集成适配周期长，升级迭代不便；第二，多操作系统适配的配套软件工具需要大规模的软件开发团队，且需根据芯片型号 / 类型增加而持续扩充开发模块，每家芯片企业需重复投入建设软件研发团队，重复造轮子，增加成本，分流芯片自身优化的投入；第三，国产芯片企业、国产操作系统企业的 API（应用程序编程接口）等开发生态没有统一标准，造成转换成本高，适配与应用难度大。

建议主机厂、芯片企业、操作系统企业，甚至政府能够联合起来，共建公共软件工程平台，减少芯片和操作系统重复适配，也减少芯片企业软件研发成本。

立得空间信息技术股份有限公司
副总裁

邵慧超

车规级惯性导航在自动驾驶中的应用

从移动测量与自动驾驶的关系来看,移动测量与无人驾驶的感知层是一个技术体系,都属于多传感器的融合。自动驾驶汽车上有激光扫描仪,在移动测量车上有更高精度和更高性能的激光扫描仪;自动驾驶汽车上有环视传感器,移动测量车上有CCD(电荷耦合器件)相机,也有360度全景影像,甚至像素已经达到1.2亿;同时,都拥有北斗和惯性导航系统。人工智能(AI)技术很早就引入了移动测量中,AI+移动测量+自动驾驶传感器同样也可以赋能自动驾驶,当自动驾驶汽车在路上行驶的时候,本身就可以认为其是作为移动测量车存在的。

在惯性导航技术领域,移动测量和自动驾驶也息息相关,惯性导航在移动测量中具有重要的地位,但是惯性导航在自动驾驶领域的重要性却没有体现。车规级惯性导航的需求数量在逐年增长,但价格急剧下降,从3000元/套已经降至低于500元/套,这直接导致车规级惯性导航市场总体规模不高。这主要是因为车规级惯性导航没有成为自动驾驶的核心部件,仅仅在定位层提供一个定位功能,未深度参与到感知层以及控制层中,没有充分发挥惯性导航的优势和特点。

移动测量是以惯性导航为核心进行架构搭建的,结合惯性导航和两个前视相机以实现双目视觉测量,与激光雷达、全景相机或其他传感器相结合后可实现对整体周边环境的勘测和测量,形成统一的架构体系。多传感器融合后的成果相对精度优于2厘米,绝对精度优于10厘米。其实惯性导航姿态已经能够实现0.002度的精度,即使降级也可以达到0.01度,但是自动驾驶选择的是航向角精度为0.1度的惯性导航,所以精度问题并不是惯性导航的技术瓶颈,而是自动驾驶没有重视惯性传感器的重要性所导致的。

所以我们可以参考移动测量技术体系，以惯性导航为核心搭建整个体系架构，惯性导航与摄像机、激光雷达、毫米波雷达、超声波传感器组合之后，不仅可以用来定位，更能参与到深层次的控制中，形成PNTO（Position Navigation Time Orientation，定位、导航、授时、姿态系统）。在这个体系架构中，第一，必须解决时间同步问题。车上的传感器同步一般达到毫秒级，如果做高精度或者高性能感知的话，可以做到微秒级甚至纳秒级同步。第二，必须解决空间同步问题。当时间、空间和整个坐标系的基准统一到惯性导航框架之后，多个传感器的感知和测量效果可以融合地呈现出来。同时，融合定位不仅仅是GPS+北斗，也可以通过惯性导航、视觉或者激光雷达来实现融合定位或航位推算，给定位性能带来很明显的提升，进而提升车辆的控制精度。通过测试可以看出，深度融合惯性导航的方案，能实现对60米之外物体的定位精度优于10厘米。通过深度融合惯性导航，车辆整体的控制性能可以提升30%~40%。

移动测量、自动驾驶还有机器人三者的技术路线一脉相承，最后也一定会殊途同归，因为传感器、AI处理器和多源融合感知算法，包括整个技术途径其实都非常接近，只是大家的量级和应用场景略有区别而已。

OPPO 智行总经理
ICCOA 联盟发起人
章 欣

从追赶到超越，共创产业融合新高度

当前，手机行业和汽车行业之间从两条平行线慢慢开始融合形成交叉点，这个过程我们理解为"大水养大鱼"。从产业发展视角看，手机行业每年大概有12亿部的销量、万亿元级产业规模；而汽车行业大概是每年8000万辆的销量、10万亿元级的产业规模。

从行业发展的视角看，手机和汽车两个产业长期以来各自独立发展。手机的迭代周期在1~3年，而一部手机的生命周期有3~8年；汽车的迭代周期是5~8年，而一辆汽车的生命周期可以达到15~20年。每位手机用户每天使用手机的时间大约是7小时，用户在这7小时内会在第一、第二、第三生活空间内连续切换；而汽车用户每天用车的时间大约在3小时，场景相对单一，但内涵在快速外延。

从智能化水平来看，汽车在追赶甚至局部超越手机的智能化水平。从服务生态水平来看，汽车弱于手机。而汽车的面向服务的架构（SOA）、舱驾芯片（SoC）成本从整车成本来看已超过5%，而生态的收益是负值。

从手机和汽车两个产业过去15年的发展变迁来看，15年前，手机和汽车之间的连接关系是通过蓝牙功能实现的，其功能是打电话和听音乐，车的角色就像手机的外部扬声器。10年前，随着苹果手机的CarPlay出现，手机应用可以投射到汽车的屏幕上，汽车的应用生态和服务内容完全由手机提供，车上的服务应用生态100%来自手机。而今天，在汽车和手机行业的联合推动之下，中国已经逐渐进入车机互融时代，手机的能力和生态与车的能力和生态形成合力，为彼此共同的用户提供新质服务。

从用户需求视角看，今天中国购车的主力人群是"80后"到"00后"。大家都在说，"80后"是互联网的原住民，"90后"是移动互联网的原住民，"00后"是AI的原住民。原住民们习惯于服务找人、习惯于跨端协同、习惯于生态融合，今天，原住民们需要的是手机和汽车真正地深度融合。

我们可以用贾济民教授的"时空关"理论看待用户的真实需求以及可能的演进方向。

从空间上看，第一生活空间是每个人的家庭，包括智能音箱、智能插座、智能家电、电动窗帘在内，有上百款可供连接的设备；第二生活空间是办公室，包括门禁、打印机等，有十多款可供连接的设备；而第三生活空间是汽车，在这个场景下只有两个设备，手机和汽车必不可少，其他设备以配件或附属物的形式存在，手机和汽车的用户在空间属性上高度重叠。

从时间上看，智能汽车的车主大概会有2倍于传统汽车车主待在车上的时间；随着手机和汽车的连接不断加深，用户使用手机和车端场景边界越来越模糊，用户也更愿意在车里花更多的时间，并非单纯地驾驶，也并非单纯地使用手机，应用的场景逐步趋于融合。用户正在习惯于跨端协同、生态融合。

从消费力上看，很多机构的研究表明，有车用户的消费能力数倍于无车用户，这就会驱动大量的设备开发者、应用服务开发者进入这个领域，催生出更多的场景消费空间。通过手机、汽车甚至其他IoT（物联网）设备的连接，在第三生活空间内为用户提供全方位的数字要素服务，目前可能也只有在中国能够实现这样的能力，这源自中国有世界上最完善的基础工业体系和信息化体系，这也是整个改革开放40年来通过上升阶梯实现的产业发展核心优势。

我们可以用浙江大学吴晓波教授的"C理论"分析产业发展周期。在过去十多年，手机和汽车的连接关系中，已经逐步形成了固定范式和路径依赖，而现有的范式已经无法满足用户的真实需求。今天，我们希望携手产业合作伙伴，前瞻性地打破现有固化的范式，抓住这个窗口期进入下一个范式，为用户提供领先的服务和体验，以满足用户的真实需求。要实现范式创新，必须通过跨产业的协同互补，来共创、共建、共享新质生产力。

过去十多年的发展历程中，手机和汽车系统是完全割裂的两个设备，硬件、算力、数据、应用、服务等各个维度都是割裂的，二者之间没有任何协同效应。而 2024 年是 AI 大模型上车的元年，也是 AI 手机落地的元年，AI 大模型加速催化了协同效应，在这个时间点上能产生出更多的产业融合创新。今天，ICCOA 联盟（智慧车联开放联盟）在推动车机互融行业标准，推动手机大模型和车机大模型之间变得更加智能、更加协同。

举例说明，今天几乎所有的智能汽车上都有"小憩模式"，很多朋友都会在车里午休。但是很多人抱怨，虽然在车上打开"小憩模式"睡得很舒服，但突然来了一个骚扰电话就被吵醒了，如何可以让"小憩模式"真正做到以人为中心呢？要实现真正的"小憩模式"，不仅在车上要打开"小憩模式"，而且手机上也要同步设置勿扰模式、唤醒等能力才能让用户真正舒服地进入午休状态。而通过汽车和手机两端的 AI 大模型协同，只要简单地说一句"我要午休了"，就可以实现"以人为中心"的智能"小憩模式"。2024 年，我们 ICCOA 联盟由 OPPO 牵头共建这样一套大模型互融标准，让两端的大模型互融并"各取所长"，遵循一套标准的互融框架。

此外，在当前的物联网行业里，很多企业都想进入汽车这个场景，但发现要进入这个场景其实很困难。由于每个汽车品牌的硬件充电设计、固件设计、蓝牙连接标准、Wi-Fi 连接标准都存在差异，要做好标准化的多设备连接非常困难，要做到连得快、连得稳、连得好是很难的。2024 年我们 ICCOA 联盟由小米集团牵头共建这样一套多设备互融的框架体系，帮助更多的 IoT 设备轻松地实现和手机、汽车更简单、更便捷、更智能的互融。

我们希望能够为产业融合创新发展提供更有价值的助力，协同设计厂商、汽车企业、应用服务开发者、产业链上下游合作伙伴，在技术、产品、服务、渠道、运营五个维度，共同推动产业长期健康发展。以 ICCOA 联盟为载体，持续推动产业协同互补，共创、共建、共享新质生产力。

巩固和扩大
新能源汽车发展优势　1953　　　1959　　　　1969　　　　1979

第五篇
车路城协同的实践探索及路径展望

中国工程院院士
邬贺铨

5G+AI 加持，网联智驾加速

2023 年年底，我国 5G 基站已经有 300 多万个了，占我国移动通信基站数约 1/3，占全球 5G 基站数约 60%。5G 在地级市、县城城区已经全部覆盖，5G 用户数量占我国移动用户数量的比例已经过半，中国 5G 用户数量占全球 5G 用户数量的比例也是一半。而且现在要从 5G 到 5.5G，2024 年是 5.5G 的商用年，相比 5G，5.5G 无论下行峰值、上行峰值、连接密度、定位精度、比特能效都有数量级提升，以更优的性能适应 C-V2X（基于蜂窝网络的车联网）。通过 5G 和 5.5G 提供沉浸式交互实景导航和车载娱乐体验，时延大大降低，有利于智能驾驶的应用。此外，轻量化、低时延也显著降低了物联网的成本。

另一个值得注意的技术趋势是人工智能（AI）。人工智能大模型包括基础大模型，即语言视频大模型，以及行业大模型，会从五方面影响到周边的载体、环境。一是智能上云，AI 即服务；二是智能下沉，体现为在终端和边缘计算上使用小模型以及边缘智能；三是智能多态，有各种各样模式的大模型；四是具身智能，通过感知和交互与环境实时互动；五是智能附体（AI Agent），在语言大模型推理能力和规划能力的基础上增加了规划技能、记忆、工具使用能力和行动能力，可以提供智能的落地，成为大模型应用的载体。

利用人工智能可以解决道路数据采集的难题。有人说自动驾驶的商业化落地要有百亿千米的路测数据，相当于 100 辆汽车每天不停地跑 100 年，这是做不到的。2023 年上半年，我国总测试里程超过了 7000 万千米，连 1% 都不到，而且专门的采集车成本可高达每天 1 万元，即便这样跑下来也不一定能捕捉到特殊的"长尾场景"。现阶段我国进行的智能网联汽车的测试中 90% 都是仿真的，9% 是封闭道路的，只有 1% 是真实道路的，跟真正的道路测试差很远。利用人工智能对已有的路测数据迁移学习，可以变成新的训练场景数据，基于大模型的路测一天就可跑上百万千米，而且还可以解决"长尾场景"数据难获得的问题。

大模型可以直接嵌入智能网联汽车。生成式大模型本质上是一个数据压缩器，以语言大模型 ChatGPT 为例，其训练数据集有 900TB，而训练完成后只有 64TB，压缩到了 1/14，Sora 大模型甚至可压缩到 1/40。通过压缩技术来精简模型，以小模型运行推理任务，同时升级芯片增强算力，这样就可以将大模型的推理应用落到边缘以及车端，与公有云相比，具有低成本、低时延、高隐私、个性化等优势。

通过人工智能以及 5G 等能力，可以进一步丰富智能座舱，实现人车交互的智能化，提升驾驶的安全性、舒适性、便捷性。比如可显著降低车内娱乐系统噪声、通过语音识别解放手眼等。也可以让人工智能识别交警和行人的手势。另外，抬头显示、流媒体后视镜、驾驶员疲劳驾驶检测等功能可以进一步丰富体验。

除了智能座舱还有智能驾驶。将大模型加载到汽车上，可以从自主式驾驶辅助到网联式驾驶辅助，再到人机共驾，以及高度的自动驾驶。比如环境感知，可以把各类传感器能力很好地融合起来，感知周边的信息。同时还可以推动与路侧联动，路侧感知设备可以替代部分车端算力，降低对车载算力的要求，车端也可以得到更好的交通流全局的指导，改善车辆间的协同性；且通过智慧底盘和汽车软件，也可以很好地感知道路的状况，并反馈给城市道路管理部门，使其能更好地掌控整个城市的交通流量和管理，有利于城市的运行安全。当前，生成式的语言大模型和视频大模型技术的突破，为人工智能成为物理世界的引擎拉开了序幕，将进一步增强单车智能和云路智能。5G 的广渗透和 5.5G 开始商用，推动了 C-V2X 完善并走向成熟。车联网成为承载新质生产力的新兴产业，在国家高质量发展中彰显新动能重任。当前需要建立全国统一的车联网投资与运营主体，探讨商业模式，促进法规建设，凝聚产业链相关方力量，完善车联网发展生态。

中国电动汽车百人会
副理事长兼秘书长
张永伟

汽车产业下半场最重要的是多要素协同

2024年中国电动汽车百人会论坛有两个主题：第一个主题是如何巩固和提升我们在新能源汽车领域所取得的竞争优势，在总结新能源汽车发展经验的时候，大家感触最多的就是我们要有一套协同的机制；第二个主题就是怎么推动智能网联时代汽车和交通城市的融合，现在看来，在电动化时代的成功经验，非常有必要在智能网联时代加以应用。

智能化有单兵独战的发展模式，以汽车自己为主。我国有智能网联的优势，特别是有网络的基础设施、北斗的通信和路侧基础设施，这三大利器是我们发展智能网联的核心支撑。现在的问题是，如何把这些智能网联的核心支撑有效地整合起来，大家共同来做一个系统，完成一个大的系统工程的设计和推进。所以，有效整合、实现多要素协同，是我们在电动化之后汽车产业下半场最重要的一项工作。

多要素的协同首先就是汽车怎么在系统当中能发挥出自己的作用。现在对汽车提出的最重要的要求包括以下几方面。

一是车。 要明确智能网联汽车对路、对网络、对算力的需求清单和需求演进图，车是牵引方，是需求的发布者。

二是道路。 过去是路走在了前面，网联的车走在了后面，未来需要明确汽车产业发展节奏的时候，需要更加科学地去规划道路基础设施的建设，特别是要制定建设的标准和升级迭代的路线图，这样才能让车路率先实现协同。

三是网络。 服务车的应用、服务驾驶员的应用，以及服务城市治理的应用对网络时延等性能的要求不同，明晰要建设哪种网络通信模式或者是如何组合不同模式才能满足应用需求是研究重点。

四是算力。 我们需要去测算不同等级的车辆投入到一定规模、不同等级的道路建设到一定规模后，对一个城市、一个地区提出的算力需求，来及时为车路城协同部署算力资源，这样可以让汽车实现自动驾驶的时候，算力不成为制约。

五是城市。 特别是城市能够为汽车自动驾驶进入网联时代提供哪些基础数据资源，包括数字化地图、公共基础设施的数字标识，这些都可以参与到智能网联时代汽车的驾驶决策。

所以把车、路、网络、计算、数据这些我国特有的支持智能网联的优势条件，像我们发展电动化的时候一样，在一开始就有机地整合起来，形成一个系统工程，来同步推进，这是我们实现智能汽车下半场、实现我国智能网联汽车发展的一个最有效的路径。这是第一个体会。

第二个体会是实现多要素协同的几个关键。

第一个关键是标准问题。 现在的标准存在以下问题：一是城市间不同区域的基础设施标准不统一；二是汽车和基础设施之间标准统一的进程非常缓慢，标准的不统一严重制约了车路、车城协同；三是不同设备之间的标准也存在着很多差异，导致一家企业的设备不能兼容其他企业的设备，所以很多城市项目被不开放的设备商影响了下一步的迭代。建立一个互联互通的标准体系，打破设备间的壁垒，打破区域间的分割，打破跨行业不能联通的壁垒，是我们实现多要素协同的关键。

第二个关键，是要打造一个新质运营商，让大协同具有一个最有力的市场化主体支撑。 由于基础设施投入巨大，网络运营专业化要求又非常高，各种技术迭代的速度又非常快，所以实现协同必须有一个懂网络运营、懂商业创新，又能够去深度理解技术迭代的专业化的新质运营机构。传统的运营商具备了网络运营能力，城市平台公司具备了基础设施投资能力，设备企业具有技术迭代或者理解能力，需要将这三个能力、三种不同的主体组织起来，打造一个新的运营机构，没有这样的专业机构支持，我们的协同就会失去市场化发展的基础，就是没有市场主体就谈不上市场化的发展。

第三个关键，是构造集监管服务于一体的智能网联综合平台。要实现这么多的要素在一个系统中协同，对管理和服务的要求就变得更加苛刻，甚至更加迫切。从管理角度，过去我们擅长管车，未来也要擅长管各类设施，所以把具备不同智能网联功能的汽车、不同设备纳入监管，也变得非常有必要，这就确保协同能够在安全框架下来运行。但是实现协同的关键不仅在于监管的安全，也在于我们能否为不同的协同要素提供各类服务。所以，在监管的同时，要构造一个服务的功能，为不同参与者提供基于网联的数字化服务。因此，构造一个既有监管又有服务的城市级，或者说更大区域级的综合性智能网联平台，是支持协同的一个关键环节。

第四个关键，是形成一套科学的道路基础设施建设方案。基础设施的建设必须基于科学、基于我们的实际需求，脱离需求的基础设施建设往往容易造成资源的浪费，失去科学的基础设施建设容易被单一的企业、单一的技术，实现路径绑定或者利益绑定，所以如何去建设支持协同的道路基础设施就变得非常关键。

在协同当中，树立信心非常关键，越是复杂的事情越需要一些效果明显的突破口来建立大家推进系统创新的信心，这就需要我们建立或者落实核心的应用。在汽车方面，最好的体验，比如智慧的出行和智慧的公共交通，体验好、建设快，可以帮助我们的汽车企业或帮助我们的驾驶员建立信心；在交通管理方面，建立信心的关键是如何通过这一系统的设计减少交通事故，在城市领域一些特定区域，让我们能够尽快看到最高等级的无人驾驶落地。所以，围绕着有人驾驶的应用，交通事故的降低和远期示范、早期落地的应用，可以作为我们推动系统创新的一个突破口，从而建立行业信心。

国家智能交通系统（ITS）工程技术研究中心
首席科学家
王笑京

智能交通及车路融合的动态与启示

当前，智慧公路与车路融合的发展遇到一个关键问题，即下一步如何发展。回顾智能交通的发展经验，可以为智慧公路和车路融合的发展提供一个引导或借鉴。

智能交通发展 30 多年以来，已经有很多成功的智能交通应用，这些应用是出行、生产所需要的，也正在手机和汽车上使用，已经融入日常生活之中。通过分析成功应用可以看出，它们具有是生产和生活的刚性需求、直接感受好、显性效益好等共同特点，即老百姓直接体验较好、经济合算。此外，应用的成功还要有技术积累和法规支撑等前提条件。在这些成功的应用中，最重要的、可形成规模化的应用一定是老百姓愿意使用、符合人性、社会冲突小的应用，往往社会冲突是应用成败的决定性因素之一。

基于此，在讨论智能交通、车路城融合发展、新质生产力时，应该关注以下问题。

一是要采用正向设计的方法进行体系和应用系统的设计。以往智慧公路的试点和示范往往采用直接进行物理设计的方法，也就是对于路侧装什么、车端装什么，没有很好地分析需求。如果按照系统工程规范的做法，试点和示范应该从分析真实的大众需求（非空想的需求）做起，再进行功能的分解和系统的综合，注意系统综合是进行物理设计之前非常重要的环节。因此，在智慧高速公路、车路城协同等试点示范过程中，进行设计和规模化应用时，要总结之前的经验，利用系统工程的方法从需求做起。

二是要结合实际对未来的发展趋势做出正确判断。一方面，以人为主的自组织型交通会不会消亡？人开车、人在路上走，从系统的角度看是一个自组织型系统。很多人认为，未来在这个系统中，自动驾驶或自主式交通会成为主导，但我个人认为，以人为主的自组织型的道路交通不会消亡，智能道路与人驾驶的智能汽车将会形成一种以人为核心的新生态，人类驾驶的车辆不会消亡，而且公共交通、步行和人类驾驶的车辆在相当长的时间内仍是道路交通的主体。因此，未来我们做新技术应用的时候要充分考虑到这个背景。另一方面，数据、算法和通信支撑的平台控制系统已在有人参与的道路交通中显现。数据、算法和通信通过平台对人或车辆进行了严密的控制，形成了一个由人、设备、数据共同参与其中的闭环系统，这个系统与以前的经典控制系统的控制方法和过程不一样。例如电商及其末端配送，快递小哥是处在数据、算法和通信支持下的一个严密的平台控制当中，他们的所有行为是有评估的，评估就是我们的评价和点赞，不好的评价可能使他们接不到单。网约车也一样，司机处于严密的控制系统中，包括服务态度、行驶路线等，乘客的一个不好的评价或投诉，有可能影响到网约车司机的接单。在高速公路上，原来设计的车路协同支持的自动驾驶思路也是来源于经典的自动控制，这种控制在有人参与的系统当中能不能真正得到实现需要进一步探讨。

三是借鉴"智慧公路"和"车路云一体化"示范的经验和教训。对于智慧公路、智慧高速等试点示范，各界对试点效果的反映各异。第一，虽然公开报道都说好，但是到现实中调研和评估时，我们发现很多都是由互联网公司、设计单位、政府以概念推动的，脱离实际的不在少数。第二，智慧高速用户的体验比较差，开车的人体会不到智慧高速。第三，智慧高速没有整体架构，有的时候是为了创新而创新，且难以复制、难以推广。以上现象给智慧高速下一步的实施造成了一定的困难。

"车联网""双智"的实践同样给我们很多启示。近期有媒体评论车路云建设和使用遇到的问题，其实说到底，还是需求分析和从用户的角度考虑得不够，我们更多考虑的是建设，没有应对百姓关心的交通问题。我的观点是，试点是可以做的，但是必须考虑让老百姓、让开车人有直接的体验。近期，国家五部委联合发布了关于开展智能网联汽车"车路云一体化"应用试点工作的通知，通过分析这个通知可以看出，要实现的目标和提供的服务等不够明确，没有针对百姓关注的问题有所应对，没有很好地从实际需求出发。

相比较而言，交通运输部《关于推进公路数字化转型　加快智慧公路建设发展的意见》在总结以往示范经验教训的基础之上，重新调整智慧公路的内容和建设方法，摆脱了原来智慧公路只关注出行服务这一点，将公路建设、运行、养护和服务都包括在内，明确了具体发展目标、主要任务，而且每一项主要任务都有具体的内容；同时，特别强调了业务流程和数据要素的作用，以及充分发挥各类运营主体的作用。现在，有关单位正在编制与其配套的实施指南，将在指南中强化对有关项目应用效果和经济性的评估。

总之，创新发展要以实效为先。举两个在第29届智能交通世界大会创新大赛上获得一等奖的项目的例子来进一步说明注重需求和实效的重要性。一个是中国远洋海运集团的航运大数据、大模型、大应用"船视宝"项目，该项目需求分析明确，充分利用了自己的数据资源，并且和我们的港口、船舶的应用做到了非常紧密地结合，除了通过给港口和船舶提供数据服务获得收益之外，项目承担企业中远海运科技公司在2年多的时间里，还通过卖软件和数据产品获利八千多万元。另一个例子是阿里集团的"菜鸟运筹优化平台项目"，它主要服务于快递物流，与老百姓的日常生活和企业生产密切相关。大型网络的配送路径选择和优化是非常难的数学问题，靠人工去做，效率是非常低的。"菜鸟"这个项目在硬件、软件、算法配合的条件下做出了高水平的结果，并且获得了运筹学领域最高奖。当然，我最关注的是项目的应用效果和创造的效益，国内"菜鸟"物流配送的效率大家都熟悉，在国际上也有很好的效果，例如用于法国快递配送地后，年降成本千万欧元；而在澳大利亚，外卖配送效率提升32%，且配送成本降低18%。

综上所述，实践的经验和教训给我们的启示是：第一，智能化交通技术研发和使用应遵循以需求和问题为导向的原则，新技术应用要以人为中心，而不是以产品为中心，今天谈到智慧城市也好，智慧高速也好，一定不要忘了，在里面用的主要是人；第二，要总结经验和教训，调整政策和着力点；第三，要用提高全要素生产率来检验新一代技术的效果，即新质生产力应用于交通的成效。

同济大学长聘教授
交通运输工程学院党委书记
马万经

以路驭车 以车驭城
——粒流协同交通管控与服务系统

从我国和世界范围内的形势分析来看，车联网、车路协同、人工智能等技术的变化正在推动着交通系统迅速变革，当前，无论是通过解决交通问题或带动相关产业发展提升交通综合水平，还是提升城市智慧化水平，乃至提高国家竞争力，都已经成为这些技术领域的焦点。

与传统交通流相比，新型混合交通流具有"粒流二象性"，既包括传统自行车、电动自行车、行人、人工驾驶汽车、单车自动驾驶汽车等非网联个体，也包括智能手机/手表、网联人工驾驶汽车、网联自动驾驶汽车等网联个体，通过对比两种交通流可以看出，交通系统产生了新的需求。

一方面，交通服务由群体统一化向个体精细化转变。交通系统典型的变化是由传统交通流转变为新型混合流，各种各样的个性化个体（包括车、人、个性化需求等）可以被系统捕捉到，这使得交通系统由原来服务大众、群体到现在服务群体和个体，既考虑到了流的整体效益，也考虑到粒的个体服务。另一方面，在通过智能网联、城市交通规建等方式提升交通综合水平，提高相关产业实力，增强国家竞争力的过程中，不仅要提供一个产品，还要能够提供一个环境，如操作系统、技术标准、开发平台，让产业、技术等各方面的力量能够充分发挥作用，推动技术创新，解决实际问题。

在新型混合交通体系下，既要提供个性化服务，也要实现整体效益，粒流协同将成为关键路线，包括感知评价、诊断优化、出行服务等组成部分。粒流协同体系的建设和发展涉及操作系统、技术标准和测训平台，基于它们的支持能够为更多用户提供服务。

粒流协同模型体系包括控制对象协同、控制目标协同、控制手段协同、控制策略协同，其中，控制对象协同指机动车、非机动车、行人等个体与交通流整体的协同；控制目标协同指既要考虑个体最优，也要考虑全局最优，尽量减少个体对整体的影响；控制手段协同指通过轨迹优化、信号管控、交通需求管控等方式优化系统；控制策略协同指基于人工智能技术利用数据、模型驱动协同。

基于粒流协同模型体系，应考虑如何搭建粒流协同交通管控与服务系统基础环境，利用个体数据和功能服务整体，即以粒测流，以粒控流，同时利用整体的环境去服务个体，即流中控粒。

第一，感知评价。感知层面，在智慧高速公路、"双智"等试点实践中，更精准的检测是需求，但这只是交通管控与服务系统的一部分，毕竟不可能所有的点全部用高精度的路侧设备覆盖，于是出现了设备覆盖的区域和设备未覆盖的区域，如何将路侧设备覆盖和未覆盖的区域连接在一起，以及如何利用移动个体弥补可能没有检测设备、不需要检测设备、安装检测设备不经济的区域成为关键。评价层面，在没有覆盖路侧检测设备的情况下，一方面利用移动个体捕捉常态信息和非常态事件信息支撑交通管控和服务，另一方面利用捕捉的数据开展交通碳排放降低等特殊化应用。

第二，诊断优化。长期以来，数据不完备及其质量参差不齐是智能交通体系发展的重要影响因素。在新型混合交通流体系中，离散的、稀疏的个体轨迹数据能够支撑交通管控与服务系统的诊断优化，如整体交通信号控制优化。另外，个体车辆调节可以改变整体交通状态。以美国西雅图5号州际公路为例，通过分析公开数据得出，控制约1%的网联汽车可降低14%的拥堵时间。再有，从交通角度来讲，自动驾驶或驾驶辅助实质上是流中控粒，研究表明，可以利用有限的车辆个体和有限的路侧设施提升瓶颈区段的通行能力，进而大幅度提升通行效率。

第三，出行服务。个性化的个体不仅体现在驾驶的车上，也体现在服务的人上。以美团、滴滴为例，一个订单激发了个体的需求，产生了订单信息及其实时位置、路径信息等个体数据，能够支撑在路径上改变需求分布，辅助驾驶员做出驾驶决策，提高整体的服务水平，提升公交出行效率和大众出行品质。

为了更好地提升交通的整体运行效率和服务好智能化的个体，以及使"双智"等实践更好地服务整体技术的推动，在粒流协同交通管控与服务系统环境搭建的过程中，需求挖掘与满足、测训平台搭建及技术标准建设还需进一步探讨：

一是在新一代开放路侧操作系统建设运维过程中，如何更好地满足各种需求。可以将操作系统作为载体，统筹地适配各种路侧设施，实现统一管理和应用的基础支撑。

二是如何搭建公开化、方便接入和利用的优质测训平台，供各行各业技术推进、发展和适用，推动行业技术发展。

三是在车路的边界和分工等问题上，技术标准需要进一步完善，进而指导技术推进。

中国联合网络通信集团有限公司
副总经理、党组成员
梁宝俊

借通信行业之"势",赋能新能源汽车产业发展

中国信息通信行业已经在全球保持了领先地位,正处于巩固和提升中国信息通信业领先优势和竞争力的阶段。根据工业和信息化部统计,截至 2023 年年底,我国 5G 基站已经达到 338 万个,通信覆盖已经下沉到乡镇一级,已经实现了市市通千兆、县县通 5G。

汽车的电动化、数字化、网联化、智能化促使通信行业与汽车行业结合得越来越紧密。当前,信息通信行业正在聚力推动构建新一代数字基础设施和推进数实融合,5G 向 5G-A 过渡、5G 专网规划建设及算力设施配套和服务供给,这些都为信息通信业与新能源汽车产业融合发展提供了基础。

中国联通一直致力于推进通信行业与汽车行业的协同发展,推动数实融合走深走实,2009 年提供车联网的通信,2015 年成立了专业的车联网公司,2022 年组建了车路协同的交通行业军团。目前,在中国境内,中国联通与 90 家汽车企业开展合作,为 6500 辆车提供联网服务,为 3100 万车主提供运营服务,为 70% 的智能车辆提供联网服务,还为多个汽车品牌"出海"提供通信保障。基于 20 多个城市多维度试点经验,下一步中国联通将推动 5G 车路云一体化的数字基础设施建设及一体化商业实践。

为充分发挥信息通信业优势,主动服务于新能源汽车产业高质量发展,建议如下。

一是推进跨领域、跨行业的融合创新。围绕汽车、通信、能源、交通等领域,特别是一些核心技术和关键场景,中国电动汽车百人会可以设立研究课题,并与

中国信息化百人会合作推进跨领域协同创新。

　　二是强化有为政府和有效市场结合，推进智能网联汽车的商业化实践。目前，车路云一体化中国方案迫切需要城市级、产业级的商业实践，目前政府主导的多一些，怎么能变得市场化，更加富有竞争力，更具规模化，需要政府和企业共同努力。

　　三是加强行业融合标准建设。推动车路云一体化平台应用兼容互通，确保跨汽车通信、交通行业技术的互操作性和兼容性，促进数据要素的可信、共享，完善跨行业跨地域的安全标准和法律法规体系。

　　四是加强跨行业企业联合。共同打造领先安全的"出海"联盟，推进通信行业与汽车行业组团"出海"，保障国际全连接、跨境数据互联安全认证与升级等服务，落地推广综合方案。

中国信息通信科技集团有限公司副总经理兼总工程师
移动通信及车联网国家工程研究中心主任
陈山枝

C-V2X车联网及车路云协同进展及建议

车联网包括以下几部分：一是车内网，即汽车内部通信网络，包括CAN或车载以太网等；二是过去几年得到快速部署的车云网（Telematics）；三是当前正在推进的车际网（V2X）。

车联网1.0，即Telematics，是基础车载信息服务阶段。当前正处于车联网2.0发展阶段，即L2+级智能辅助驾驶阶段，与新能源汽车智能化相互赋能，推进车路云协同，实现包括安全预警、协同感知、智慧交通等功能。车联网3.0则是L5级全天候、全场景的无人驾驶。当下的车联网2.0阶段主要目标，是提高智能驾驶水平，提升行驶安全性，保证人民生命健康，提升交通效率。新能源汽车智能网联化发展是产业变革的过程，兼具社会效益与经济价值。车联网的战略目标是支撑智能网联汽车产业创新发展，实现全球引领。

与业界交流的时候发现业界存在两点困惑，在此试着解惑一下。

一是智能网联汽车、车联网、车路云协同的关系。智能网联汽车是车联网和车路云协同的核心载体，是最重要的服务对象，也是产业变革的核心驱动力。车联网实际是实现车与路、车与车、车与人、车与云之间的通信连接。车路云其实是车联网的具体应用，与智能网联汽车、智慧交通具体结合时侧重点稍有不同。

二是多种通信技术间的关系。大家常说的通信技术包括4G/5G、C-V2X（基于蜂窝网络的V2X）车联网、卫星通信等。从服务于智能网联汽车和智慧交通的角度，其实只有两类：近程信息交互和远程信息服务。近程信息交互，就是C-V2X，是车与车之间、车与路之间、车与人之间的通信，有低时延、高可靠的严苛要求。

远程信息服务，包括 4G/5G、卫星通信，对实时性要求没有那么高，但要求通信覆盖性好。C-V2X 车联网、5G 以及卫星通信是互补的，卫星通信最重要的作用是拓展了 V2N（车与网络连接）功能，可以解决 5G 基站覆盖不到地方的通信问题，即拓展了远程信息服务，但卫星通信在城镇及建筑物、立交桥等遮挡区域不具有优势。

大家通常说 C-V2X 车联网就是服务无人驾驶的，其实不是，我们今天希望 C-V2X 能服务有人开车场景，实现安全预警，助力 L2+ 级智能驾驶。它同时能服务特定场景 L4 级无人驾驶，包括矿山、码头、机场、城市特定区域的 Robotaxi。未来希望其赋能 L5 级全天候全场景无人驾驶实现。

观点一，单车智能是基础、C-V2X 网联是增强。单车智能跟网联是相互赋能的，并且我特别强调，单车智能做得越强越好。我跟汽车企业是这么表达的：第一，单车智能干得好的事，网联都不干；第二，单车智能高成本的，用 C-V2X 能不能降些成本，如路口信号灯的全天候识别、道路临时施工问题；第三，单车智能解决不了的，网联协助你干，如实现超视距感知、解决"鬼探头"等问题。

观点二，当前车和路的协同感知都是各自自主决策。有时大家会说路控车了，也有说车控交通信号灯了，都不是。人工驾驶与自动驾驶混行的交通现象将长期存在，当前车和路虽然都需要智能化，但都是自主决策。路侧提供感知信息给车，车还是在单车智能的基础上自主决策行驶，而交通管理部门得到车的行驶信息后，也自主决策交通信号的动态调度及潮汐车道调度，这样遵循现有的道路交通管理法规，责任是相对清晰的。

观点三，车联网新型基础设施促进车路城融合发展。C-V2X 车联网新型基础设施覆盖达到一定范围后，就可以服务智慧城市，比如边缘计算做到了路口全覆盖，就会成为城市的算力基础设施。这样，ToC（面向消费者）提供智能驾驶服务，ToB（面向企业）面向汽车企业、公交物流服务，ToG（面向政府）为政府提升交通管理效率和城市治理水平，同时促进智能网联汽车、智慧城市协同发展。

为促进 C-V2X 车联网及车路云协同发展，建议"有为政府、有效市场，战略导向、有机衔接"。前期市场失灵时，通过有为政府单城打通，出台针对性的激励政策，提升"两率"（C-V2X 路侧覆盖率和 C-V2X 车端渗透率），快速提升用户获得感，让车联网的价值得到更好发挥。有效市场，即全国一张网，全国车联网等基础设施建设标准一致，支撑上层应用标准一致，通过应用创新实现车联网平台经济。通过"有为政府"和"有效市场"前后有机衔接，分阶段、分场景推进 C-V2X 车路云协同，实现全国一张网，赋能我国智能网联新能源汽车的产业变革，服务交通强国、网络强国战略，实现新质生产力，打造数字经济和智慧城市新优势，为中国式现代化建设贡献力量。

1989　　　1999　　　2010　　　2023　　　2024

第六篇
动力电池产业创新发展趋势

中国科学院院士

孙世刚

电动交通需求持续增加　固态电池创新不断推进

第一，电动交通对动力电池的需求。我国能源结构是"煤多油少气少"，2023年共消费原油 7.66 亿吨，产量 2.02 亿吨，进口 5.64 亿吨，对外依存度超过 73%。对外依存度若超过 70% 就是超过了一个国家的安全底线，这是我国发展新能源汽车的一个重要驱动力。新能源汽车不仅减弱了对原油的依赖，同时减少了二氧化碳排放，还可高效利用可再生能源。

可再生能源发电是间歇式的非连续发电，储存和转化是重中之重。我国发展的新能源汽车的动力系统中，燃料电池因其续驶里程长、能量密度高，主要用于重型货车、客车等运营车辆，而动力电池则用于小汽车。截至 2023 年年底，我国新能源汽车保有量达到 2041 万辆，占汽车总量的 6.07%，还有很大空间，预计 2030 年保有量将达到 8000 万~1 亿辆左右。

另外一个驱动力是部分发达国家提出了停产停售燃油汽车时间表，虽然近期有些国家说要推迟，但尚未正式出台，而且并不是说会停止该项政策。碳中和是全世界达成一致的一项协议，大家都要努力去发展，特别是我国，任务重，时间非常紧迫。

总的来说，快速发展的电动交通对动力电池的性能提出了越来越高的要求和新的挑战，如高能量密度、高功率密度、高安全性、长寿命、极端环境适应、低成本等。我国和发达国家均制定了国家级发展战略，注重固态电池的研发与布局。

第二，固态电池的挑战。固态电解质相较于液态电解质优势显著：不易燃、无液体泄漏风险；电化学窗口宽、能量密度高；宽温域（-30~$100\,°C$）。固态电池把电解液换成固态电解质，储能的能力仍取决于材料。电池能量密度的高低最重要的还是取决于正负极材料，要选择高容量、低电压负极 + 高容量、高电压正极。锂金属负极具有超高的理论比容量和较低的氧化还原电位，但面临锂枝晶生长的问题，而高压高比容量正极材料存在不稳定风险。

因此，高能量固态电池面临的挑战主要包括：固态电解质离子传输缓慢，锂枝晶带来的安全问题等；固固界面兼容性差、离子传输阻力大，导致电池动力性能差。根据目前的研究进展，可通过构筑人工 SEI（固体电解质界面）膜、三维结构锂金属负极，调控锂金属电极/电解质界面，显著抑制锂枝晶生长，从而提升锂金属电池循环稳定性。

第三，固态电池的发展。固态电池尚存多个有待解决的技术难题，产业化、规模化应用仍面临较大的挑战。关键挑战之一是固态电解质的离子电导率低，与固态电极材料的界面相容性和稳定性差。

无机固态电解质主要分为两类：氧化物和硫化物。氧化物固态电解质机械和热稳定性好，但离子电导率低，界面问题严重，可通过表面化学方法、调控 Li^+ 迁移能垒等手段提高性能。硫化物固态电解质离子电导率高，但稳定性差、成本高，可通过元素取代、界面调控等手段进行改善。

聚合物电解质柔软性好、易加工、界面接触好，是最近发展得非常好的一个方向，但还存在离子电导率低、电化学窗口窄的问题。我们设计并合成了一种新型氟化主链和寡聚体增塑固态聚合物电解质（PFVS），具有 6.3×10^{-4} 西门子/厘米（S/cm）的高离子电导率、0.82 的超高锂离子迁移数和 5.1 伏的宽电化学窗口，可与锂金属负极和包括 LFP（磷酸铁锂）、NCM811（LiNi0.8Co0.1Mn0.1O$_2$）在内的多种正极形成相容稳定的界面，显著提高了锂金属电池的可逆循环稳定性。同时还可通过添加增塑剂、聚合物交联、高压聚合物电解质设计等手段进行改善。

复合聚合物固态电解质的优点是结合无机固态和聚合物电解质，但界面稳定性和相容性较差，可通过异质结设计、化学嫁接法等进行改善。

总体而言，固态电池的安全性好、能量密度高，是电动交通下一代动力电池发展的重要方向。高能固态电池面临的挑战主要来自如何进一步提升固态电解质的离子电导率、与锂金属和高比能电极材料的匹配性，以及构筑相容稳定的固固界面。目前已经发展了多种提升固态电解质性能的策略，并取得重要进展，但还需加大力度推进固态电池产业化发展。不光是在应用方面，在源头的基础研究更为重要，我们可以从源头上设计更好的电解质，做出性能更好的固态电池。

中国电子科技集团第十八研究所
研究员
肖成伟

全固态电池引领新时代

一、新能源汽车与动力电池产业现状

高新技术领域的竞争日益激烈，全球汽车强国皆颁布新能源汽车相关政策与规划，新能源汽车产业迅速崛起。2023年，全球新能源汽车销量突破1400万辆，市场占有率跃升至16%。

在我国，得益于前期补贴政策、科研项目及产业化项目的引导，整车与动力电池产业均取得显著进展。2023年新能源汽车销量近950万辆，市场占有率高达31.6%，连续9年占据全球销量半壁江山。同时，动力电池销量接近380吉瓦·时（GW·h），在世界前10名动力电池企业中，中国占据6席，孕育出宁德时代、比亚迪等世界级企业。

展望未来，预计到2035年，中国动力电池产业年产能将接近全球的70%，为全球新能源汽车发展提供坚实支撑。

二、我国动力电池国家规划与研发进展

我国政府发布多项规划及研发计划，聚焦动力电池领域。自"十四五"以来，动力电池产业化与基础研究布局深化。现有成果包括以下方面。共性关键技术方面，能量密度达400瓦·时/千克的固液混合和全固态锂离子电池研发得到支持并实现小批量应用。基础研究方面，能量密度为500瓦·时/千克的新型锂离子电池和600瓦·时/千克的全固态锂金属二次电池研发得到支持；量产先进

锂离子电池，包括高能量密度三元电池及磷酸铁锂刀片电池等实现了规模化生产和应用；系统集成技术提升了电池包的能量密度，如宁德时代 CTP 3.0 技术实现 255 瓦·时/千克的系统能量密度。价格方面，磷酸铁锂电池降至 0.4 元/瓦·时左右，三元电池约 0.5 元/瓦·时左右。未来，磷酸盐类动力电池技术将持续升级，中镍三元、高镍三元及固液混合锂离子电池均有望实现更高能量密度与量产。全固态电池研发亦在推进，基础研究助力实现 500~600 瓦·时/千克以上能量密度目标。

三、全固态电池发展趋势之探讨

与液态锂电池相比，全固态电池具有更高的安全性和稳定性。高稳定性和安全性有助于适配更高电压正极材料及高比容量含锂负极材料，进而提升电池能量密度。

当前阶段，固液混合电池率先实现装车应用。清陶新能源的 116 安·时固液混合电池，能量密度达 368 瓦·时/千克，循环寿命达 800 次，具备了量产能力，2024 年将在上汽部分车型中批量应用。北京卫蓝固液混合电池以氧化物电解质体系为主，通过原位聚合技术，已成功开发出 110 安·时电池，能量密度达 360 瓦·时/千克，循环次数达 800 次，已具备量产能力。浙江锋锂的固液混合体系中，240 瓦·时/千克电池产品已在东风车型中批量应用。中电科蓝天研发的固液混合电池，通过纳米无机固态电解质提升正极安全性，容量 81 安·时，能量密度达 350 瓦·时/千克，循环次数可达 1200 次。

全固态电池受到全世界各国的广泛关注。技术路线方面，硫化物和聚合物复合电解质成为研发重点，正极材料包括超高镍、富锂锰基等，负极则以硅基、锂金属或无锂负极为主。

企业应用方面，丰田采用湿法工艺开发小容量硫化物全固态电池，在混合动力汽车中验证效果良好，原计划在 2027—2028 年实现全固态电池在纯电动车型中的应用，现推迟至 2030 年。三星 SDI 则报道了 450 瓦·时 / 千克、900 瓦·时 / 升的硫化物全固态电池研究成果，计划 2027 年实现量产。中国科学院青岛生物能源与过程研究所开发了 350 瓦·时 / 千克固态锂离子电池技术，突破了固态电解质离子传输及机械性能无法兼顾工程化电芯需求的瓶颈，并完成了装车示范。

产业发展趋势方面，理想情况下，2027 年全固态电池可达到 400 瓦·时 / 千克能量密度、1000 次循环和 2C 倍率性能，并实现示范运营；2030 年左右实现小规模量产，2035 年实现大规模量产。

新电池体系方面，在液态基础上实现固态化，如固态钠电池，预期能量密度将超过 200 瓦·时 / 千克，循环寿命将达到 5000 次以上；固态锂硫电池，预计能量密度可达 500 瓦·时 / 千克，循环寿命达到 600 次；固态锂空气电池预期可实现在真实空气环境下稳定运行，能量密度达到 800 瓦·时 / 千克，循环寿命达到 200 次。

国家也已布局高能量密度动力电池的研究工作。2020 年，清华大学承担全固态金属锂二次电池技术的基础研究工作；2021 年，北京卫蓝承担固液混合态高能量密度锂离子电池的研究工作，北京大学与西安工业大学承担新体系动力电池技术的研究工作；2022 年，东风汽车与浙江大学承担高能量密度全固态锂离子电池技术的研究工作。

总结而言，我们期待推动全固态电池技术与产业的快速发展，为全球新能源汽车产业贡献中国智慧与力量。

惠州亿纬锂能股份有限公司
董事长
刘金成

动力电池行业迎来淘汰赛，呼吁提升质量和技术水平

动力电池行业从固态电池到锂离子电池，正经历着一场转变。与会者们普遍认为，行业已进入"淘汰赛"阶段，这意味着竞争愈发激烈，出局则可能导致企业倒闭、员工失业，千亿资金化为乌有。作为电池行业的从业者，自然希望每家汽车企业都能发展良好。然而，我们是否能摆脱"淘汰赛"，进行"友谊赛"？友谊赛最后就是要合作、交流，这是我们的期望，但这并不容易。用"淘汰赛"来形容电池行业或许不太贴切，因为电池行业历经多年积累，在座诸位皆为此付出许多。

一、二线企业唯有提升技术和质量水平

2023年的数据显示，动力电池领域已呈现两强格局，除市场份额外，盈利能力成为竞争的关键。公司各有优势，也各有难处。

我曾提出，在该格局下，动力电池行业进入理性良性发展的新阶段。有人认同，有人不解。电池行业的特性是，虽想"卷"，却无资格。谁能"卷"得过比亚迪和宁德时代？我们理应回归本质，提升技术和质量水平。

尽管全球10家企业中有6家是中国企业，但中国的代表仍是两大巨头，其他公司的未来尚存不确定性。我们所说的"卷"，即价格战，是没有出路的。

有两点理由：首先，未来技术不断迭代，新技术将于2027年实现产业化，届时是否仍在场至关重要。其次，是否有资金能坚持到研究新技术那一天。行业不断提出新技术方向，构想新技术概念，但是否能满足电动汽车的核心需求？我觉

得许多公司尚未做到位。做到位则前进，反之则衰退，这是很清楚的逻辑。

目前行业最小的公司也有5.39吉瓦·时（GW·h）产值，几十亿元的营业额。内在能力是能否盈利的根本。技术迭代存在风险，质量的提升关乎市场口碑和生存保障。这一行业没有"淘汰赛"，每家电池企业都有自己的客户，要真正理解行业本质，开展有意义的工作。

二、亿纬锂能坚持提升生产水平和交付质量

亿纬锂能坚持不懈地自主研发，同时采取多种技术路线，以避免战略误判。电池行业，尤其是动力电池行业，皆是重资产投入的，涉及数百亿元的投资，若战略错误，选择了错误的技术方向，则难以调整。

大圆柱电池、方形三元电池等技术正在实施，固态电池也在研发中，而锂金属电池是亿纬锂能的特色。我们一直是全球最大的金属锂用户，我们的锂金属电池能量密度已达450瓦·时/千克，循环寿命800多次，已在某些特殊领域应用。我们对各种技术路线均持开放态度，侧重于大圆柱、大铁锂等方向。我们认为，对于像汽车这种机械装置，具有固定尺寸的大圆柱电池至关重要。同时，我们还制造尺寸固定、具备良好的系统设计安全性的方形电池，亿纬锂能的大铁锂电池在市场上反响较好，建立生产线后，电池已被预订。

2024年是亿纬锂能产品的质量年，我们致力于提高质量水平，并着力平衡三大业务的发展。消费电池奋勇争先，夺得国家级制造业单项冠军产品，累计向全球交付3亿只汽车用小型锂离子电池；储能电池的全球装机量跃居前三名；动力电池业务2023年增长130%，2024年将因技术水平和质量提升有更出色的表现。

亿纬锂能正逐步推进国际化进程，匈牙利工厂已启动建设，马来西亚工厂计划于2024年年底投产，以构建全球制造和全球服务能力，这也是行业面临的新挑战。这种结构，让我们的优势产业链为人类可持续发展提供服务，若加上中国力量及中国智慧，我们可以走得很远。

欣旺达动力科技股份有限公司
研发副总裁
李阳兴

新发展格局下电动化技术发展趋势——超充

汽车工业作为人类工业文明的智慧与结晶，历经技术变革和转移，于百余年历史长河中展现出波澜壮阔的变迁。进入 21 世纪，汽车电动化、智能化、网联化成为汽车工业发展的主流趋势。

在当前的市场环境下，中国占据全球新能源汽车市场超过 50% 的份额，引领全球新能源汽车产业的发展。自 2009 年起，中国电动汽车产业在国家的大力支持下蓬勃发展，历经示范推广期、前补贴时代以及后补贴时代的转变，行业逐渐由政策转向市场牵引，迎来爆发式增长。2022 年，中国新能源汽车步入市场化时代，行业进入洗牌阶段，完全市场化竞争成为新常态。与此同时，中国锂离子电池占据全球约 75% 的市场份额。中国锂离子电池产业历经学习、追赶、陪跑到领跑的 30 年历程，是全体中国锂电人持续奋斗近 30 年的成果，不仅为中国汽车企业提供了强大竞争力，也为全球汽车企业提供了丰富的解决方案。

随着汽车电动化的深入发展，超级快速充电（超充）技术成为竞争焦点，政府、产业链企业以及消费者均表现出对提升快速充电（快充）速度的强烈需求。中国锂电企业纷纷推出超充电池产品，展现出在超充领域的卓越实力。展望未来，超级快速充电将成为新能源汽车发展的重要方向，为行业注入新的活力。

关于超充电池设计的科学极限挑战，面临两大核心问题。首先，是锂离子电池动力学过程的极限挑战，快速充电要求锂离子在正负极隔膜间高效移动，若移动不畅，将引发安全问题；其次，是锂离子电池的产热与散热问题，需优化产品设计，以减少产热并提升散热效率，满足产品要求。

欣旺达高度重视产品质量，通过对超充电池进行 NUDD[①] 分析，开展超充电池的全系 FMEA（失效模式与影响分析），围绕"识别风险、降低风险"，开发高安全长寿命探测技术等，达到 ppb（十亿分之一）级不良率，保证产品全生命周期的安全可靠性。

欣旺达持续深刻理解和洞察终端用户和客户的需求，以客户需求和科学技术工程双轮驱动闪充电池开发，追求客户满意与内部技术进步。闪充电池的关键技术涵盖材料创新体系、工艺创新体系、结构创新体系和 HEV（混合动力汽车）技术体系复用等多个方面。

欣旺达是首家量产 4C 充放电倍率 NCM（三元）超充电池的企业，持续迭代开发充电能力和能量密度，在电芯性能、成本、量产交付方面均处于行业领先水平。公司 5C 充放电倍率 LFP（磷酸铁锂）电池产品研发进展与头部友商持平，拥有行业先发优势，且 A 样电芯内阻低 20% 以上，散热性能更好。欣旺达致力于为客户提供安全无忧、充电无忧、寿命无忧、里程无忧及低温无忧的解决方案，助力中国汽车企业在新能源汽车领域的持续发展。

超充需求上量将给电网稳定性带来挑战，光储充一体化发展迎来机遇。欣旺达的开发思路是，基于科学、技术和工程的本质特性，开发高性能储能电芯，为光储充一体站提供真正高水平的解决方案，也希望给客户带来的价值是高容量、长寿命、高安全、低成本、全生命周期高 RTE。RTE（Round Trip Efficiency），即电化学能量和电网能量的转化效率。欣旺达的开发目标是将 RTE 做到 95% 以上。

综上所述，欣旺达基于对客户需求的深刻理解和对科学技术工程的洞察，通过双轮驱动，为客户提供安心的超充电池产品，并为电网提供一个稳定的储能产品解决方案。

[①] NUDD 是新特性（New）、唯一性（Unique）、困难性（Difficult）和差异性（Different）的组合，是一种在新产品开发早期阶段识别并进行质量风险管理的方法。——编者注

蜂巢能源科技股份有限公司
高级副总裁、技术中心主任
张放南

混动引领产品趋势，固态电池研发持续

从市场趋势看，新能源汽车市场仍将高速增长，但增速放缓，PHEV（插电式混合动力汽车）增速明显高于BEV（纯电动汽车）。2023年，新能源汽车销量同比增长38%，预计2024年增长率为20%，其中PHEV增速高于BEV。目前，BEV仍面临补能焦虑、低温充电及衰减、高速工况衰减的难题，以家庭第二辆车和网约车市场为主。真正替代燃油汽车，目前还需要PHEV进一步贡献渗透率。

我国混合动力汽车市场占比持续上升是趋势。预计2024年PHEV占比将超过40%，2026年或者更早将达到50%。PHEV纯电动续驶里程及电量增大趋势明显，主要由高端的中大型混合动力SUV（运动型多用途汽车）、MPV（多用途汽车）带动。随着对15万~30万元主流价格区间燃油汽车的替代，150千米以上续驶里程PHEV在该市场中占比将超过50%；随着中大型混合动力SUV和MPV细分市场的加入，300千米以上续驶里程的PHEV在该市场的增量也将更明显。

再看BEV市场的变化情况。我们认为，800伏快速充电产品能解决补能痛点。预计在2025年，800伏车型占比将接近25%，2027年超过30%。800伏技术将首先在B+级以上高端车型中快速普及，远期向A+级市场渗透。蜂巢能源也将继续利用短刀优势，全面拓展4~5C铁锂产品。

蜂巢能源的公司策略也积极应对变化。2024年的策略是应对持续价格战，从快速扩张转向精益运营，打造平台化的大单品。2024年也将进一步拓展国外市场和客户，目前已在欧洲和东南亚地区初步布局。产品方面，2024年将重点打造增程式和插电式混合动力市场的升级产品。2023年混合动力市场蜂巢能源销量占比第

三；2024 年的提升方向，一是全面提升快速充电技术，二是推出 200~300 千米续驶里程的 PHEV 专用产品。

接下来介绍固态电池情况。固态电池并非绝对安全，只是在高能量密度的材料体系下提升安全性能，在功率性能、循环次数上仍有巨大挑战。我们认为，未来燃油、混合动力、纯电动将长期共存，纯电动大电量车型会是固态电池的一个主要应用方向。

蜂巢能源在四种主要的固态电解质方向上都做了研究。聚合物的室温离子电导率、氧化电位比较低，可作为功能材料应用于锂金属的保护。氧化物的界面电阻比较大，但稳定性相对好，适用于与电解液搭配的半固态电池。卤化物密度大、负极稳定性差，但氧化稳定性相对好，适合作为功能电解质的添加材料在正极中运用。硫化物由于锂离子电导率高、密度低，加工性能相对好，电化学稳定性较优，蜂巢能源正将其作为主要研究方向。

研发也存在挑战。材料开发方面，硫化锂原材料成本过高，高离子电导的硫化物电解质的空气稳定性差、批量一致性差，电解质与界面副反应较多。膜制备方面，硫化物电解质膜强度较低，与现有黏结剂和溶剂体系不兼容。电芯制造方面，叠片对齐精度要求高，与现有设备兼容性较差，电池系统对力热设计提出了更高要求。回收方面，现有工艺易产生有毒硫化氢气体。

研发方向聚焦材料、膜电极和电芯。对于材料，我们主要围绕硫化物电解质多元素掺杂、结构调控与梯度包覆、正极高氧化电解质包覆、多材料融合的合金负极技术做开发。对于膜电极，主要从硫化物电解质的专用黏结剂和溶剂、电解质膜电极转印复合技术做突破。对于电芯，从电极的绝缘、多层融合一体化、连续等静压技术上做突破。

目前蜂巢能源在全固态电池方面已取得相关进展，完成了正极包覆改性材料开发；自主开发的硫化物电解质离子电导率大于 10.50 毫西门子 / 厘米（mS/cm），具备 -40℃露点环境操作能力；具备大面积电解质膜制备能力，电解质膜电导率大于 2.3 毫西门子 / 厘米，厚度最低至 15 微米；具备 20 安·时全固态电池的制备能力，能量密度达 380 瓦·时 / 千克。

最后，谈谈全固态电池未来发展。我国固态电池开发力量比较分散，近期，欧阳明高院士组织成立了"中国全固态电池产学研协同创新平台"，蜂巢能源已参加并将积极推动相关工作。固态电池开发难度大、风险高，建议进一步加强政策扶持及多种形式资金支持的力度，加速成果落地转化。

第七篇
大算力、大模型、大平台在汽车领域的应用

中国工程院院士

张亚勤

人工智能、无人驾驶最新进展与发展趋势

过去一年，随着 ChatGPT 问世，大模型日新月异，我国企业推出了超过 200 个大模型，种类涵盖开源、垂直行业、横向、视觉、语言等类别。前沿大模型、基础大模型不仅是能通过图灵测试的智能体，更是人工智能（AI）时代的操作系统。因此，底层芯片与上层应用生态都将被颠覆，会产生比 PC（个人计算机）时代大 100 倍、比移动互联网时代大 10 倍以上的软硬件生态规模。

未来，大模型将向六大技术趋势发展。一是多尺度、多模态，大模型将统一语言、图像、视频等类别，如近期实现文字生成视频的 Sora 即多模态大模型。二是产业智能，部分基础大模型将演变为垂直行业大模型。三是自主智能，大模型可完成自定义目标、规划任务、调用工具，实现自我升级。四是边缘智能，大模型运行场景将从云侧走向端侧，如手机、PC、汽车、机器人等。第五是物理智能，又称具身智能，大模型成为可通过感知与执行设备理解、推理并与物理世界互动的智能系统，汽车也是大模型物理智能的实现方式之一。第六是生物智能，大模型有望应用于生物、生命体之间的连接控制。

大模型将大幅推动无人驾驶技术的发展，无人驾驶算法的三大痛点可以通过大模型解决。一是无人驾驶算法形成了大量为某一任务特质化的碎片化小模型，未来可统一为端到端大模型。二是无人驾驶 Corner Case（边缘场景）数据不足，百度阿波罗（Apollo）行驶近一亿千米积累的数据也不能覆盖所有场景，大模型生成式 AI 可结合真实数据生成高质量 Corner Case 数据。三是生成式 AI 可填补 Corner Case 中场景仿真、模拟的不足之处。此外，端侧大模型还能解决当前无人

驾驶遇到的现实问题，如在弱信号场景中继续自动驾驶等。

随着安全性的提升，无人驾驶正取得大量应用进展。过去一年，无人驾驶取得大量进展，特别是突破了复杂城市道路问题，无人驾驶从数据上安全度比人类驾驶高数倍，北京、武汉、重庆、上海陆续开启了全无人车试点。如武汉已成为全国最大的无人驾驶试点，覆盖3000平方千米和770万人口，包括高速公路、城市公路、小区等场景，有近500辆Apollo无人车为市民提供服务，50%以上是全无人车。在美国，谷歌Waymo覆盖范围已扩大至旧金山全城和洛杉矶，近一年未发生过大型安全事故，优步（Uber）打车软件也接入Waymo，实现比有人驾驶更高的安全性与舒适性。无人驾驶在安全和技术上需谨慎，但更多需要政策支持。

汽车智能化下半场的竞争已经开始。新能源汽车电动化是上半场，智能化是下半场。目前,Apollo已成为全球最活跃的自动驾驶开放平台，历经9个版本迭代，形成了近100万行开源代码。希望未来在政府支持下，Apollo平台能继续为企业与科研机构提供代码方案，巩固扩大自动驾驶中国技术能力。

腾讯智慧出行副总裁

钟学丹

AI大模型在汽车领域的应用场景及生态共建路径

大模型领域正在快速发展,类似Sora的视频生成大模型已经具备对事件的感知、观察和交互的能力,距离世界模型也更进一步;近期,Claude 3在很多指标上超越了GPT-4的水准。汽车行业也在积极拥抱大模型的演进,除自动驾驶领域外,研产供销服各个环节都做了应用尝试,以提升效率、改善体验。

汽车行业在与大模型结合的过程中面临模型、数据、算力的挑战。模型层面,在通用大模型实现汽车领域的应用时,数据质量、训练成本和周期部署都是较大挑战。数据层面,自动驾驶数据存在较大不足,数据分类、标注以及处理技术仍有欠缺,数据合规也面临挑战。算力层面,大规模算力需求与整体算力较弱之间存在矛盾。

基于以上挑战,腾讯向汽车行业提供人工智能(AI)算力基座、AI工程平台、AI应用三个层面的能力,助力行业发展。

AI算力基座层面,腾讯提供了硬件能力、软件加速以及汽车行业通用大模型的建设。首先,腾讯在分布式云原生上的总调度已超过1.5亿核,能够提供16 EFLOPS[一]算力,不仅可以服务于大模型训练,也可以应用于智能驾驶场景。同时,腾讯开发了新一代高性能计算集群(HCC),可以支持超过10万卡GPU(图形处理器)的计算规模。在网络带宽和通信上,腾讯自研的星脉网络拥有最高超过3.2T的业界最高带宽。

[一] EFLOPS指每秒可进行1×10^{18}次浮点运算。

AI 工程平台层面，AI 平台的应用能够在底层研发、数据和云平台以及上层针对行业的 Agent 能力提供支持，帮助行业聚焦自身应用领域。腾讯的自有向量数据库产品最高可以支持 10 亿级向量检索规模并拥有百万级查询（QPS）的能力，延迟控制达毫秒级。基于行业模型可以进行细化微调，在模型的开发者、算法工程师、调度能力以及优化计算上提供更好的解决方案。

AI 应用层面，代码助手已经应用于实际场景，在研发流程中实现效率提升。生产上，腾讯智慧工厂和智慧质检借助 AI 和大模型提升效率和质量。服务上，智能客服的能力有了显著提高，在与用户的交互和对用户的理解中能够更加自然和精准地满足用户需求。销售上，针对高效售车，理解客户需求并进行推荐。此外，还能提供数字人直播带货服务，帮助企业拓宽触达用户的流量和空间。

在座舱领域，传统车载助手往往让人感觉不够智能。腾讯推出了座舱大模型，加入汽车专业用车知识进行模型精调之后，结合 AI Agent 能力，车载助手面对高阶任务的回答变得更加细致，能够准确指引用户做出准确、及时的用车操作。同时，车载助手也将更好地发挥车端感知数据的价值，例如发现前方是山路，会主动提示调节驾驶模式，打开空气悬架，让驾驶体验更稳定、更舒适。

> 科大讯飞副总裁
> 智能汽车事业部总经理
> 刘俊峰

大模型引领汽车行业新变革

随着大模型的推出，人工智能（AI）的发展迎来了全新拐点，开启了第四次浪潮。在上一次浪潮中，卷积神经网络（CNN）、深度神经网络（DNN）、生成对抗网络（GAN）等技术的应用，帮助AlphaGo在2016年战胜了人类围棋冠军，引发了人们对人工智能的巨大关注。而在新一轮浪潮中，大模型有望深度融入各行各业，重塑生产组织方式，引发全产业的巨大变革！

我们可以看到，在大模型发布后的3~6个月中，基于大模型生成能力开发出的工具，就被应用到了包括写作、绘图、聊天等个人活动中。而在接下来的6~12个月里，随着个人用户数据的积累贡献，以及模型能力的训练提升，搜索、办公、设计、编程等通用型2B（面向企业）应用都迎来了爆发。我们看到了众多AI绘画作图、AI生成文案，甚至AI制作PPT（演示文稿）的产品迅速涌现，其中很多生成效果已经超过了一般从业者的专业水平。而在教育、医疗、汽车等高度复杂的行业中，场景应用的精度要求暂时限制了大模型融入普及的速度。但我们可以预见到，在未来的1~2年里，随着更多的专业知识和专业工具被用来约束、优化大模型，它必将匹配和胜任更多实际使用场景。所以，目前大模型与汽车行业的融合只是冰山一角，未来，不管是座舱，还是智能驾驶，大模型的价值都会慢慢从不确定走向确定。

以座舱为例，大模型目前给座舱带来的最大价值是实现了高度拟人化的人机自由沟通。在人车语音交互应用发展的十几年间，用户在车里的沟通始终受到各类噪声的影响和制约。而大模型为我们带来了新的想象和能力：通过多模态交互，我们通过加入对说话人五官的感知，以及对各种场景的识别融合，让车辆真正具备了具身性。随着对大模型的数据"喂养"越来越充分、越来越垂直，工具约束也越来越到位。大模型和汽车使用场景、生态的深度耦合将持续优化，逐步构建出一个更深层次的体验系统：通过更简单方式从交互中获得更新、更好的体验，或是创造更多让用户感到惊喜的场景。

商汤科技联合创始人及首席科学家
绝影智能汽车事业群总裁
王晓刚

通用人工智能加速智能汽车驶入未来

通用人工智能（AGI）的革新范式主要体现在两个关键领域。

首先，它能显著提高生产效率，例如，自动生成代码技术已能处理高达70%的编程任务。在智能汽车领域，尤其值得关注。智能汽车研发体系的复杂性不断提高，特别是当自动驾驶技术从高速公路延伸至城市道路时，代码量会急剧增加，需要处理的情景数量也成倍增长。提高生产效率成为一个至关重要的挑战。

其次，多模态大模型将极大地改变乃至颠覆人机交互模式。在自动驾驶、智能座舱，以及驾舱融合的场景中，通用人工智能基于大模型的应用将极大地释放其价值，实现人机交互的完整闭环。

在自动驾驶的具体应用中，目前神经网络和人工智能（AI）技术主要应用于感知环节。随着场景的复杂化，成本将大幅增加。端到端的自动驾驶技术，通过单一神经网络处理所有自动驾驶模块，能够覆盖更广泛、更复杂的场景，实现以视觉为主的自动驾驶。此外，文生视频大模型的应用可以生成大量可控视频，用于端到端自动驾驶的训练和测试，精确处理各种极端情况，降低数据采集成本，提高研发效率。多模态大模型还能进一步增强自动驾驶的可解释性和交互性。

在智能座舱领域，传统上各部分通过单一AI功能和特定规则组合来实现产品体验。而多模态大模型能自动整合车舱内的AI功能和软硬件资源，全面感知乘客和驾驶员的需求，提供完整的座舱体验，并实现个性化及拟人化交互。

在驾舱融合方面，多模态大模型可以处理包括传感器信息、用户指令、自然语言指令在内的多种输入，提供了一个多功能的接口。其输出包括环境和行为解码器（用于路径规划），以及动机解码器，为自动驾驶的决策提供解释，使得自动驾驶变得更透明。

随着未来技术，如高通的 8775 和 Thor 芯片的出现，它们将具备足够的算力来支持驾舱融合，降低成本，并整合车内外的传感器数据，为用户带来更优质的体验。

自 2012 年 AlexNet 问世以来，深度学习和神经网络的广泛应用使得其对算力的需求急剧增加。随着 GPT-4 等更大规模模型的开发，我们预见到算力需求将增加亿倍，这对算力、智能化、投资，以及软硬件基础设施提出了更高的要求。

毫末智行科技有限公司
联合创始人、CEO
顾维灏

自动驾驶 3.0 时代，大模型重塑汽车智能化路线

依据驱动因素和它的技术发展规律，智能驾驶可根据其发展历程分为三个阶段。第一阶段是硬件驱动的自动驾驶 1.0 时代，DARPA（美国国防高级研究计划局）汽车拉力赛中最先跑出沙漠的车技术能力最强，车载传感器的精度、性能、数量是自动驾驶性能的衡量标准。第二阶段是软件驱动的自动驾驶 2.0 时代，随着算力提升，2012 年左右，大量软件工程师进入汽车领域，在更大算力的芯片上编写自动驾驶相关的软件。第三阶段是数据驱动的自动驾驶 3.0 时代，随着人工智能和大模型的发展，人力投入更多在准备数据、准备环境、训练模型、校验结果、调整结构和参数环节，而非代码编写。

自动驾驶 2.0 时代，软件模块无论在感知还是认知层面都具有分散化、局部化特征，由工程师完成代码编写。感知层面，首先实现单个摄像头到多个摄像头的后融合，之后开始了摄像头与激光雷达、超声波雷达的后融合；从认知层面的规划、预测、决策到最后的控制模块都是分散化、局部化的。

自动驾驶 3.0 时代，随着数据驱动和模型化的发展，分散的模块会逐步集中化，将感知、认知、控制的模型分别聚集起来，再实现车端和云端模型的联动，最后会达到完全的端到端。端到端是未来的发展方向，但不会一蹴而就，而需要一个发展的过程。

2023 年，毫末智行发布自动驾驶生成式大模型——DriveGPT，这种垂直领域大模型的关键点主要在于以下三点。一是要有核心竞争力，DriveGPT 里最核心的能力是持续的多模态视觉识别大模型，以 Token 化的表达方式进行训练为基

础，再进行三维化。二是善于使用自然语言领域、通用大模型领域已经存在的模型，所以在 DriveGPT 中加入了多模态大模型和大语言模型，视觉感知中加入了多模态大模型，提升视觉三维渲染、数据标注、识别以及自动化的理解能力。在认知模型中加入了大语言模型，提升知识理解能力。三是将云端大模型的能力在低速机器人上直接进行应用，包括感知、认知，能让低速机器人产品也能够有快速的发展。

> 百度智能云
> 汽车行业解决方案总经理
> 肖　猛

大模型带给座舱真正的智能

当前，主机厂都在主动考虑将大模型引入车端且进展迅速，吉利、理想、极越都有车型集成了大模型能力。在座舱交互上，大模型将推动语音助手转变为人工智能（AI）助手，并激活车上大量的场景，包括人主动发起的交互场景、AI 场景和跨模态场景。

用户、车辆、环境的不同组合可以构成千变万化的场景，很多场景都可以在大模型的助力下，提供更好的交互体验。将来，大模型能够根据不同场景推断用户需求并主动提供服务。更进一步，如果结合用户个性化数据，每个人都可以拥有一个最懂自己的 AI 助手。

车载大模型应用也有一些关键的技术难点。

一是需要更强的语音技术。因为大模型可以对任何输入进行响应，车内很多时候会有很多噪声，包括前后排说话的声音、与交互无关的对话等都会被收进去，并会被大模型响应，影响大模型对命令的准确识别，所以需要语音技术有更好的拒识能力。语音技术要准确判断哪些内容要给指令控制，哪些要送到云端给大模型做处理。可以认为拒识能力是座舱大模型能够被应用的前提条件。目前，百度做了四层拒识，包括根据声学做拒识、根据语义做拒识、根据音区做拒识以及云端拒识。

二是需要强大的技能落域能力。大模型在车上的应用场景可以有几十个，随着产品的成熟会更多。这些都会在云端以特定技能的方式实现。有些是基于 Prompt 的技能，有些是定制开发的技能。用户一个简单的对话传上来需要能够准确地分发到特定技能。

三是需要优秀的大模型集合。车载大模型应用并不是所有应用场景都用同一个模型,而是会综合使用各种尺寸的模型。在模型输出效果满足要求的前提下,参数越小的模型能够提供越快的响应速度。百度千帆平台上不仅有国内最强的ERNIE-Bot 4.0 模型,还有各种尺寸的百度自研的或其他开源的模型,可以满足各种应用需求。

四是还需要丰富的生态资源支持,比如新闻、股票、音乐、旅行、本地生活等。百度的小度平台集成了丰富的生态资源,可以大大提高和丰富车载大模型应用的能力。

> 火山引擎
> 汽车行业总经理
> 杨立伟

大模型在汽车领域的创新与应用

大模型在整个汽车行业的应用还处于偏早期阶段。大模型在汽车行业的落地应用主要集中在座舱、营销、企业数字化等场景，但从务实角度看，主要是量的提升，未发生质的改变，目前仍处于初步阶段。随着大模型从语言模型逐渐叠加生成能力和多模态理解能力，未来一到两年内可能会发生质变。

聚焦在汽车行业，以前的汽车人不管在座舱领域还是自动驾驶领域，都在追随互联网行业，且与其有一个很大的时间差距，而且汽车行业软件生态不像其他行业这么大。现在大家基于大模型开始思考应用，大模型给了汽车行业一个与移动互联网并跑的机会，甚至有希望实现"弯道超车"。

在座舱方面，大模型的应用具有得天独厚的优势。一方面，移动终端需要借助更多视觉资源和视觉生成能力来进行人机交互，汽车座舱具备多模态交互的能力，相较于手机仅基于触摸屏幕实现的交互形态，汽车座舱是天生多模态的场景。另一方面，在大模型出现之前，汽车座舱语音交互功能就已经在被高频次地使用。汽车座舱内切实的高频次和长时间语音交互的需求，叠加封闭的语音交互空间，赋予了大模型广阔的应用和迭代空间。

而要实现大模型在座舱内的完美应用，海量信息资源的获取整合是关键且必要的。想要让当前的大模型达到接近GPT4的水平，从理解能力的角度看是很有希望的，关键的限制因素就是能否具有足够的信息资源。比如实时的新闻、最新的股票价格等。未来，大模型可能需要多个App共同执行任务，如果直接将App放到车上，需要对那么多车型、屏幕不断进行适配，开发费用将非常高且耗费大量时间。因此，可以基于内部所有生态去整合集成第三方的巨量信源，把信息资源在云端就提供好，以此提高执行效率。而且根据不同业务场景下的不同模型需求，可以基于模型平台集成很多第三方的模型。比如有些汽车企业提出的非常小的功能化的场景，要求成本低、私有化部署，这时候很多第三方更小的模型将更合适。

深圳元戎启行科技有限公司 CEO
周　光

端到端模型为智能驾驶催生新质生产力

全球汽车市场竞争日益激烈，上半场是"新能源"竞争。在过去的几年中，中国电动化在全球竞争格局里取得了很好的成绩，现在进入下半场"智能化"竞争。相关数据显示，2023 年，前装标配 NOA（自动辅助导航驾驶）交付新车数量增长势头迅猛，将成为未来几年国内智能网联汽车增长的主力车型。但也可以看到，用户对智能驾驶的安全性、城区复杂场景的处理能力有较多担忧，这也是目前还没有一款城市 NOA 能够获得较高市场占有率的原因，而端到端则可以很好地解决这部分问题。

传统的智能驾驶系统采用的是模块化模型，把感知、预测、规划分为三个独立的模型，每个模型的技术栈差异性较大，处于下游的规划模型需要依赖工程师编写大量代码去制定行驶规则。但现实世界的交通场景是无法通过规则穷尽的，且在这种分裂的模块化架构下，模块间的信息传递会出现减损，系统程序复杂，维护难度大，无法从容应对复杂的路况。

而端到端模型则截然不同。端到端模型去掉了所有人为定义的规则，将感知、预测、规划三个模型融为一体，全程没有任何编码，用海量数据训练系统，赋予机器自主学习、思考和分析的能力，实现输入图像后直接输出控制动作。因此，端到端模型能够无减损地传递信息，更擅长处理复杂的道路情况。除了效率、安全这些因素外，端到端模型还能考虑其他交通参与者的感受，做出最优的驾驶决策，比如智能驾驶是否懂礼貌、是否有"人情味"。端到端模型的出现让智能驾驶有了更多可能，让汽车回归本质，让机器像人一样开车。

元戎启行相信,接下来,端到端模型将成为智能驾驶的主流模型,会终结一个以"规则驱动"为主导的传统智能驾驶时代,开启一个以"深度学习"为引擎的通用人工智能新纪元。

巩固和扩大
新能源汽车发展优势　1953　　　1959　　　1969　　　1979

第八篇
商用车低碳化、智能化的目标与路径

> 清华大学车辆与运载学院
> 院长
> 李建秋

燃料电池商用车的关键技术突破

一、氢能重型货车研发的国内外现状

相较于乘用车，目前商用车电动化渗透率较低。分车型来看，纯电动轻型商用车在400千米以下的场景具有成本优势，轻型商用车的电动化渗透率较高；重型商用车，尤其长途重型商用车，是攻关的重点难点。目前，燃料电池商用车主要车型的续驶里程集中在400~800千米，少量车型达1000千米。整车成本较高、储氢成本较高仍然是限制燃料电池商用车推广的主要瓶颈。

燃料电池商用车已取得一些重要进展。比如2018年投放的燃料电池公交车仍在运行，现已运营270735千米。一大批车辆的实际运营时间超过1万小时耐久性寿命。预计到2027年，燃料电池发动机可做到与整车同寿命，具有约25000~30000小时以上的耐久性寿命。北京公交212辆燃料电池客车在2022年北京冬奥会示范运行结束后，分为140辆和72辆在两条公交线路上运行，累计总行驶里程超过2000万千米，平均氢耗量约5.1千克/100千米。福田4.5吨氢燃料产品采用快递专用底盘，进行轻量化底盘设计。清华大学与福田一起开发的液氢重型货车，对35吨级8×4货车的车辆底盘进行了优化布置研究，并对现有的机械驱动底盘进行了电动化改装，将燃料电池、动力电池、DC/DC变换器、电动轮桥、液氢储供系统等进行合理布置，并进行各种测试以验证其满足要求，续驶里程可达1000千米，满足长途物流要求。全球首辆采用轮毂电机电动桥的液氢重型货车，入选2022年世界新能源汽车大会（WNEVC 2022）全球新能源前沿技术。气氢向液氢发展，类似于原来的CNG（压缩天然气）商用车发展到LNG（液化天然气）商用车。和气氢相比，液氢的储供系统为不锈钢材质，温度比LNG更低，液氢瓶的材料成本与LNG瓶差不多，液氢瓶口阀的系统加工精度要高于LNG瓶。批量生产状态下的液氢瓶成本只比LNG瓶高约25%，LNG商用车1300升瓶一套系统的成本约2万~3万元。两个40千克的液氢瓶成本约5万~10万元，其续驶里程可达到1000千米。

目前，越来越多商用车企业关注液氢重型货车，例如，一汽解放液氢重型货车、"新长征1号"液氢重型货车。国家能源集团北京低碳清洁能源研究院开发的液氢加注技术，为美国尼古拉公司氢燃料电池重型货车车队进行加氢商业示范。国际商用车企业梅赛德斯-奔驰的GenH2，装载80千克液氢，续驶里程达1000千米。现代汽车、尼古拉等企业也积极布局液氢重型货车。液氢与换电可以相互配合，500千米以内采用换电，500千米以上采用液氢，利于重型商用车电动化、低碳化路线的清晰化。过去，氢能重型货车面临的主要技术瓶颈和挑战包括耐久性、环境适应性、经济性、稳定性、总功率，根据目前的技术进展，未来这几个瓶颈问题都可以突破。

二、液氢重型货车关键技术研发进展

第一，重型货车燃料电池取得显著进步。新一代高活性、高稳定性膜电极正在获得突破，系统发电效率已达到0.78伏（电流密度为1安/平方厘米时），到2030年预计可达到0.8伏（电流密度为1安/平方厘米时），系统发电功率将显著提升。在电池堆高温化方面，亿华通研发的高温电池堆突破100℃，可显著降低整车散热系统体积。另外，亿华通已完成匹配液氢储供体系的专用燃料电池大功率发动机的研发。

第二，液氢燃料电池动力系统平台实现技术升级。在整车领域，围绕四大总成，低成本大容量液氢储供系统、长寿命高可靠燃料电池系统、大功率高效电动轮/电驱动桥、紧凑高功率型动力电池系统已有成套系统。在整车开发方面，清华大学与福田一起采用车载液氢控制与智能化技术解决蒸发率和泄漏问题。定制化、标准化的高性能零部件总成，包含大容量低漏热车载侧置液氢瓶、液氢专用高效燃料电池发动机、中央双电机驱动桥，支撑整车8千克/100千米的氢耗和1000千米的续驶里程，突出公路货车的长途经济性。

第三，液氢储供系统相关的测试和标准取得显著进展。对液氢介质下的振动性能进行测试，对车架加速度幅值和频域进行统计分析，对气瓶进行频率响应分析。由航天科技六院101所、中国特种设备检测研究院、北京市产品质量监督检验研究院等推动液氢检测平台的建设，目前正在开展液氢瓶的蒸发率测试、冲击振动测试、火烧测试等。

三、液氢重型货车商业应用前景展望

第一，继续推动液氢储运装备技术相关的标准制定，希望更多整车企业来共同推动液氢重型货车、液氢瓶、液氢加注、液氢储供等整个产业链标准的制定。第二，加快国家强制性标准的修订，支持液氢加氢站建设。第三，加强对液氢产业链的规划和落地，从国家层面参照LNG体系，建立液氢全产业链标准体系，推动从高压气瓶发展到液氢系统，实现能源转型。第四，加强氢燃料电池车辆的应用和示范。推动液氢重型货车规模化示范的目标如下：到2024年年底突破标准，实现示范；2027—2030年形成几十条长途线路示范运行，达到千辆级车辆的示范；到2030年，燃料电池、储氢系统、氢能源、液氢工厂具备大规模推广的基础。

北汽福田汽车股份有限公司
常务副总经理

鹿政华

商用车低碳化、智能化思考与探索

一、商用车低碳化面临的环境与挑战

能源革命的根本是低碳发展。在交通运输领域，汽车的碳排放量占交通运输领域总碳排放量的 80% 左右。虽然商用车保有量占比约 10%，但是碳排放量据行业推算占比过半，商用车碳减排意义重大。同时，2023 年，欧盟发布碳边境调节机制（CBAM），给中国商用车企业的国际化战略实施带来挑战。从不同燃料类型轻型货车单位周转量的碳排放量来看，相较于柴油车辆，纯电动和氢燃料电池车辆均可大幅降低碳排放量，因此，推动新能源化是交通运输领域实现碳中和的最佳路径。

运输安全影响社会和谐发展，物流司机短缺与老龄化现象越发凸显。根据世界卫生组织的统计，每年约 125 万人死于交通事故，商用车的交通事故比例达到 30%，利用智能化的技术能提升道路安全。另外，在过去几年，年轻司机的比例下降，中年、老年司机的比例反而上升，年轻人不愿意从事物流行业，老年司机持续战斗在司机岗位。商用车智能化是提高交通安全和运输效率的最佳解决方案之一。从交通事故因素来看，司机的因素占交通事故诱因的 37%。使用自动驾驶系统的反应时间仅需 0.1~0.2s，比普通司机的反应速度快 5~10 倍。因此，自动驾驶系统的支持，可有效降低人为因素造成的交通事故，提升交通安全，缓解司机疲劳，提升车辆的驾驶舒适性。

商用车在低碳化和智能化发展过程中也面临诸多挑战，技术发展待提升、产品经济性不足、基础设施待健全、政策支持待加强、标准体系待完善、供应链待优化等问题制约着市场发展。比如产品续驶里程还不足，多数纯电动车型续驶里程小于 500 千米，使用液氢的氢燃料电池车型能达到 1000 千米的续驶里程，但充换电基础设施、加氢站的布局尚不足。

二、商用车低碳化、智能化路径思考

商用车作为生产资料，与乘用车的低碳化和智能化发展有着不同特点。首先，物流客户向集约化发展，竞争压力越来越大，极致高效率和低成本成为必然需求，同时，企业减碳社会责任倒逼新能源转型加速。因此，未来商用车的低碳化和智能化需要满足物流企业的高效运输以及低成本运输的要求。其次，不同司机群体带来需求的变化。"90 后""00 后"新生代的司机对于个性化、品质化、舒适性的需求会颠覆传统商用车的定义，"70 后""80 后"司机则高度关注经济性、安全性以及舒适性。因此，未来在商用车发展中，需要通过产品差异化的定义来满足不同层级用户的需求。

商用车全生命周期降碳是实现产品低碳化的最佳路径。商用车低碳化要贯穿于产品供应、产品使用和产品报废阶段。在全生命周期中，碳排放量最大的两个阶段为材料和零部件制造过程以及整车产品使用过程。从源头降碳，采用比如绿钢、低碳铝合金、低碳非金属等低碳材料，构建绿色低碳的产品用材体系。在产品使用阶段，针对不同使用场景采用不同的技术路线。对于干线运输，未来仍会有大量传统动力车辆，需要做好传统动力车辆的降碳，包括高效能发动机、变速器的开发以及混合动力系统的开发。在中短途运输以及城市配送等适宜新能源汽车的场景中，根据不同场景的需求坚定不移地推广纯电动、氢燃料电池车型。

对于智能化的发展，作为生产资料，为客户创造价值是商用车智能化发展的根本驱动力。基于客户价值，从提高运输效率、提高安全性、降低能耗、降低人工成本、满足用户个性化的舒适便捷的需求等方面出发，开发智能化的产品，例如对车路云协同、车辆管理系统、自动驾驶、辅助驾驶、预见性能量管理、智能预见性服务等技术的研发及应用。单车智能控制正向车路云协同控制渐进式发展。综合评估成本和客户价值平衡，是车路云协同发展的驱动力，能充分利用聪明的车、智慧的路以及融合的云，开发更多适合商用车用户的功能和产品来抢占市场。

同时，新能源及智能化不是孤立存在的，需要在新能源及智能化技术底座的基础上，打造链接货源、运力、车辆的完整生态链，满足客户对综合解决方案的需求。

三、福田汽车在低碳化、智能化方面的探索实践

为了响应国家"双碳"政策的号召，2023年，福田汽车制定并发布了集能效、产品、制造、生态及体系于一体的"EPMES"双碳工程，计划是于2028年实现碳达峰，2050年实现碳中和，并制定降碳技术路线图。

在产品方面，坚持纯电动、混合动力、氢燃料"三线并举"的产品战略，在不同场景和工况下应用不同技术路线。福田汽车首家采用LCA（生命周期评价）核算方式，发布首款超级低碳概念货车，应用绿钢、玄武岩等低碳材料，实现产品低碳。在技术方面，重视对自主核心技术的掌控，在电控、电池、电驱动、储氢系统方面已具备自主研发能力。在智能化方面，实现由辅助驾驶逐步向高阶自动驾驶发展的战略布局，重点打造智能驾驶算法平台、智能驾驶运营平台以及线控底盘平台。在零碳供应链方面，推动以低碳原材料、绿色物流等为主的供应链优化，加速可再生能源应用，打造以零碳工厂、零碳园区等为支撑的绿色低碳运营模式，探索碳资产管理运营生态。在生态方面，围绕能源端布局超快速充电和分布式自循环补能网络、光/储/充微网能源系统等，实现园区、车辆、能源等高效运营；围绕产品端进行货车生态布局，建立零碳自动驾驶物流车队调度系统、电池健康管理系统、车辆智能服务系统；布局碳资产管理平台、车货匹配运营平台、车辆租赁平台、运力服务平台，提供一体化物流解决方案。

一汽解放新能源事业部
总经理、党委书记
裴国权

商用车低碳化与智能化的发展与实践

当前,世界百年未有之大变局加速演进,新一轮科技革命和产业变革同我国转变发展方式历史性交汇,外部环境风险与不确定性交织。身在变局中的商用车行业,进入技术与商业创新更活跃、竞争更激烈、跨界融合更深入的新阶段。交通运输业是推动减碳降碳、新能源产业转型、能源替代的重要力量,汽车产业的绿色低碳转型,将助推我国"双碳"目标的早日实现。

在产品技术方面,坚持技术创新。 在电动化领域,未来3年,商用车的电动化将加速成熟,当前是关键窗口期,传统汽车企业向新能源转型要加速突破新技术。2021年,一汽解放发布"15333"新能源战略,全速推进纯电动、燃料电池、混合动力三条技术路线,围绕核心总成自主和整车技术领先,攻破一系列核心技术。2023年,发布"星熠"前瞻技术平台下的首款燃料电池前瞻车,并推出高效、安全、可靠、环保的新能源2.0产品。在智能化领域,以场景和数据为驱动,重点加速完善"智驾""智控""驾舱"三大技术平台,并突破感知融合、高精度协同控制等38项核心技术,布局L4级智能驾驶系统技术,自主开发环卫等场景的作业调度平台。在网联化领域,围绕车联网运营和业务数字化两大主线,打造"一终端、六平台"数据服务体系,构建车队管理等四大运营平台,创新数字化产品新模式,实现用户TCO(总拥有成本)降低5%,运输效率提升15%。

在市场生态方面,大力推进业态创新。 致力于向绿色智能交通运输解决方案提供者转型,坚持创新市场化运作机制,围绕"哥伦布智慧物流开放计划",打造智能车航线、新能源航线、车联网航线、后市场航线四条航线。以"共创、共享、共赢"为理念，和生态伙伴共同拓展商用车绿色智能生态圈，也均有一些落地成果。

在智能制造方面，打造世界领先的智能制造低碳工厂。聚焦"三电"制造，以"洞察跟踪—技术预研—技术储备—产业化"为核心技术攻关路径，搭建与产品技术并行的新能源工艺制造技术架构。当前已掌握燃料电池整车及总成、电驱动桥、电机装配及检测、动力电池包、电池堆系统集成等14项核心技术，机械加工、冲压、焊装、涂装等专业领域自动化率均达到60%以上。同时，依托物联网、5G、大数据、AI等"数智化"技术，聚焦技术创新与数据增值，围绕质量检测、仓储配送、生产管控等场景开展技术探索与推广应用，进一步优化提升质量和效率。

在数字化转型方面，以"数智化"赋能新能源转型。近年来，一汽解放坚持推进数字化转型工作，加速"双碳"平台建设。在研发领域，打造"数智化"研发体系；在生产领域，建成行业标杆级的智能整车工厂；在营销领域，推动"人－车－企"三端互联，搭建新一代商用车数字化智能网联平台；在运营领域，以"全面实现业务流程数字化"为目标，建成一站式办公平台。运用数字化手段加速"双碳"目标落实，率先建立中国商用车碳账户平台体系，为国内市场和出口市场的碳足迹测算、碳标签认证提供依据，助力全产业链完成碳资产的认证、交易、兑付，将带动商用车产业链积极参与国家碳市场建设，实现商用车碳资产全面上链，互联互通，助力国家"双碳"目标达成。

戴姆勒（中国）商用车投资有限公司
CEO
徐 乔

携手聚力，共"碳"未来

商用车是推动经济和社会前行的车轮，同时承担着更加艰巨的减碳任务。戴姆勒卡车实行产品组合脱碳的技术路线，践行纯电动和氢燃料驱动的"双轨战略"。通过两种技术的组合应用，才能确保未来零碳交通转型和满足客户的需求。在零排放技术路线方面，将氢内燃机技术作为一个技术方向。目前，欧盟委员会在其修订的重型商用车二氧化碳排放法规现行草案中，也将氢内燃机技术定义为一种潜在的零排放技术。世界其他地区的立法者也在进行着类似的讨论，但尚未形成成熟的氢内燃机汽车法规和监管体系。通过纯电动、氢燃料电池、氢内燃机三种技术在不同产品上的应用，来满足客户对于城市配送、高速运输、专用车等不同场景的需求。未来，戴姆勒卡车将基于技术和政策法规的环境发展，不断评估技术路线，以确保及时、合理地调整技术战略。

需要携手合作伙伴、各方凝心聚力共同推进零碳交通转型。戴姆勒卡车通过与价值链上伙伴建立合作关系，比如与能源和基础设施的供应商合作，推动转型加速，目的不是成为能源供应商，而是在新能源商用车普及初期，发挥催化剂的作用，例如共同开发新的技术，加快通用标准的建立。2024年年初，戴姆勒卡车和林德工程公司在德国展示联合开发的过冷液氢加氢技术。与气态氢相比，过冷液氢能够实现更高的储存密度、更长的续驶里程、更快的加氢速度、更高的能效以及更低的成本。加氢可以变得跟当前加柴油一样方便，为GenH2货车加氢大概需要10~15分钟，续驶里程超1000千米，加氢效率大大提高。新的过冷液氢技术令加氢站所需的投资可降低至原来的1/3~1/2，运营成本可降低至原来的1/6~1/5，有利于加氢网络的进一步铺开。商用车向零碳转型是一个艰巨的任务，需要政府、企业、客户等产业链各相关方的共同努力才能够完成。

实现零碳转型需要同时满足产品、成本、基础设施三个因素。在戴姆勒卡车通常有一个乘法公式来描述零碳转型必要的因素，分别是合适的产品、为新能源商用车提供绿色能源的基础设施，以及与现有燃油汽车全生命周期相当的成本平价三个因素。如果要实现快速的转型，三个因素需要齐头并进。在产品方面，越来越多的零排放车型正在被各个品牌推向市场。以戴姆勒卡车为例，到2023年已经有10款零排放车型可供选择，正在推出全面的零排放产品组合，未来有更多的车型以满足不同市场、不同客户、不同场景的需要。在基础设施和成本方面，不同国家和地区的政府也在持续地推进基础设施的建设，通过政策手段降低使用成本。但现有的绿色能源基础设施和成本尚无法支撑新能源商用车的大规模普及，尚有诸多挑战需要克服。相对于乘用车行业，商用车新能源转型还需要专业链和创新链更深度的融合。戴姆勒卡车期待与各方携手共建更开放的生态体系，不断推动商业模式的创新，加速实现新能源商用车全生命周期经济性的优势，助力向可持续发展转型。

比亚迪股份有限公司
商用车事业部总经理
田春龙

城市物流车新能源化的思考

近年来，随着电子商务和新零售的蓬勃发展，我国公路货运量，尤其是快递业务量呈现出持续增长的趋势。2023 年，公路货运量恢复增长态势，且总货运量超过 2018 年，快递业务量保持持续增长态势。运量的增长促进了物流行业的发展，同时也带动了个人、商户、企业等主体对物流车的需求。

城市物流车成为新能源化首选场景。物流行业按运输节点来分，大体可以分为城际物流、城市物流和城乡物流三大板块，其中，城际物流主要分为干线运输和支线运输两个环节，单次行程远、载货量大，目前新能源化进程相对较慢。城市物流作为一种服务于零售末端交付环节的运输，停车频次高、单次行驶里程短、载货量小。这一领域的物流主要由轻型货车、轻型客车等车型来承担，是物流车新能源化最先突破、最容易突破的领域，也是目前行业主要关注的领域。

城市物流轻型货车体量大，成为行业竞相争夺的重点市场之一。城市物流与城市居民日常生活所需物资息息相关。物流车市场规模庞大，2022 年，全国用于城市配送场景的车辆共计 1459 万辆，其中，总质量小于 4.5 吨，可应用于多种城配场景的轻型货车保有量为 784 万辆，占比最高达 54%。轻型货车的销量也呈现出增长趋势，2021 年、2022 年受经济环境影响略有下降，2023 年恢复增长态势，增长率达 10.4%。

在政策引领、技术迭代以及新业态、新模式促进下，城市物流车新能源化快速发展。从政策方面来看，中央层面发布了 15 城公共领域车辆全面电动化试点，试点车辆就包括城市物流配送车。大量一线、新一线城市给予新能源轻型货车路权优惠，如深圳设置绿色物流区，成都、重庆新能源物流车不限行，北京优先为新能源物流车发放通行证。从技术、成本角度来看，随着行业新能源技术快速迭代，车辆性能和可靠性有大幅提升，电池循环寿命及安全性进一步提高，"三电"系统故障率进一步下降。当前电池成本大幅下降，电池材料碳酸锂价格从2022年年底的56万元/吨的高点下降至2023年年底的10万元/吨，下降了82%。此外，新业态、新模式的兴起，助推了新能源化的加速落地。综合货运平台的出现提高了物流效率，实现了车与货的统筹匹配，个人司机找货难的问题得到了部分解决，从而降低入行门槛。新兴的租赁模式可以给企业、"卡友"提供灵活的租赁方案，降低了企业和司机的资金门槛。

新能源城市物流轻型货车销量及渗透率快速增长，但仍落后于乘用车新能源进程。2023年，1.8吨以上、4.5吨以下的新能源轻型货车销量为9.4万辆，总体渗透率达7.1%，其中，1.8吨以上、3.5吨以下（含3.5吨）的轻型货车市场渗透率达5.5%，4.5吨轻型货车市场渗透率达10.2%，但远远低于乘用车34%的渗透率。

制约新能源物流车发展的因素包括以下三点。第一，商用车作为生产工具，应用场景复杂，部分场景对运营效率要求高。物流车场景分类有快递快运、商超配送、普货、散杂、冷链等诸多门类，很多场景对运营效率要求高，目前单一的纯电动产品难以覆盖所有场景。第二，用户对产品价格敏感度高，目前行业油电混合动力产品差价仍然存在。在后疫情时代，经济还处于复苏的过程中，物流行业拥有庞大的个体司机队伍。很多新购车用户都还是初创者或者是无固定职业者，创业启动资金有限，对产品价格敏感。物流法人单位超过9成都属于中小微企业，由于规模有限，运营效率不高，成本高、利润低、现金流不足，购车投入有限，目前新能源产品价格普遍要比燃油汽车高出很多。第三，充电设施及其建设进程差异很大。据统计，截至2024年2月，全国充电基础设施累计数量为902.3万台，公共充电桩数量仅为282万台，其中，广东、浙江、江苏、上海等数量排名前十的省份公共充电桩占比达70.7%。从城市渗透率表现可以看出，一线、新一线城市充电设施较为完善，渗透率也相对较高。里程焦虑仍然是行业面对的巨大难题。

为进一步推动物流行业新能源化发展，比亚迪商用车在推出纯电动产品后，又打造了全新的混合动力专属平台，基本做到新能源轻型货车物流的全场景覆盖。商用车混合动力平台，具备和乘用车同源的电池、电机、电控、芯片、混合动力发动机等自研核心技术，能够为用户提供价格经济、品质优良的产品和服务。比亚迪混动轻型货车，可用油可用电，应用场景可扩展，不限地域，低投入、高效率、有路权，TCO（总拥有成本）优势明显，助推物流领域全面快速新能源化。

新能源化是上半场，智能化是下半场。商用车拥有最适合智能化落地的应用场景。在万物互联时代，商用车与万物互联互通，成为移动的数据平台，助推物流行业降本增效，促进产业转型升级。

> 地上铁新能源车服网络
> 高级副总裁
> 康平陆

全服务订阅模式助力打造商用车行业新质生产力

什么叫"全服务订阅模式"？真正的全服务订阅需要资产的运营，加上服务的订阅和服务网络的支撑。客户更关注的是整体的使用成本、出勤率以及对效率的影响。推动商用车的持续发展需要整个生态链一起站在客户总的使用成本角度出发构建整体能力。地上铁自2015年成立以来，在我国200多个城市运营了超过接近12万辆新能源城市配送物流车。通过12万辆新能源物流车的运营，不断探索通过更好的技术、更好的资产模式、更好的服务网络来支撑物流客户，更好地实现油换电的转换，实现更多的降碳和成本下降。

新能源物流车打造新质生产力的核心是降低总使用成本（TCU）。通过技术融合、模式融合、产业融合、形态融合，以数字化为基建，提供用车、运力、服务与车管的总使用成本降低解决方案，帮助商流端和物流端客户实现降本增效。

资产运营和服务订阅模式形成新质生产力打造四象限，通过加速决策、降低成本、提高效率、驱动迭代四方面，帮助主机厂和物流客户更好地打造更好的产品、更好的服务网络。

第一方面，资产运营管理加速决策。以时间换空间，通过资产运营模式解决新技术一次性投入的问题。通过资产运营模式，促进安全、长续驶里程轻型货车、车联网技术、V2G（车网互动）绿电交通融合等新技术/新产品应用。通过资产持有和全生命周期管理，把前期相对较大的投入，用6~8年的时间消化并不断回收收益。

第二方面，服务订阅模式降低成本。通过服务和服务网络的共享，平滑不同场景中需求的波峰波谷差异，解决资产和需求错配的问题，提高车辆等设备的出勤率和使用率，降低单元物流费用。例如，地上铁共有约 28 个细分场景，每一个细分场景都有一定的周期性的波动，从固定资产转变为订阅服务，让客户短周期内通过订阅的车辆解决高峰用车需求，大幅提升客户及地上铁的资产出勤率，实现共同降低成本。

第三方面，集约精细化运营提高效率。通过集约化运营和场景化运营，快速暴露产品质量问题，发现服务模式迭代需求，并推动上下游改善。在集约化运营过程中，通过持续不断地运营，带来全量、多维度的数字化标签，基于场景化运营，建立标签与效能之间的关联关系。通过集约化的精细运营，缩短每一次从发现问题到解决问题的周期，快速改善质量，形成标准化。

第四方面，数字化驱动加快精准迭代。通过车联网大数据和多维度运营指标，提高产品质量和服务质量的可持续优化、迭代。利用数据驱动迭代，用全量、全维度的数据，与合作伙伴、主机厂、核心零部件企业一起加快产品升级迭代。

资产全生命周期运营、服务网络搭建、数字化能力打造都需要长期和体系化建设。首先，2024 年，地上铁也将从探索（Explore）、使能（Enable）、赋能（Empower）三个方向帮助行业整体提升，即围绕客户总使用成本开拓更多试点场景，推动全面电动化攻坚场景实现"油换电"。其次，开放数字化及服务网络能力，帮助主机厂、中小运营商及经销商，实现电动汽车业务成长。最后，通过车辆 IoT（物联网）管理及安全共建能力持续赋能生态客户，提升车管和作业效率。地上铁将基于 9 年的数据积累，快速验证迭代效果，积"硅"步，以至千里。

G7易流
创始人、CEO
翟学魂

AGI 与新能源驱动物流变革

G7 易流平台上的活跃车辆约 260 万辆，以重型货车为主，为公路运输客户提供服务；客户包含 4 万多家物流公司及 500 多家中国乃至全世界的大型货主和物流公司，为其提供全面的数字化经营平台，其中包含运单、货物、车辆、运费、油费、ETC 费用等数据。

G7 易流每周都发布《公路货运指数》数据，数据来自主流的 500 家大货主以及 3 万多家中小企业。根据 2020—2024 年全国公路货运指数分析，2023 年货运流量比 2022 年高不足 1%，较 2021 年低 15%。

货运流量在地区及产业中都在发生结构性变化。根据大宗与消费行业运单量对比，2023 年，煤炭、钢铁、水泥等大宗运单量下降 17.5%，消费运单量上升 13.7%。具体可以看到，每个行业的差距都非常大，并在快速地动态转移。根据地域性公路货运流量分析，2023 年，湖南公路货运流量提升 18%，存在区域之间的转移。另外，2023 年平均每张运单的距离缩短 10%，存在运输距离变短的趋势。

虽然整体的运输量是平的，但是运输结构在发生非常大的变化。预计 3~5 年，或者更长时间，货运市场将进入新一轮运输网络结构性的调整，规模增长趋缓，但网络结构向高效率转变。车辆属于整个运输网络的一部分，因此，需要整车企业、零部件企业、租赁企业、平台企业等各方顺应趋势而变化。AGI（通用人工智能）、连接、新能源等新一轮可落地的系统性技术将带给物流产业难以估量的技术红利。

在传统燃油汽车时代，个体司机单打独斗，而在新能源车队时代，组织化运营经济性最优。未来，重型货车行业将以企业客户为主，电动重型货车可能会给行业带来效率上的重大提升。例如，与广西天桂铝业的合作，采用新能源车辆，站在客户的角度，把充电桩、港口等所有环节都串联在一起，实现一个月内日均趟次环比提高60%。

对于车辆的智能化，通过给司机配置一个熟悉所有道路风险、熟悉各种路况电动汽车驾驶策略的智能助手，来帮助车辆行驶得更加顺畅。例如，G7易流与吉利远程合作，将G7易流多年积累的云端能力和吉利远程的车辆技术集成，提升车辆的智能化水平。

未来，电动重型货车要越过创新的门槛，需要解决以下两个问题。第一是连接到车，将订单、场站、充换电网络等关键要素连接到车，实现车辆运转效率指数提升；第二是智能助手，利用实时数据＋大模型，打造司机智能助手，达到实时交互，实现安全管理、电耗管理及时控制。

期待与大家合作去创造软硬一体的解决方案。G7易流在云端做了十几年，积累了很多客户、连接和数据。目前客户需要电动商用车的车队级别的解决方案，需要各方企业通力合作来实现。

智加科技总经理

容 力

自动驾驶在干线物流应用的目标与路径

人工智能带来新质生产力。新质生产力是由技术革命性突破、生产要素创新配置、产业深度转型等催生的先进生产力。公路运输的技术发展是一个典型的新质生产力持续革命的过程。最早的公路运输依靠畜力，后来有了动力革命，目前，电子和能源的革命正在如火如荼地进行，预计未来还会产生人工智能的革命，新质生产力将带来新的机遇。

干线物流自动驾驶的经济价值潜力巨大。我国公路物流运输是万亿元级规模的巨大市场。干线物流运行里程以中长距离为主，干线物流运输车辆以重型货车为主，重型货车是干线物流运输的中坚力量。我国是世界上最大的重型货车市场，重型货车销量在未来几年会维持一个稳定的水平。根据亿欧智库的分析，自动驾驶在干线物流的经济效益是巨大的，在未来10年内，市场规模将达到万亿元级。目前，自动驾驶在商用车上的应用明显慢于乘用车，商用车作为生产资料，应用价值和采购逻辑不同于乘用车。乘用车以造车新势力、特斯拉等企业为推力，高等级辅助驾驶在乘用车中的渗透率超过40%。根据罗兰贝格预测，在未来几年的重型货车销售中，得益于用户接受度的提升以及自动驾驶对商用车安全性的提升、降本增效产生的效益，自动驾驶的渗透率会逐年提升。

自动驾驶是渐进式发展的，无人驾驶技术应首先通过高等级辅助驾驶实现价值。智加科技是全球领先的重型货车自动驾驶技术公司，在2021年率先推出有人监督的前装量产自动驾驶产品并投入运营，通过安全、节能、省力的高等级辅助驾驶功能，助力干线物流降本增效。目前，智加科技将智加领航技术应用到有人驾驶的车辆上，为快递快运行业打造新型降本物流产品。通过提升驾驶员利用率，降低燃油消耗，提升安全性，达到降本增效的作用，并通过实际运营反哺技术迭代，最终实现无人驾驶的社会价值。现在的产品主要应用在干线物流收费站到收费站的场景，在高速公路干线物流场景中占绝大部分里程的都是收费站到收费站，站到站实现双驾变单驾或者单驾行驶更长的里程数，赋能干线物流降本增效、安全节油。

终极目标是无人驾驶，在极致的人工智能支持下，整个物流业态将会发生巨大的变化。基于人工智能的无人自动驾驶能走多远？这个技术将很快实现，特别是 ChatGPT、Sora 等技术的崛起。即便通用人工智能（AGI）可以实现无人驾驶，但是伦理问题、赋予人工智能怎么样的权力都需要深思和解决。

小马智行副总裁、卡车事业部负责人
青骓物流 CEO
李衡宇

打造自动驾驶物流新质生产力

新质生产力的形成离不开创新精神、智能化发展和新科技的推动,而自动驾驶正是这些要素的集大成者,自动驾驶就是新质生产力的最佳典范之一。

物流行业支撑国民经济发展,却面临诸多挑战。物流行业是国民经济的动脉,其中最重要的公路运输面临很多问题和挑战。比如,受到人口结构老龄化的影响,愿意成为货车司机的年轻人越来越少,司机短缺;信息化程度低,经营分散,导致运输效率低下;需要长时间驾驶,司机容易疲劳和分心,安全性差等。自动驾驶技术和智能网联技术的应用有望解决这些问题。

未来物流的终极图景是全无人驾驶 + 智能互联。未来的公路运输不仅有聪明的车,还有智慧的路,所有的城市道路和高速公路上都是无人车,并且通过云端和车端互相连接。万物互联解放生产力,形成高科技、高效能和高质量于一体的生产力形态,自动驾驶货车是一个关键的不可或缺的构成部分。

自动驾驶货车实现大规模商业应用的路径是在技术无人化和商业规模化两个维度上努力,并且相互促进,持续提升。经过多年努力,自动驾驶货车现在发展到了什么水平?以小马智行为例,在技术上,最长的自动驾驶线路达到 2000 千米,在真实的长途货运场景中,经常可以做到全程无接管。在业务上,超过 200 辆智能货车在全国范围内进行商业运营,安全及时地将货物送达。在量产上,实现自动驾驶货车的小规模量产,全冗余线控的新能源货车也即将下线。在政策上,得益于各级各地政府的支持,取得自动驾驶商业运营许可、高速公路测试许可、跨省测试许可、编队测试许可等。目前,自动驾驶货车已跨过商业化运营的门槛,站到无人化运营的门口,但离真正的大规模商业应用还有很大距离。

辅助驾驶和自动驾驶之间存在鸿沟。SAE(美国汽车工程师学会)将车辆的自动驾驶能力用L0~L5进行分级,好处是非常直观,但带来L1~L5是一种系统的不同阶段的误解。而实际上,L1~L3是辅助驾驶系统,L4、L5是自动驾驶或者无人驾驶系统,核心的区别是最终形态的驾驶位上有没有人,导致在初始阶段的系统设计和迭代方向的根本不同。辅助驾驶的目标是减轻人类驾驶员的负担,是人机共驾系统,在低阶辅助驾驶系统,机器只处理简单场景,复杂场景由人驾驶。而自动驾驶的目标是替代人类驾驶员开车,是无人驾驶系统,系统需要处理运行域中的所有场景,在系统的测试研发阶段,系统无法处理的场景有安全员接管。辅助驾驶系统的进阶迭代,是解锁更多驾驶场景、覆盖更多驾驶时间,corner case(边缘场景)都丢给驾驶员处理,系统故障由驾驶员兜底。随着更多的场景覆盖,例如高速NOA(自动辅助导航驾驶)、城市NOA、自动泊车,驾驶员需要驾驶的时间占比越来越小,例如不到10%,这就进入高阶辅助驾驶阶段。而自动驾驶系统的进阶迭代,不仅需要覆盖运行域中的所有场景,还要同步处理corner case,设计冗余系统为主系统故障进行兜底。当系统能力在同样的运行域中大幅超越了人类驾驶员,事故率大幅低于人类时,自动驾驶就进入了无人化阶段。到这个阶段,两者已经不会被混淆了,因为自动驾驶系统中的驾驶员消失了,车上只有乘客。虽然从驾驶时间来说两者之差为5%~10%,但从系统能力来看,自动驾驶系统的大部分能力都是应对corner case和主系统故障等情况,经过迭代进化,两种系统的能力区别更大。辅助驾驶和自动驾驶各有其价值和市场,但他们是两个物种,存在明显的鸿沟。

在专线场景落地无人化运输,是到达自动驾驶大规模商业应用目标的最短路径。目前,处在带安全员运营的商业运营阶段,虽然辅助驾驶可以扩大应用规模,但由于辅助驾驶和自动驾驶之间存在鸿沟,离无人化和最终目标较远。另外,在垂直场景进行自动驾驶应用,例如港口、矿区等封闭场景,市场规模有限,有确定的市场需求，场景相对可控，利于无人化技术的突破。但垂直场景与公路运输场景有较大区别，若从垂直场景实现大规模应用，需要在场景迁移上付出很大的努力。而大宗商品的短倒运输，例如从煤场到电厂，从矿口到场站等，距离从几十千米到上百千米不等，具备运输量巨大、有专用公路连接、社会车辆和交通参与者较少等特点。在这类专线场景中，当前的技术水平可实现无人驾驶，又有较大规模的市场需求，能够进阶到无安全员商业运营阶段。

新石器慧通（北京）科技有限公司
创始人、CEO
余恩源

无人车开启商用车的智能化时代

无人配送车服务于配送赛道。"无人配送"一词中，第一个是"无人"，即无人驾驶，全程人工智能，自动化对接快递物流的各个运营场景和系统；第二个是"配送"，即服务城市配送的体系，目前最主要的切入点是从快递物流的接驳配送切入，未来通过快递物流行业的引领，切入整个大城市配送行业。在2015年、2016年，新石器意识到人工智能对物流行业改变最大的点是运输，而运输里改变最大的点是城市运输。因为末端的效率是最低的，典型的快递公司、物流公司末端的装卸和收派成本大概占总成本的50%~60%，因此这里具备巨大的潜力。新石器作为无人配送车赛道的龙头企业，主要从高效率、低成本、有路权三方面来实现产品持续迭代，助推商业化落地。

第一个方面是高效率。在无人车服务于快递物流行业的过程中，客户运行模式发生的迭代，主要是以下两个方向。第一个迭代是高频次。无人车是24小时不间断，通过换电的方式不停地运行。第二个迭代是集装箱式，采用标准化容器装卸。顺丰快递在部分场景已实现用标准化的笼车进行接驳和集散，各个城市支线里的工作成本下降幅度非常惊人。

第二个方面是低成本。新石器从2018年到现在已迭代五代产品，每一代产品的性能比上一代提升3倍，而每一代产品的成本较上一代下降30%。第一代产品的自动驾驶时速约5千米，目前，最新一代在公路上大规模运行的产品自动驾驶时速提升到50~60千米。通过每一代3倍性能的提升，实现从园区走向开放道路，目前在很多城市开始大规模驶向机动车道。通过不断地技术迭代，将成本压缩到极致，客户租赁或者购买车辆的费用，大概是现有运营费用的 1/3~1/2。通过技术研发，利用大模型技术，使车辆能够以两个激光雷达的最低配置，实现在机动车道上 50~60 千米距离完全无人驾驶的自主运营。

第三个方面是有路权。无人车的路权经过非常艰辛的 6 年奋斗。新石器深度参与无人车路权法规制订，城市路权先发优势凸显。2021 年，北京经济技术开发区高级别自动驾驶示范区给新石器发放了第一张上路运行的牌照。2024 年 3 月，全国各地如火如荼地制定路权政策，也得到各大部委的支持。

巩固和扩大
新能源汽车发展优势 1953   1959   1969   1979

1989　　　1999　　　2010　　　2023　　　2024

第九篇
完善新能源汽车全生命周期价值体系

国务院发展研究中心
市场经济研究所副所长
王 青

当前汽车消费市场的结构特征

一、2023年我国汽车市场呈现"三高三低"的态势

2023年，我国汽车总销量突破3000万辆大关，这也是全球汽车发展史上的一个里程碑。2023年，我国汽车总销量同比增长12%，社会消费品零售总额中，汽车类商品零售额为5万亿元，同比增长6%。整体上，全年汽车销量呈现结构性增长的特征，主要表现在"三高三低"上。

出口增速高，国内市场增速相对比较低。2023年，我国累计出口汽车491万辆，占汽车总销量的16%，对总销量的增长贡献率超过一半，达到56%。同期，国内销量为2518万辆，同比增长6%。这也解释了总销量增速与汽车类商品零售额增速之间的差异。

新能源汽车增速高，燃油汽车增速低。2023年，我国共销售新能源汽车950万辆，同比增长38%，占汽车总销量的32%，对总销量的增长贡献率为81%。其中，国内销量为829万辆，对国内汽车销量的贡献率为146%；燃油汽车国内销量约为1689万辆，扣除出口量实则较2022年减少了65万辆，贡献率为-46%。

商用车增速较高，乘用车增速相对较低。2023年，商用车和乘用车销量分别为403.1万辆和2606.3万辆，同比分别增长22%和11%；其中，国内销量分别为326万辆和2192万辆，同比分别增长20%和4%。

二、对2024年汽车市场的主要判断

（一）消费大盘对汽车消费有突出影响

当前居民收入和消费预期仍偏弱。2024年1月，消费者信心指数为88.9，维持在较弱区间。居民收入增速放缓、家庭财富缩水对汽车消费，特别是更新置换消费需求释放形成抑制。在社会消费品零售总额中，汽车是规模最大、占比最高的社会消费品类，占商品零售额的13%。消费大盘未明显回暖，将对汽车消费和汽车市场带来不利影响。对此，有三点需要说明。

第一，决定消费的不仅有收入因素，也有家庭财富因素。一般认为，消费是收入的函数，收入变化导致消费也会同向变化。但这里所说的收入不是即期收入，而是一个人全生命周期对当前及未来不同阶段收入的预期，所以才会出现年轻人更多依赖信贷消费。新近的消费理论认为，决定消费的是家庭财富与收入两个因素。当前，受住宅价格、股市、金融产品下降影响，居民家庭财富缩水较为严重，对消费的影响已经超过收入。这就解释了为什么居民可支配收入在增长，但是消费依然低迷。如果家庭财富继续缩水，即使收入继续增长，可能还会对消费者决策产生较大影响。

第二，对耐用消费品而言，解决"有没有"对汽车消费增长的弹性大于"好不好"。也就是说，对于首次购车而言，消费者更新升级汽车的意愿不那么迫切了。目前，我国汽车市场逐步从新购需求驱动转向存量更新驱动。在目前的经济、就业和消费局面下，更多可换可不换的消费者选择延迟更新。在同样的消费刺激或者降价优惠力度下，促进汽车置换升级的效果会弱于激发新车购置。

第三，大部分消费者倾向推迟决策，以获取更有利的信息和价格。根据国内外的研究，消费者决策和时间之间呈倒U形分布，大部分消费者相对理性，而不是处于倒U形两端的激进和保守心态。大量理性消费者更倾向于推迟决策，从而获得更

有利的信息以及价格。因此，在目前价格快速下跌、刺激政策预期增强的条件下，可能会有更多的消费者采取观望态度，也就是当前市场上所谓"等等党"越来越多。

（二）汽车出口增速将出现回落

从国际经验看，汽车出口量将趋稳。从成本效率和贸易壁垒两方面考虑，汽车出口大国一般会经历国内生产、整车出口和国外建厂三个阶段。德国、韩国等汽车出口大国，尽管出口量存在波动，但最终都基本维持在450万~470万辆的水平，占全球汽车产量的比例也大致稳定在5%左右。例如日本汽车出口量一度达到800万辆，但受汇率变化、美欧对日本汽车的打压政策影响，最终也逐步调整稳定在这一水平。2023年我国汽车出口量为491万辆，从出口量和市场份额两方面看，都已经接近这一均衡水平，甚至我国出口汽车在欧洲市场的份额已经在10%左右。以此判断，下一步我国汽车整车出口的快速增长窗口期或将缩短，这会进一步反映到国内汽车销量增速上。

从实际情况看，我国对全球主要市场的出口增速也已出现回落。欧洲市场增长比较特殊，2023年我国向欧洲出口汽车196万辆，同比增长120%，主要是对俄罗斯的出口量出现快速增长。在欧洲出口量中，俄罗斯市场的贡献率高达70%，而在2022年仅为11%。2023年，我国向俄罗斯出口汽车91万辆，俄罗斯全年销量约132万辆，占比很大。如果不考虑俄罗斯，我国对欧洲出口量增速为44%，较2022年降低了37.5个百分点。除欧洲市场外，亚洲、南美洲、北美洲、非洲、大洋洲市场增速都是回落的。同时，目前出口环节滞压和海外库存持续增加，也会抵消销量。

（三）2024年新能源汽车继续保持高增长

《中共中央 国务院关于全面推进美丽中国建设的意见》提出，到2027年，新增汽车中新能源汽车占比力争达到45%。我认为这一目标略显保守了。2023年，新能源汽车新车占有率就已经超过 30%，我认为到 2025 年即可达到甚至超过这一目标。在正常情况下，比如供给、配套体系、经济增长、政策体系等不发生较大变化的情况下，直到 2027 年，我国都将处于新能源汽车对燃油汽车的加速替代阶段，效应会继续增强。

三、2024 年国内汽车需求将保持小幅增长，消费品以旧换新是重要的政策影响因素

疫情几年，汽车销量增速明显低于 3%~5% 的潜在增长率，目前市场上积累了大量的潜在消费需求没有完全释放出来，这也是 2023 年汽车销量增速回升的重要原因。2023 年我国国内汽车销量（剔除出口因素）略高于潜在增长率，但未形成透支，判断 2024 年被抑制的需求将继续释放。预计全年销量增长 5% 左右，其中，国内销量增长 3.0%~3.5%。

如果国家以旧换新政策和行动力度适度、方案合理，增速有可能会更高一些。我国汽车保有量超过 3 亿辆，国三及以下排放标准的车辆有 1600 万辆，15 年以上车龄的车辆超过 700 万辆，很大一部分已经到了置换升级的周期，向存量要增量的潜力大。

但前面也谈到过，在消费大盘偏弱的情况下，针对存量更新政策的效应，一般会弱于快速普及扩张时期的政策效应。之前国家也已经执行过以旧换新、汽车下乡和购置税优惠等政策，我们可以看到政策效应也在递减。但无论如何，出台政策肯定会对消费和市场起到很好的促进作用，而且可以稳定预期和信心，加快形成消费—收入—就业的良性循环。

以旧换新政策的关键在于出台的时机和力度。从时间上来说宜早不宜晚，不要久拖不决强化市场、消费者和企业的观望情绪。从期限上宜短不宜长，集中资源形成规模效应，一年到一年半较为合适，如果延续四年，就不能从根本上消除

消费者"再等等看"的心理，政策效应就会弱化。从力度上来看，需要国家有一些补贴，而且补贴力度还不能太小。力度太小不能改变消费者决策行为，力度过大又容易造成投资和财政压力，5000~8000元比较合适。以旧换新政策还应兼顾燃油汽车和新能源汽车，打通购买环节和使用环节，覆盖产品本身和配套体系，协调新车市场和二手车市场。

工业和信息化部装备中心
艾迪智联总经理
新能源汽车品牌集群副秘书长
李方正

推动新能源汽车品牌向上与国际化发展

一、新能源汽车品牌建设的意义

1. 全球汽车业换道新能源不可逆

全球经济产业形势倒逼新能源汽车产业发展。世界百年未有之大变局加速演进，全球政治因素与经济利益相互交织，能源转型与动力革命迫在眉睫，碳中和背景下新型储能技术快速应用，汽车"新四化"转型加速，汽车电动化与智能化相互叠加、融合发展，将彻底改变全球汽车产业的既有格局和发展路径。

新能源汽车已经形成完整的链条，消费认可度高。全球已经建立起完整的新能源汽车产业链、价值链、服务链体系，新能源汽车的消费认可度不断提高。在世界主要国家和地区的大力推动下，全球新能源汽车市场方兴未艾。2022年，全球新能源汽车渗透率为14%，2023年，全球新能源轻型车渗透率达到16%。从整体的发展趋势看，全球汽车工业换道新能源已经不可逆。

2. 中国引领新能源汽车发展新赛道

我国在新能源汽车赛道的布局早有谋划。1992年，钱学森先生给邹家华副总理的一封信中已经提及并指出，国外的新能源技术并不比我们领先多少。经过我们前期的专家、学者、科学家，以及后期优秀的企业家的参与，我们取得了如今的良好发展形势。2023年，我国新能源汽车渗透率达到31.6%，产销量占全球的比例超过60%，连续9年产销量、保有量全球第一，建立了全球最完整的新能源汽车产业链，新能源汽车出口量达到120.3万辆，屡创新高。创新力量加速聚变，传统汽车企业勇毅前行，在打造新品牌中脱胎换骨、涅槃重生，新势力企业也如雨后春笋，以领跑者姿态定义规则，引领风尚，展现了汽车新舞台前所未有的蓬勃发展创新前景。

3. 品牌向上是汽车强国新质生产力的重要体现

首先，新能源汽车品牌向上是习近平总书记在10年前提出的"三个转变"的核心聚焦点，是中国制造向中国创造转变、中国速度向中国质量转变、中国产品向中国品牌转变。2024年《政府工作报告》中明确提出了要巩固和扩大新能源汽车产业的领先优势，打造更多具有国际影响力的"中国制造"品牌。新能源汽车品牌向上是推动汽车强国、品牌强国建设的重要着力点，为加快发展新质生产力注入充沛的"汽车动能""品牌势能"。

二、新能源汽车品牌发展特点思考

1. 新能源汽车与燃油汽车品牌价值链不同

当前已经实现从燃油汽车品牌追逐到新能源汽车品牌引领。新能源汽车用技术创新打破全球品牌壁垒，用优质产品赢得了国际市场青睐，用良好服务塑造了全新品牌形象，形成对全栈式品牌力的硬核支撑，树立起中国汽车既领先又可靠的形象，不断提升品牌的附加值和号召力。

新能源汽车全生命周期品牌价值体系持续拓展健全。与传统燃油汽车领域品牌价值侧重整车和"燃油三大件"（发动机、变速器、底盘）等传统产业链不同，新能源汽车品牌价值不断向三电（电池、电机、电控）、智能驾驶、智能座舱等领域延伸，形成上游原材料、中游核心零部件、下游整车、后市场服务为一体的新能源汽车全生命周期品牌价值体系。

2. 新能源汽车开创品牌百花齐放新局面

目前新能源汽车品牌已经有160多个，独立品牌超过100多个，多品牌战略和双车品牌战略在一定程度上推动中国自主品牌的发展。东风、岚图、赛力斯、深蓝，新势力的"蔚小理"（蔚来、小鹏、理想）、阿维塔、零跑，以及悠跑等零部件供应商在不断加码发力，推动品牌向上。从传统燃油汽车转型到新能源汽车的异军突起，新能源汽车品牌呈现百花齐放的状态。

3. 品牌形象从性价比、质价比到智价比演进

新能源汽车产品力和溢价能力不断提升。我国新能源汽车具有强有力的产品力，品牌加快向高端化车型发展，为全球消费者提供了多样化消费选择，从性价比到质价比，再到智价比，真正实现了"量价齐升"。

新能源整车和零部件企业国际竞争力显著增强。在传统能源汽车时代，中国汽车品牌竞争力不足，随着新能源汽车的崛起，中国的整车和零部件企业开始异军突起，国际影响力和品牌号召力大幅提升。例如"2024年全球最有价值的100个汽车品牌"榜单中，22个中国品牌上榜（比亚迪超越日产、沃尔沃、法拉利等上升至第11位）；2024年全球动力电池装机量前10的企业中，宁德时代等中国企业占据6席。

4. 新能源汽车品牌形成"全栈式出海体系"

中国新能源汽车企业不断开拓国际市场。与燃油汽车整车"出海"不同，新能源汽车"出海"将带动产业链、技术与服务协同"出海"。技术"出海"是从汽车消费大国转变成汽车制造强国的重要标志，以技术撬市场构筑企业品牌护城河。中国新能源汽车企业在国外建立完整的品牌服务体系，从生产到报废，从产品到生态，提升"全栈"品牌势能。

5. 自主品牌国际合作实现用技术争市场

2021年，在与一些企业交流的时候我问了一个问题："目前我们的新能源汽车水平跟合资企业汽车的水平相比怎么样？"对方当时回答："我们现在已经开始赋

能国际合资厂商了,已经开始反向赋能了,已经到了用技术争市场的阶段了。"我们合作的主动权已经发生了质的改变。新能源汽车已经开始进入全球布局、全球化经营的新阶段。

三、推动新能源汽车品牌向上建议

新能源汽车品牌建设面临一系列内部矛盾和外部挑战。一方面,自主品牌建设先发优势不足,存在品牌文化较弱、品牌价值不高等传统局限,品牌发展和建设具有盲目"内卷"苗头,不利于有序竞争、整体提升;另一方面,国际市场"围剿"中国新能源汽车品牌,中国新能源汽车在国际上的品牌影响力和话语权缺失。

全国两会期间,有一位汽车企业的负责人说,一定要抱团"出海",不要再走摩托车"出海"的老路。所以我们也呼吁,要抱团提升品牌影响力,共同开启汽车强国、品牌强国建设的新篇章,合力保持中国汽车工业的领先地位。

广汽埃安新能源汽车股份有限公司
总经理
古惠南

新能源汽车行业发展情况及未来趋势

一、新能源汽车行业政策及技术路线趋势

新能源汽车产业发展受政策、资本、科技、市场、供应链五大要素影响。在国家政策支持下，新能源汽车快速发展，我国连续9年成为世界第一大新能源汽车市场。现在国家补贴慢慢退坡，也说明新能源汽车产业已经进入市场化发展阶段，未来政策支持可能从补贴转向"双碳"环保。行业技术路线趋势上，EV（纯电动汽车）、PHEV（插电式混合动力电动汽车）将长期并存。

二、汽车市场"卷中有机"

现在市场竞争非常"卷"，但是我觉得还是"卷中有机"的。首先，大家"卷"着"卷"着就把中国企业"卷"大了。2023年，我国汽车市场实现了两位数增长，自主品牌的份额也在增加。除了在中国内部"卷"，中国企业也"卷"到国外，中国成为世界第一汽车出口国，2023年汽车出口491万辆，同比增长57.9%。剔除外资品牌，中国品牌出口391万辆。

三、现在是打造新能源汽车高端品牌的好时机

新能源汽车发展历经近20年，大家都在努力寻求品牌高端化。但到目前为止，最有名的是特斯拉，一家独大，市场呈现1+N的特点，稳定的市场格局尚未形成。新能源汽车高端化还处于初创期，接下来会进入发展期，当下是打造新能

源汽车高端品牌的好时机。

四、EV 技术发展快中有缓

过去多年，行业补贴政策都是围绕电池的能量密度展开的，电池能量密度因此不断提高。现在电池能量密度迭代有所放缓，但下一代技术革命正在酝酿，固态电池技术成为各厂家争相发力的重点。同时，快速充电、快速换电技术得到快速发展，电池快速充电性能加速提升，补能体验得到快速改善。

五、能源生态蓬勃发展

补能基础设施高速、高质量发展，但补能焦虑依然没有得到根本缓解，甚至在加重。因为新能源汽车总量在增加，特别是混合动力汽车快速增长，抢占充电资源。公用充电设施运维不善、利用率低也是目前面临的主要问题。

六、ICV（智能网联汽车）技术快速发展

一方面，网联技术、智能座舱快速迭代，深受消费者青睐。另一方面，自动驾驶会迎来第二次革命。过去几年，自动驾驶热度很高，但之后又经历了平缓过渡期。如今，BEV+Transformer 的技术变革将加速智能驾驶技术二次腾飞。我们预测，2024 年是 L3 级自动驾驶加速发展的重要拐点，2026 年将是 L4 级自动驾驶的爆发年。

七、未来新能源汽车市场竞争趋势

新能源汽车行业已经进入下半场。大家经常讲上半场是电动化，下半场是智能化，甚至低碳化，我个人的判断是下半场依然是"电动化＋智能网联化"，电动化技术依然会出现颠覆性变革，不要错过下半场的机会期。

八、中国品牌"出海"迎来重大机遇,但仍有阻碍

虽然我国汽车出口表现强劲,但中国品牌"出海"并非一帆风顺,面临国外地方保护、税收、碳壁垒、认证门槛等阻力,还需国家加大支持力度,尤其在技术方面,保护我们的前瞻、引领性科技在国际上的持续引领。

比亚迪品牌及公关处
总经理

李云飞

以颠覆性技术打造世界级品牌

中国品牌市场份额持续增长。以前中国汽车品牌的市场占有率最低的时候仅30%左右，上一波高峰的时候约40%，但是后来又经历了连续两三年的下跌。那时，整个行业与媒体都为中国汽车品牌捏了一把汗，但中国品牌也在那个时期聚力。过去几年的发展成绩有目共睹，中国品牌市场占有率从30%增长到50%以上，2024年2月，中国汽车品牌单月市场占有率超过60%。广汽、上汽、东风、吉利、长城、比亚迪等中国品牌产品的设计、外观、配置、体验越来越好，价格越来越亲民。如果以前买车是看品牌的话，现在看的就是技术与体验。另外，中国品牌在新能源市场的占有率也超过了80%，未来，完全实现"油转电"的情况下，在中国市场，中国品牌的市场占有率会更高。

电动化趋势不可逆。大家近期可能关注到欧洲厂家表态、行业表态、美国表态，等等，不太看好电动化。是不是中国跑得太快了？我觉得中国市场趋势已经不可抵挡、不可逆转。新能源汽车单月渗透率在2023年年底已经超过40%，在上周，单周新能源汽车渗透率已经接近48%，预计单周的新能源汽车渗透率很快会超过50%。在2024年第三、第四季度，单月新能源汽车渗透率很可能超过50%。

中国已成为新能源汽车强国。中国是全球最大的新能源汽车产销国，也是全球新能源汽车技术高地。无论是全球范围内新能源汽车的产销规模，或是动力电池在全球的占比，还是新能源汽车的专利公开数，中国品牌的成绩都是可圈可点的。中国品牌、中国新能源汽车这两年也在加速"出海"，不管未来几年国外地缘政治如何，中国品牌都会坚定地走下去，但同时也要做好应对准备。

新能源时代，企业如何厚积薄发乘势而上？在国内市场，制胜的关键体现为两个因素：第一个因素是技术，中国在电池、电机、电控、IGBT（绝缘栅双极晶体管）以及整车制造等新能源汽车技术方面在全球范围内全面领先，我们要继续扩大技术优势；第二个因素是规模化和全产业链优势，2022年以前电动汽车比燃油汽车贵，2023年，比亚迪推出冠军版，实现"油电同价"，2024年开始"电比油低"，比亚迪依靠的正是规模化效应，以及从上游"三电"（电池、电机、电控）到下游金融保险，再到部分品牌直营的全产业链整合能力。

面对国际市场，中国走向海外经历了三个阶段：第一阶段是一百年前沿海很多省份的很多人下南洋，虽身无分文，但是中国人勤劳、智慧、重视教育、重视下一代，所以逐渐发展起来；第二阶段是改革开放，中国依靠代工，劳动力输出，实现制造业"出海"；第三阶段，也就是现阶段，中国各行各业的技术和品牌"出海"。

中国汽车出口第一梯队是上汽、奇瑞、吉利、长城、比亚迪等，第二梯队也达到二三十万辆的量级。未来，比亚迪国外基地将陆续投产，并在国外推出更多产品，拓展销售渠道。另外，比亚迪在打造自有的船队，也会为中国品牌在国外提供物流方面的协同和支持。

2023年，市场有个普遍的共识，就是"卷"。如果是"卷"技术、"卷"产品、"卷"营销、"卷"服务，甚至"卷"价格，那是正常的市场竞争，但不能"卷"下限。因此，比亚迪倡议更多中国汽车品牌携手，共同打造令人尊敬的世界级品牌。

悠跑科技
创始人、CEO
李 鹏

迈入电动汽车 2.0 时代，打造可持续盈利的智能电动汽车行业

全球很多汽车玩家正在放缓甚至退出智能电动汽车行业。苹果放弃 10 年的努力将这个趋势推向了高潮。我们认为之所以会产生这样临时性的调整，一定是碰到了什么困难。不管是作为一个电动汽车的使用者来看，还是从行业、从逻辑、从技术的趋势来考虑，我们都相信电动汽车仍然是未来，但现在的行业困难又客观地摆在这里。悠跑作为一家创业公司，我们对此的理解是，我们之前处在电动汽车 1.0 时代，基于此，我们有必要迈向智能电动汽车 2.0 时代。他们的差别是，电动汽车 1.0 时代其实是对燃油汽车的替代，我们要解决的是电动化的问题，要解决的是把电动汽车造出来的问题。在电动汽车 2.0 时代，我们要解决的是让电动汽车更好地盈利的问题。现在的电动汽车虽然增长率很高，但全行业总利润率和总利润应该是非常低的。而一个行业能够持续发展，主要表现为它的盈利能力，因为它的盈利是消费者对产品、对企业和服务的认可。

2024 年是中国电动汽车百人会创立十周年，也是中国第一批电动汽车企业创立十周年。10 年之前，有很多先行者追随特斯拉进入这个领域；10 年后的今天，我们一起探索面向未来该如何达成这个目标。

相较于传统能源汽车，智能电动汽车价值链的微笑曲线会被进一步拉升。在上游供应链，有华为这样的智能电动汽车领域"新的博世"出现，他们毫无疑问提供了强大的能力，但是也毫无疑问付出了巨大的努力，也由此会获得很高的回报。在消费和服务领域有很多智能电动汽车品牌，把营销和服务视作自己对客户

的重要价值主张，所以制造本身受到了进一步地压缩。但这样的压力其实在任何行业都是正常的，行业的竞争最终导向的是由消费者的剩余价值所带来的行业勃发形成的行业竞争力。所以我们相信，在汽车行业，代工、规模化生产、汽车行业的富士康有机会成为未来趋势。中国的主管部门可以考虑放松对汽车资质和牌照的严格管理，让更多的创新得以实现，让更多的规模得到集中。

我们认为，一个可持续盈利的电动汽车的底层逻辑可以归纳为"加减乘除"法。

所谓加法，是指真正把电动汽车差异于燃油汽车的特性、属性、产品的价值主张打出来。今天我们看到太多的电动汽车只是对传统燃油汽车的替代，只是把燃油汽车的发动机变成了电动汽车的电池和电机。我们相信，电动汽车的智能化趋势已经得到了行业和消费者的理解。在如何把电动汽车打造为一个智能空间，如何使电动汽车真的形成消费者愿意为之买单的体验等方面还是有很多空间可以发挥的。

所谓减法，是指在产品定义上，我们认为任何电动汽车的产品都应该是极致化的，都应该是某个品类的领先者。当它们具备这样一个极致的属性的时候，一个看似小众的市场会建构足够高的壁垒，获取足够高的市场份额，从而提升自己的总销量。小众的市场不代表小众的销量，今天太多汽车企业在相同的大众市场试图"搏杀"，但更低的市场份额和更严重的市场竞争，导致了更低的毛利。

所谓乘法，在我们看来是卖电动汽车和卖燃油汽车的逻辑应该发生变化。卖车本身不应该成为一家汽车企业最主要的利润来源，我们应该将生命周期的各种服务作为新的利润来源。燃油汽车时代，当汽车发展到20世纪末期的时候，在发达国家，燃油汽车经销网络已经没有办法通过卖车挣钱了，他们更多是通过燃油汽车生命周期的保养服务来维持自己的生存。而电动汽车行业连这样的机会也没有给我们，所以大家必须在更早的时候拓展利润来源。

所谓除法，就是要对客户端和对供应链做更预先的集成。我们所谓的滑板底盘就是在智能电动汽车的供应链端做这样的预集成。一方面,滑板底盘提供了汽车行业标准化的三电系统。类似于智能电子产品行业里面的主板或PCBA(印制电路板装配),这样的预集成可以避免行业重复造轮子,可以在创造相同客户价值的同时节约成本。汽车企业真正应该创新的就是做好极致的产品定义,做好自己的软件。另一方面,滑板底盘也是一个智能化的技术底座。我们提供了一个上层交互端快速软件迭代的智能化中台。滑板底盘能助力客户打造一个完整的生态运营体系,从产品的生命周期获得更丰厚的利润。

悠跑推出的 Powered by U POWER 模式已经在全球全面落地,其中有五家客户签约,有三家已经形成海外交付。我们的第一代产品是工具车。当电比油费用低、买车更便宜、用车更便宜、能源更便宜时,电动汽车就形成了在生命周期每一个环节对燃油汽车的极致"碾压"。因此,工具类的车作为生产资料,它的电动化是具备确定性的。

回到最开始的话题,我相信电动化的趋势是不可逆的,电动汽车的未来将是非常辉煌的。中国电动汽车行业和电动汽车人应该有信心,在打赢了电动化的 1.0 之后,也一定会打赢可盈利的、智能化的 2.0。

> 宁德时代（上海）智能科技有限公司
> 董事总经理
> 杨汉兵

滑板底盘创新造车服务范式
——释放多场景、个性化创造力

宁德时代（上海）智能科技有限公司是一家以 CTC（电池底盘一体化）电池成组技术、三电（电池、电机、电控）技术、智能底盘技术为核心的一体化智能底盘科技公司。一体化智能底盘，也就是大家常说的滑板底盘。滑板底盘的概念很早就有，轻型商用车的非承载式车身用的就是滑板底盘，但近几年使滑板底盘真正热起来的，是在乘用车领域应用的讨论。新能源电动乘用车进入新的发展阶段，也面临很多新的挑战，滑板底盘恰好能为这样的市场需求、挑战提供很好的解题思路。

一是电动汽车消费者的需求转变，让汽车属性发生了巨大变化。

电动化汽车的发展正逐渐从追求速度和动力性能的代步工具，演变成注重场景和用户体验的大型智能终端，本质属性也从由技术驱动的交通工具，演变为消费者需求拉动的移动生活空间。换句话说，人们对汽车这个产品赋予和寄托了越来越多的要求，希望它更加智能、满足不同的使用场景。对于 OEM（原始设备制造商，指整车企业）来说，也需要花更多资源和精力，去开发吸引消费者的功能，挖掘用户体验。

二是在智能化的浪潮席卷之下，汽车行业正进入"摩尔定律"时代。

早期机械化时代，伴随整车机械架构，8~10 年更新一代车型；进入电气化时代，周期缩短到 6~8 年；电动化时代，周期逐渐缩短到 3~5 年；到了智能化时代，场景化、个性化又被推到台前，1~2年更新一款车型，已经是毋庸置疑的趋势。所以对于汽车的"摩尔定律"，如果早些年这么说还有夸张和预言的成分，现在大家已经身处局中。

"内卷"时代，更需要释放场景化、个性化创造力。由于移动智能空间的多样化需求，加上1~2年的快速迭代周期，这两年行业越来越"卷"。当智能化和用户体验强需求出现的时候，汽车企业是需要集中资源去建立"灵魂"，去挖掘用户体验，还是为每一款新车型重复造底盘投入几十亿元，依然去"卷"已经成熟且可以标准化的底盘硬件？

带着这样的思考，以及宁德时代动力电池技术的基因，**宁德时代智能科技基于CTC技术，以高效、轻量、高安全为导向研发一体化智能底盘**。一体化智能底盘最显著的特点是实现上下车体解耦，其中包含机械解耦、电子电气解耦、软件解耦。解耦后，底盘承担包括能量，也就是电池，以及移动、运动的功能，成为一个可独立行驶的载体。与此同时，上车身承担当前市场最吸引消费者的两大要素：一是造型设计，属于艺术的范畴，有研究表明，造型在消费者购车影响因素中有一票否决权；二是智能驾驶、智能座舱、智能车云等，属于用户体验的范畴。

在这个"既要、又要、还要"的"内卷"时代，我们认为，乘用车一体化智能底盘的商业应用，将更好地助力汽车企业节约资源，聚焦用户体验，聚焦下半场，"卷"赢智能化，"卷"出中国，走向全球。

一体化智能底盘上下车体解耦之后，具体能够为行业带来哪些价值呢？

一是快，并且更快。

上下车体平行开发大幅缩短了整车开发周期，当客户想要重新规划一个车型的时候，不再需要从0到1造底盘。现在市场变化太快了，按照原来提前三五年布局一代整车架构的速度，可能车还没开发出来，市场风向已经变了，或者消费者已经把这个品牌遗忘了。

二是省，并且更省。

一体化智能底盘成为标准化、平台化部件后，行业共享一套底盘架构将带来巨大的成本优势，即降低一个车型开发的初始成本，实现多个车型、多个汽车企业共享的模式。

三是自由，还能更自由。

在每过几天就有一款新车发布的时代，一个车型要想被消费者记住，需要在对应场景、细分领域中做到极致，无论是外观、用户场景挖掘，还是智能化体验，用现在流行的说法，就是做到"天花板"。上下车体解耦后，降低了安全和造型的关联度，下车体承担了大部分碰撞能量的吸收。同时，我们开放电子电气架构（EE）接口和机械接口，可以让汽车设计师、产品经理在造型设计、智能化体验功能开发中，更加自由地发挥，释放创造力。

从 2018 年在宁德时代集团内部 CTC 技术立项，到 2021 年，我们沉潜 3 年做技术研发，2021 年正式成立宁德时代（上海）智能科技有限公司，又进行了 2 年多的产业化落地实践。在工业和信息化部的指导下，2021 年，我们主导承接了国家重大创新课题《高安全、全气候动力电池和电动底盘一体化设计开发》。在动力电池低温及快速充电、CTC 电池成组与电动底盘一体化集成设计、高效能电池系统热管理及低温环境应用、多层级电池安全防护等方面实现了技术突破。在整车电耗、整车低温续驶里程保持能力、基于长续驶里程动力电池系统快速充电和被动安全防护性能等方面具有创新性和先进性，达到了世界领先水平，如 CTC 技术实现百公里电耗 11.0 度，在乘用车上实现 1000 千米长续驶里程。在三电系统效率大幅度提升的基础上，同时实现整体底盘的轻量化。秉承开放共享的理念，我们将以极致的技术性能，为我国新能源汽车发展事业、全球新能源汽车客户提供高性能、高安全性的移动能量载体。

汽车之家高级副总裁

吴　疆

2024 年中国新能源汽车用户需求与产品洞察

一、用户需求洞察

电动化趋势已势不可挡，2023 年新能源汽车渗透率达 31.6%。2023 年，我国新能源汽车销量攀升至 949.5 万辆，未来，新能源汽车市场还将继续成长。分能源类型来看，插电式混合动力（简称插混）和增程式混合动力（简称增程）细分市场正在不断扩张，2021—2023 年，渗透率已经由 18% 增长至 33%，成为一大增长引擎。

随着市场的发展、产品的丰富，用户的偏好也在发生变化。从汽车之家调研数据来看，新能源汽车意向用户整体对中国品牌的偏好度更高，其中，63% 的用户更倾向中国主流品牌，59% 的用户更倾向于中国新势力品牌。分代际来看，"70 前""70 后"以及"80 后"对中国主流品牌的偏好相对更高；"90 后"和"95 后"则相对更为偏爱国外品牌。"70 前"更关注产品质量和操控性；"70 后"更关注续驶里程和操控性；"80 后"更关注空间表现和产品质量；"95 后"更看重外观和配置。

在选购新能源汽车时，意向用户排名前三的关注因素分别为续驶里程、安全性和质量。分代际来看，不同年龄的用户偏好各不相同。"70 前"相对更关注产品质量和操控性能；"70 后"更关注续驶里程；"80 后"更关注车内空间；"90 后"更关注用车口碑；"95 后"则更关注外观设计。"70 前"更焦虑安全性问题；"80 后"更担心二手车保值率；"90 后"更焦虑新车快速降价及老平台车型无法升级；"95 后"更担忧付费订阅模式。

时至今日，虽然经过多年的打磨，新能源汽车产品已经足够安全和成熟，但用户的购车焦虑依旧不可忽视。整体来看，意向用户最为焦虑的三大因素分别为电池寿命短且更换成本高、续驶里程不够，以及充电不方便。分代际看，"70前"对安全性不高更为担心；"70后"更为焦虑续驶里程不够；"80后"更为焦虑二手车保值率低的问题；"90后"和"95后"都更担心因产品迭代过快而无法同步升级的问题。价格体系与服务履约的不确定，对用户用车体验的损害较大。

二、产品评测洞察

汽车之家从2005年成立至今始终致力于客观公正的车辆评价。2024年，我们基于用户的真实用车场景，首创了多温区真场景的测试方法，覆盖了四个用车场景，包括零下40℃到零下25℃的极寒场景、零下10℃到零上5℃的寒冷场景、0℃到15℃的湿冷场景，以及15℃到30℃的暖热场景。我们测试了59款热门的新能源汽车，其中，中国品牌占比是78%，纯电动车型占比66%。测试也覆盖了6个维度，包括续驶里程、使用、性能、安全、智能驾驶及其覆盖率。

首先来看新能源汽车用户购车时关注的第一要素——续驶里程。从不同温区测试结果来看，中国品牌纯电动汽车实测续驶里程均高于国外品牌。续驶里程达成率方面，中国品牌在极寒温区的续驶里程平均达成率高于国外品牌，达到41%。而在寒冷、湿冷和暖热温区，国外品牌的续驶里程平均达成率则更占优势。从纯电动车型的测试结果来看，中国品牌车型在极寒温区的能耗表现为百公里32.1千瓦·时，低于国外品牌的34.7千瓦·时。而在寒冷、湿冷和暖热温区能耗差异相对较小。

再来看插混和增程车型的表现。随温度升高，插混/增程车型纯电动续驶里程逐步提升，电耗逐步降低，在极寒温区油耗偏高，在非极寒温区油耗表现稳定。

在极寒条件下，车辆基础功能稳定性会直接影响用户的使用体验。整车冰冻测试中，中国品牌隐藏式电动门把手弹出成功率仅为23%，而国外品牌的门把手弹出的成功率更高，达到40%。车机冷启动测试中，中国品牌车机冷启动成功率达88%，国外品牌为77%。

性能方面，中国品牌性能测试表现优异，极限速度创造全场最佳成绩。在加速测试中，中国品牌有三款4秒内"破百"的车型，表现出色。

主动安全方面，除浓雾场景外，中国品牌车型AEB（自动紧急制动）测试表现均优于国外品牌。测试难度最大的逆光+浓雾测试中，2个中国品牌车型完成极限挑战。

自动辅助驾驶的话题和事件近期也备受关注，我们针对11款具备NOA（自动辅助导航驾驶）功能的车型进行高速场景测试，路线为北京到上海，全程1300千米。截至测试结束，能做到全路段覆盖的有5款，占比为45%。评价维度则分为接管次数、变道次数和被加塞次数三类。从实测来看，不同品牌在算法上存在不同的策略，表现存在较大差异。虽然已有不少车型可以完成NOA的全路段覆盖，但在实测中我们还是看到一些问题，例如功能的覆盖区域、遇到突发情况的紧急接管能力、变道通行效率的策略三个方面，未来仍有一定提升空间。

三、建议

在用户与市场方面，第一，建议行业伙伴以多元动力布局促进销量增长，抓住插混和增程类产品的增长趋势；第二，强化产品亮点，结合用户需求和场景进行产品宣传；第三，强化服务，增加科普，打消用户使用顾虑；第四，深挖用户需求，差异化竞争，掌握新能源时代的定价权。

产品与评测方面，需要注意以下四点：第一，AEB需要提升稳定性，针对"鬼探头"等场景路况做针对性提升；第二，NOA还需结合场景提升通行安全性与效率；第三，在科技和设计提升的同时，需进一步保证使用的便利和稳定性；第四，汽车之家希望和行业伙伴一同建立实测体系，以公正、公平、公开的测试方法和结果，帮助用户决策，推动产业发展。

第十篇
构建电动汽车服务保障新体系

清华大学五道口金融学院金融安全研究中心主任
原中国保险监督管理委员会政策研究室主任
周道许

智能汽车时代的汽车保险发展机遇、挑战与创新趋势

近年来,随着科技的迅猛发展,特别是以 ChatGPT 为代表的强人工智能技术,正在推动各行业向智能化转型。汽车行业见证了车联网、语音识别控制、L2 级自动驾驶技术以及 OTA(空中下载技术)在线升级功能的广泛应用,这些技术的市场渗透率持续提升,使得越来越多的消费者能够体验到智能汽车带来的种种便利。毫无疑问,智能汽车时代已经到来。这一科技变革不仅重塑了汽车行业的未来,也为汽车保险行业带来了前所未有的发展机遇和挑战。

一、汽车智能化是新能源汽车发展的必然趋势

一是政策确定性较强。 2020 年,国家发展和改革委员会、工业和信息化部等 11 个国家部委联合印发了《智能汽车创新发展战略》,并制定了一系列目标。

"智能化"目标:到 2025 年,实现有条件自动驾驶的智能汽车达到规模化生产和高度自动驾驶的智能汽车在特定环境下的市场化应用。

"网联化"目标:到 2025 年,车用无线通信网络(LTE-V2X 等)实现区域覆盖,新一代车用无线通信网络(5G-V2X)在部分城市、高速公路逐步开展应用,高精度时空基准服务网络实现全覆盖。

"标准建成":到 2025 年,中国标准智能汽车体系基本形成。

二是市场认可度高。 根据汽车之家研究院发布的《2023 智能汽车发展趋势洞察报告》,购车的年轻人对智能配置的认可度较高。市场需求推动汽车智能配置渗

透率不断提升。例如,在智能座舱方面,2022年,车联网、语音识别控制的渗透率已经超过70%;在智能驾驶方面,2022年,主动制动的渗透率提升了15个百分点,高于前两年增长之和,车道保持辅助系统和自适应巡航系统的渗透率都已经超过30%。麦肯锡预计,随着我国智能化软硬件生态链的逐步完善,技术将加速向下渗透。这意味着智能汽车时代来临的步伐只会越来越快。

二、智能汽车时代的汽车保险迎来了诸多机遇,同时也面临系列挑战

对于汽车保险行业而言,智能汽车的兴起既是机遇也是挑战。一方面,智能汽车为保险机构提供了大量数据,让保险机构能够做到"三个精准":精准定位客户需求、精准定价保险产品、精准管理理赔风险。

一是精准定位客户需求。 智能汽车通过持续收集关于驾驶行为、使用习惯、车辆状态等方面的数据,使保险公司能够更好地理解消费者的具体需求。数据带来的深入的洞察力使得保险产品能够更加贴合客户的实际需求,提供更为个性化的保险解决方案。例如,针对经常长途驾驶的车主,保险公司可以提供包含道路救援的定制保险包,而对于主要用于城市通勤的车主,则可以设计更多关注车辆损伤维修的保险产品。

二是精准定价保险产品。 智能汽车提供的详细数据还使保险公司能够根据车辆使用情况、驾驶行为等因素,对保险产品进行精准定价。基于风险的定价模式,不仅公平合理,也能有效控制保险公司的风险暴露。预计随着新能源汽车技术的不断进步和成本的下降,以及维修技术和标准的完善,新能源汽车保险的保费将逐渐趋于合理化,从而实现保费的合理调整。

三是精准管理理赔风险。 智能汽车的数据收集能力还为保险公司提供了强大的工具,以精准管理理赔风险。通过实时监控车辆状态和驾驶行为,保险公司可

以迅速响应事故，准确判断事故责任，甚至在某些情况下，能够预防事故的发生。此外，通过分析大量的数据，保险公司可以识别出高风险驾驶行为，采取措施进行干预，从而降低整体赔付率。

另一方面，随着汽车智能化程度的加深，汽车保险业务也将在商业模式、理赔关系、合规管理上越来越复杂。

一是商业模式复杂化。 新能源汽车制造商的加入，为保险行业带来了新的竞争者和合作伙伴，从而推动了商业模式的复杂化。例如比亚迪通过收购财产保险公司已经切入汽车保险业务，试图通过一站式服务提升用户体验。这种趋势促使传统保险公司需要重新考虑它们的业务战略，寻求与汽车制造商、科技公司及其他行业参与者的合作，共同开发符合智能汽车特性的创新保险产品和服务。

二是理赔关系复杂化。 智能汽车在提高驾驶安全和便利性的同时，也引入了新的责任划分和理赔机制问题。当智能汽车发生事故时，可能涉及人为操作错误、智能系统故障、第三方服务提供商的责任等多个因素，使得责任界定变得更加复杂。因此，保险公司在理赔时需要考虑更多的因素。例如，如何评估智能系统的责任，如何处理与第三方服务提供商的责任关系等。同时，随着智能服务提供商对汽车保险市场的参与，他们可能成为汽车保险的购买主体，这将进一步增加理赔关系的复杂度。

三是合规管理复杂化。 智能汽车时代的汽车保险服务涉及大量个人和车辆数据的收集、存储和处理，这就带来了数据安全和隐私保护的重大挑战。保险公司必须确保其数据处理活动符合相关法律法规的要求，同时保护客户的隐私权益不受侵犯。此外，随着新技术的应用，如人工智能、大数据分析等，保险公司还可能面临新的合规问题，例如，如何保证算法的透明度和公平性，避免歧视性定价等问题。因此，保险公司需要建立更加完善的合规管理体系，以应对智能汽车时代带来的挑战。

三、创新将会是智能汽车时代汽车保险发展的主动能

服务模式创新：保险公司需要利用智能汽车提供的大数据，开发个性化保险产品，实现基于实时驾驶行为的动态定价；通过智能技术优化事故检测与快速理赔流程，显著提升客户服务效率和体验。

合作模式创新：保险公司需要与汽车制造商、科技公司等建立跨界合作，共同开发适应智能汽车特性的创新保险产品，推动智能汽车生态系统的共同发展。

管理模式创新：保险公司需采用新技术手段确保数据合规，应对智能汽车带来的数据安全和隐私保护挑战；同时利用人工智能（AI）和大数据等技术优化内部管理流程，提高运营效率和风险管理能力。

交通运输部公路科学研究院
汽车运输研究中心主任
周 炜

新能源汽车在交通运输领域应用的思考与探索

新能源替代是交通运输行业实现"双碳"的重要抓手。为此,国家及交通运输部出台了一系列政策。一个亟待考虑的问题是,2030年即将到来,交通运输行业需要采用什么样的运输装备,以提供基本运力保障。对于2030年,最基本的判断是经济在持续增长、运输需求也在持续增长,运力保障条件随之而增加,但是约束条件是碳排放量要降低。

"双碳"目标提出以来,各部委陆续出台一系列政策法规。为应对"双碳"目标的实施,承担基本运力保障的交通运输行业,采用什么样的车辆装备,需要进行提前谋划和统筹安排。目前,新能源营运车辆的应用,主要集中在城市公交车、出租汽车、物流配送车以及短距离货运车辆等领域。

新能源汽车的技术路线是多样的,例如充电纯电动汽车、换电纯电动汽车、氢燃料电池汽车等。不同类型的车辆,在不同城市及其道路运输场景中都有使用,这与使用地区的资源禀赋是相匹配的。

日常上下班开的私家车属于非营运车辆,即生活消费品。早晨上班、晚上下班各开一小时左右,有大量时间可以停车充电。对于这种间歇性使用、短距离运输的情景,充电模式是很好的选择。换电模式的属性要求车电分离,但因整车运行过程中的用能优化,以及电池热失效安全防控都需要车和电池绑定,车电分离难度不言而喻。如果车电不能分离,则会出现不同车型不能互换,使用区域会出现过多换电站的现象。考虑成本问题,如果换电方式以电池"用一备二"的标准,储存电池的数量及其成本也是庞大的。氢燃料电池也是一种选择,核心关键问题是氢燃料电池的成本问题、可靠性问题，以及加氢成本影响的运输成本问题。这种情况下，运输企业的用车选择标准是清晰的，即使用成本足够低，带来运输生产利润。近几年，针对大宗货物的批量运输，我们也在尝试另一种路线，即电气化公路运输系统，也可以称之为移动充电零排放运输系统。

汽车后市场与车辆的维修维护密切相关。车辆从买入到使用过程中，按照使用规律需要经过维修保养等一系列工作。目前，社会化维修服务仍存在问题，例如维修网点、售后服务网点分布不均，存在检测维修能力不强以及难以对电动汽车实施年审年检等问题。这些问题的主要原因是当前对维修体系完善的重视程度不足，标准尚未明确。

首先要调整相关政策法规。新能源汽车和传统汽车存在的差异决定了整个维修体系都需要调整，要做好新能源汽车规模化发展规划，鼓励动力电池和智能系统的供应商以及社会投资者等更多的市场主体参与市场竞争，加快推动市场化进程。同时，在维修工艺水平提升的基础上，鼓励经营多元化、品牌化、连锁化发展，让车主有更多维修维护的选择权利。

其次是人才培养问题。目前电动汽车维修人员缺口巨大，很多维修工作由主机厂而非社会承担。在大多数技工培训院校，尚无电动汽车维修专业人才的规模化培养。对此，需要在项目资金补贴、税收优惠等方面发挥政策作用，向智能电动汽车售后服务和维修行业进行倾斜。提高人员素质，是开展社会化服务的基础。

最后是维修保养信息问题。公开免费的维修信息和覆盖全国的汽车维修电子健康档案系统是汽车维修的线上"知识库"。目前，信息公开的质量与社会化维修的需求存在差距，社会化维修人员在搜寻使用资料时面临信息不全面、不准确等困难。对于汽车维修健康档案如何合理、合规、合法地使用，是目前亟待研究的课题。

交能融合发展是非常重要的方向。交通运输行业的职责是保障运力，因此，我们根据自然灾害以及不可预计的因素，提出多能源结构、多动力源形式长期并存的思路。国家安全与能源安全紧密相关，能源安全一定要做到能源多样化。例如，从国家安全和能源安全层面，针对铁路运输机车，应该保留一定比例的内燃机车，甚至少量保留蒸汽机车。因此，建议即便是在未来运输业高度发展阶段，各种不同类型动力源的车型依然要有一定保留。

随着技术的发展，柴油汽车降碳技术持续进步，相关专业人员应该继续坚持，不能放松和放弃，这方面应引起重视。毋庸置疑，在碳达峰来临之际，零碳排放车辆装备急需要纳入规划，并进行技术应用储备，例如解决重载大宗货物运输问题的电气化公路运输系统，能够实现智能接网、电力驱动、边走边充、随时脱网、动力切换等，不失为干线运输或者专线运输的优良选项。目前，系列标准规范正在立项，试点工作正在开展。

针对未来发展，我们认为，在2030年前碳达峰的约束条件下，绿色廊道建设是非常必要的，即在公路沿线的绿色能源供给和绿色运输方式协同发展，探索"光伏+道路"融合、道路"光储充"一体化、沿线分散性光伏应用，推动绿色廊道及公路沿线能源的协同发展。总体目标是，在"双碳"目标下，以交通和能源融合促进现有运输方式和运输装备的转型发展。

中国汽车工程研究院股份有限公司
党委副书记、董事、总经理
刘安民

新能源在用车健康管理新生态建设的思考与探索

一、新生态建设背景

我国汽车市场逐步进入发展新阶段。一是汽车市场逐渐由增量市场向存量市场转变，新车总销量增速放缓，汽车存量竞争加剧。二是电动化、智能化、网联化趋势下，汽车新技术的快速应用以及新业态、新模式的不断涌现，给新能源在用车健康管理带来新挑战。

新形势下，国家提出"推动汽车等消费品由购买管理向使用管理转变"战略方针，各部委在汽车流通、在用车检测、智能网联等领域加快完善使用管理政策体系，为新能源在用车健康管理新生态建设奠定了良好的政策基础。

二、新生态建设思考

随着汽车数字化技术的不断发展，尤其是自动驾驶、人工智能等技术的突破，以前新能源在用车的传统服务生态，已经不能适应当前的形势。新能源在用车服务行业将逐渐向科技与服务融合、线上与线下融合的方向发展，并催生出全生命周期的健康管理新生态。下面重点分享一下关于新生态建设的四方面思考。

一是新能源在用车标准体系亟待完善。需要完善事中事后监管体系，从使用、检测、回收等方面落实汽车监管。工作方向是建设在用车检测标准体系，制定维修养护专业标准规范，统一各项关键技术标准，建设再制造动力电池检测评价标准。

二是智能电动汽车推动检测与维修技术升级，维修企业在检修技能及经验、检修数据及工具、检修技术及授权上面临诸多挑战。工作方向是开放数据、配件及维修协议；通过检修技术线上线下结合实现产品生命周期的精细化管理；建设能力更强、覆盖更广、服务更好的汽车流通与维修服务网络，延长新能源汽车的有效生命周期。

三是随着数字化时代的到来，人们对汽车数据的应用需求不断增强。传统的数据信息平台已无法满足行业对安全性、合规性、可靠性、便捷性的新需求。工作方向是，对接多方机构与企业的合规化数据；依托线下检测结合云端数据推出适用于智能新能源汽车检修、二手车交易及金融服务环节的信息服务平台；加强信息披露与监管，解决智能电动汽车行业信息不对称问题，保护消费者权益，增强市场活力。

四是新能源汽车后市场技术的快速发展与高质量专业人才供给不足现状之间不匹配，已成为制约行业发展的关键问题。工作方向是，全行业龙头企业、高校职业院校、组织机构，共同行动起来，帮助学校对接企业，企业依法参与举办职业教育，切实做到学科跟着产业走、专业围着需求转。

为应对以上挑战，需要开展全方位标准研制、关键技术研发和多维产品布局，构建以检测为纽带的数字化、平台化服务体系，通过各环节多跨协同、各场景融合共赢，构建新能源在用车全生命周期的健康管理新生态。

三、新生态建设实践

标准领域：在相关部门指导下，中国汽车工程研究院联合多方共同打造共性技术和行业标准。深度参与TC463（全国产品缺陷与安全管理标准化技术委员会）、TC576（全国道路交通管理标准化技术委员会）、TC247（全国汽车维修标准化技术委员会）以及各个地方和相关协会的标准制修订工作。通过各标准化平台的协同联动，建立健全新能源汽车后市场标准体系。目前，我们牵头或参与的新能源汽车后市场标准，在研的近 20 项，已发布的有 10 余项。

技术研发领域：我们打造出基于数据驱动的监测算法、机理驱动的检测算法，构建了新能源汽车健康管理评价体系。目前，数据驱动的监测算法覆盖新能源汽车健康和故障检测项目共计 34 项，安全故障查准率 90% 以上，申报核心发明专利 7 项；机理驱动的检测算法重点针对动力电池安全和动力电池健康状态（SOH）检测，SOH 检测精度为 97%，获中国汽车工程学会科技进步奖；同时，构建了线上监测＋线下检测的新能源汽车健康管理评价体系，支持整车及"三电"（电池、电机、电控）健康度综合评价。

数据平台建设领域：会同行业机构、整车企业、电池企业等各方共同搭建在用车数据公共服务平台，对接多方机构与企业的合规化数据，开展金融、保险、二手车等多场景数据应用。其中新能源汽车大数据西南中心平台以及缺陷调查监测与事故分析平台，接入车辆超过 120 万辆，涵盖全国超过 185 家汽车企业及 1879 款车型；围绕在用车交易查询的中汽智检数据信息服务平台，数据查询月活跃度约 6 万条 / 次。

产教融合领域：整合高校、职业院校和汽车后市场行业优质资源，成立全国智能新能源汽车后市场行业产教融合共同体，推动形成与市场需求相适应、产业结构相匹配的职业教育体系。

四、结语

使用管理是畅通产业链条的重要环节，要把新能源汽车使用阶段全生命周期健康管理作为一项战略任务着力推进。建议行业各方一道形成合力，共同促进新能源在用车健康管理新生态建设与新技术、新业态、新模式的融合创新，共同推进新能源在用车健康管理新生态建成落地，助力汽车产业高质量发展。

中国汽车维修行业协会会长
张延华

新能源技术变革给汽修服务领域人才供需带来的新挑战

发展新能源汽车是我国从汽车大国迈向汽车强国的必由之路，是应对气候变化、推动绿色发展的战略选择。实现新能源汽车产业持续健康发展，人才是根本；加快激活新能源汽车产业发展的人才引擎，已成为业内共识。当前面临的一个现实问题，就是随着我国新能源汽车产业的科学布局、产能扩张和销量提升，包括生产、设备、维修、配件、汽车电商等在内的全产业链人才需求将会产生巨大缺口。其中，维修服务领域体量大，又深处转型期，对于人才的需求更为迫切。

相对于传统燃油汽车维修服务体系，新能源汽车维修服务体系尚处于起步阶段，还不能与整车市场表现相匹配。目前主要是以主机厂和电池供应商为主导的授权模式和自建4S店模式提供维修服务，第三方独立维修企业面临着技术壁垒，很难拓展新能源汽车维修网点。因此，新能源汽车维修技能人员大部分来源于主机厂以及电池、电控供应商等零部件企业。

目前我国从事新能源汽车维修的技能人员不足10万人，技能人员短缺的工种主要是电池检测及维护、充电桩故障维修、大数据分析、辅助或自动驾驶。中国汽车维修行业协会的抽样调查显示，仅有24.7%的技能人员能够胜任前两项维修工作，而能够对电池、电机及电控产生的数据进行分析的寥寥无几；不到5%的技能人员对辅助或自动驾驶只是有所了解，更谈不上维护；现有维修技能人员中仅24.2%取得了电工证书，具备新能源汽车维修上岗条件。

综上所述，新能源汽车产业在快速发展的同时，其维修服务市场却面临着严重的不适配问题，进而带来人才供需失衡、培养滞后等难题。

一是行业性培养滞后引发新能源汽车服务技能人员的短缺。一方面，产教融合还不够深入。一些产教合作项目还停留在选择性、浅层次的合作上，存在着缺乏校企深度联动，重理论教学，轻实践实训，"双师型"教师短缺，课程设置、实训基地建设与职业标准、产业实际需求有所脱节等问题。另一方面，人才培养数量不足。根据教育部、人力资源和社会保障部、工业和信息化部发布的《制造业人才发展规划指南》预测，到2025年，我国新能源汽车人才缺口达103万，其中，新能源汽车售后服务人才缺口占80%。

二是机制性堵点难点制约新能源汽车维修服务技能人才发展。一方面，政策的导向性还不强。当前各地新能源汽车全产业链人才专项支持政策较为缺乏，综合性人才政策也较少针对新能源汽车产业进行单列或设置相关指标。新能源汽车产业中跨界复合型人才较多，但对此类人才的评价标准还没有完全建立。另一方面，校企人才双向交流存在障碍。新能源汽车维修服务企业对知识更新和能力转型的需求迫切，亟待校企合作破解技术难题，高校和职业院校人才培养工作也需要有实践经验的"产业教授"。但受政策机制影响，校企人才还不能够自由顺畅地流动，存在一些隐形壁垒。

加快新能源汽车维修服务技能人才培养，不仅是汽车维修行业转型发展的内在要求，更是确保我国新能源汽车产业持续健康发展的重要保障。

一是紧跟产业发展态势，加快建立多元化人才评价体系。汽车维修行业要积极开展人才评价制度改革，稳步推进国家职业资格、职业技能等级及专项职业能力评价体系建设。根据人力资源和社会保障部要求，推动作为新产业、新业态及新模式的新能源汽车售后服务催生的新职业、新工种的确认工作，并形成评价标准。充分发挥国家职业资格证书和国家职业技能等级证书在评价体系中的作用。

二是要在行业内培养知识优势，打牢新能源汽车维修服务技能人才发展的基础。企业竞争力本质上反映的是企业的知识优势，但知识优势本身不是竞争力，企业只有通过一定方式将知识优势转化成差异化物质产品或人才资源，被市场接受并产生经济效益或者人才价值，才能真正产生竞争力。因此，汽车维修行业要从培养人才开始，培植行业的知识优势，才能满足新能源汽车产业快速健康发展的要求。

三是深化产教融合，建立校企常态化对接交流机制。积极推动校企共建实习实训、科研教学、创业就业等人才培养平台，引导行业头部维修企业深度参与相关专业教学标准和人才培养方案、课程教材等教学资源开发工作；鼓励职业院校主动对接后市场企业，进一步创新校企合作培养人才模式，参与并促进一批产教融合示范项目落地，推进新能源汽车维修服务人才"订单式""定制化"培养。

四是支持传统汽车维修业向新能源汽车及智能网联汽车维修业务转型。引导维修企业在继续做好燃油汽车业务的同时，积极关注新能源汽车和智能网联汽车业务的发展，做好提供维修服务的能力准备。有效整合行业内外教育培训资源，充分发挥行业专家资源优势，有针对性地对现有技术人员、营销人员、技术工人以及职业院校骨干教师，开展技术转型与管理转型等示范性培训，同时为企业转型提供技术标准、技术规范以及政策、人才支持。

五是搭建行业技能人才资源开发平台。充分发挥行业协会的作用，积极开展行业职业技能等级评价工作，加快向汽车后市场，特别是新能源汽车后市场输出高水平的技能人才。进一步发挥职业技能竞赛对新能源汽车职业技能人才培养的牵动作用，积极申报、承办或组织国家级及行业职业技能大赛，鼓励和支持会员单位、行业企业开展新能源汽车领域的职业技能竞赛项目。

新能源汽车技术变革给汽车维修服务领域人才供需带来了新的机遇和挑战，我们应以积极的姿态和有效措施来应对，为实现新能源汽车产业的高质量发展、提高新能源汽车售后服务质量和水平做出新的贡献。

比亚迪汽车
售后服务事业部总经理
高子开

新能源汽车消费者核心诉求的识别和应对方案

此次论坛我主要围绕"新能源汽车消费者核心诉求的识别和应对方案"这个主题,从诉求和保障两个方面和大家进行探讨。

根据公安部及国家市场监督管理总局发布的数据,新能源汽车保有量从2020年的492万辆上升到2023年的2041万辆,随着新能源汽车保有量的上涨,与之相对的是投诉率下降,从2020年的1.23%下降到2023年的0.66%。这个数据说明,新能源汽车的质量、服务越来越好,引起的客户负面反馈率也在降低。

根据咨询公司调查数据,对新能源汽车用户负面反馈问题类型进行细分发现,当前用户对新能源汽车的不满主要集中在车机系统、续驶里程和电池安全三个方面。此外,用户对于价格和服务也较为关注。

一是车机系统。车机承载了很多控制功能,比如空调管理、车辆状态监控、车辆和车机的交互、远程信息收发等。同时,车机也是一个开放的生态系统,有大量的App,工作环境相对苛刻。

二是续驶里程。这个问题包含电池衰减、电芯一致性,以及在不同的环境温度下电池表现等问题。随着电池技术持续发展、技术手段不断应用,这些问题都在解决,或者说逐渐达到了平衡的状态。比亚迪通过云端修正、多点均衡等数字技术,提升电芯一致性;利用宽温域高效热泵、脉冲自加热等产品技术,降低温度影响;凭借智能诊断、云服务等服务技术,提升电池性能。

三是电池安全。消费者对于安全的担忧主要来自新能源汽车电池火灾事件。国家消防救援局数据显示,2023年第一季度,新能源汽车的起火率是万分之0.44,

低于燃油汽车万分之 0.58 的起火率。新能源汽车起火事件的报道更频繁，是因为其作为新技术，相较于燃油汽车事故更具有新闻性，从而给消费者造成了一定误导。当然，我们也不能忽视火灾类型中电池故障的问题。相关数据显示，新能源汽车火灾中，电池故障和交通事故磕碰原因占比分别为 32.97% 和 15.38%。对此，行业和汽车企业也在从技术角度寻找解决途径。以比亚迪为例，在推出刀片电池 +CTB（电池集成到车身）结构以后，电池包的安全性大幅度提高，从试验角度，自燃概率近乎为 0。由于制造原因导致自燃的也极少，如果管控得当，自燃概率也可做到 0。同时，在电池防护方面，特别配备了蜂窝钢护板和玻璃纤维钢 +MPP（微孔发泡聚丙烯）护板；售后服务方面，通过远程诊断系统和专业维修充分保障。

最后是价格。新能源汽车诞生之初，电池包的价格高昂，但随着材料大幅降价，制造规模逐年扩大，电池价格一直处在逐步降低的过程中。比亚迪电池包的零整比已经低于传统燃油汽车的动力总成的零整比。

服务便捷性高，专业售后服务保证客户用车体验。用户非常关注用车服务体验，但目前行业内新能源汽车的服务网点偏少，服务能力偏弱，部分企业倒闭后服务失去保障，也给用户带来了负面影响。在服务方面，比亚迪已经建设了覆盖全球 70 多个国家和地区、超过 400 个城市的服务网络，全球服务网点总量达 2700 多家，经过培训认证的技师 1.1 万余名，为超过 1000 万的新能源汽车车主提供服务保障。

中国新能源汽车经过十余年的发展创新，在安全、成本、服务、二手车残值等方面都达到或超过了传统燃油汽车的水平，完全可以满足消费者的使用需求，提供超越燃油汽车的使用体验。最新数据显示，新能源汽车行业上险数的渗透率已经突破了 48.2%，如果按照这个速度发展，渗透率突破 50% 很快就会实现。未来，新能源汽车在市场上将逐渐占据主导地位，会被更多的传统燃油汽车车主认可和接受。

车车科技 CEO

张磊

助力新能源汽车企业做智能保险的先行者

从过去 5 年新能源汽车的发展可以看到，汽车保险已经成为消费者购买电动汽车之后最大的消费项。汽车保险每年成本在 5000~10000 元之间，远高于加油成本及保养成本。因此，许多汽车企业纷纷布局保险战略领域，例如蔚来汽车、宝马汽车等都设立了保险经纪公司；比亚迪在 2023 年收购了一家保险公司，目前已更名为"比亚迪财产保险有限公司"。

保险公司本身对于新能源汽车的重视程度也非常高。2023 年，我国汽车保险市场规模达到 9000 亿元。东吴证券研报预测，2025 年新能源汽车保险保费规模将达 1865 亿元。

保险公司也处于重要的数字化转型阶段。一方面智能网联汽车已经把保险产品变成了服务包，和救援、充电等服务模块一样，保险变成了嵌入式产品，而不是传统的独立金融板块；另一方面，智能驾驶普及后，在驾驶员手离开方向盘的情况下，出现交通事故后要重新考虑保险责任的划分。二者的巨大变化让保险公司、汽车企业和第三方保险科技公司投入人员、技术、数据重新进行风险评估和产品精算。

传统主机厂和新能源汽车主机厂对于保险的定位发生了根本性变化。传统保险通过 4S 店和当地保险公司对接；现在的新能源汽车主机厂纷纷涉足保险，开展和保险公司的总对总对接，包括人民保险、平安、太平洋在内的保险公司都已和各家新能源汽车主机厂签署了总对总协议。主机厂为什么要取代 4S 店和经销商成为保险总抓手？除了上文提到的在车主 LTV（长生命周期总价值）里保险是最大的一笔消费之外，更重要的原因是对于售后产值的影响。假如年交付量为40万辆，车均保费7000元，保险的年度规模保费是28亿元，但如果理赔端赔付率为70%，有一半是零配件和工时费，维修收入可以达到8亿~10亿元，可见售后产值和保险是强关联的。

汽车企业开展直营汽车保险带来巨大的变化从数据上可以清晰地看出，汽车保险为汽车企业带来新的利润增长点，企业盈利结构改变，售后产值扩大。过去的传统模式中，汽车企业售后产值只享受到保费的20%左右。假如一年规模为40万辆，保险规模大概为20亿~30亿元，其中仅有3亿~4亿元产值是配件销售带来的。但如果把保险作为总抓手，以新势力汽车企业为例，不仅有前端5%~15%的佣金收入，还有后端将近30%以上的售后配件收入。有了保险以后，推送修、理赔事故的抓手有了，事故车可以大量回到主机厂授权的钣金喷漆网络中。90%的事故车来源是保险公司的推送修，售后产值的一半都是由保险公司作为支付方，保险的价值对从用户的运营管理到售后产值，再到未来整个品牌忠诚度的培养都非常重要。

当前，汽车企业App已成为汽车保险的超级入口。现在，所有新能源汽车企业都有官方App，可以实现充电、开门、保险一键投保等功能。在行业的共同努力下，部分主机厂实现了在车机屏幕上一键理赔，将事故第一现场的影像视频资料传递给保险公司定损中心，保险公司将事故定损价格也同步给车主和主机厂。新车投保环节现在已经可以做到从用户端App到店铺端的新车交付阶段，在1分钟之内就可以完成一键投保，App对接多家保险公司，实现透明化投保、一站式理赔，实时更新跟进保险各环节进度。

车车科技作为我国领先的保险科技公司，拥有行业领先的保险SaaS（软件即服务）系统、覆盖全国30个省市自治区的服务网络、服务20多家汽车企业的成熟运营经验，我们愿意助力新能源汽车企业开展保险的数字化和智能化变革，以保险服务为抓手，打造更加便捷、智能的用户生态。

京东养车
连锁业务部总经理

徐佳

高标准养车服务体系推动新能源售后网络共建

新能源汽车渗透率快速增长也给汽车售后服务带来了巨大变化。在消费需求方面，相比燃油汽车的售后维修保养，新能源汽车保养与维修的服务价值分别下降49%、45%，而洗车美容、轮胎、三电（电池、电机、电控）维修保养构成新能源汽车维修保养的主要价值贡献；在服务渠道方面，现阶段主机厂质保及授权体系限制，让新能源汽车独立后市场的机会相对较少；在电池生态方面，电池回收产业链延展带来市场机会，授权维修连锁门店将会高度参与电池售后业务。而在这样的变化中，汽车售后服务新能源化转型势在必行。

基于此，京东养车提出了"顺势而为"的应对理念。首先是依托自身全渠道服务网络，联合产业上下游，通过主机厂和电池厂授权推进完成全面新能源化升级。在授权合作方面，目前已经与广汽埃安、极星、一汽奔腾、宁德时代等达成服务代理合作；在行业标准方面，2023年，参与起草和编制了团体标准T/CAMRA 021—2023《新能源汽车维修职业技能评价规范》和T/CAMRA 022—2023《新能源汽车动力蓄电池检测与维修规范》，以自身专业储备助力行业标准化建设；在技师储备上，通过新能源汽车技师认证人数超过1000人，并在2024年新增宁德时代培训认证；在场地与服务升级上，针对三电系统检测、电池拆装/更换/维修、新能源汽车基础维修保养对门店进行了专项升级，并针对钣金喷漆和洗车美容改装业务进行了专门布局。而这些能力京东养车均会以开放、共创的姿态与行业共建共享。

蓝谷智慧（北京）能源科技有限公司
董事长
王水利

蔚蓝共同创造绿色未来，构建新型能源格局
——电动汽车充换电基础设施体系的创新与实践

新能源汽车产业蓬勃发展的同时，也给后市场领域带来了新的机遇与挑战。比如，城区充换电站、车位紧缺，城市电网负荷不足，电池检测、预警技术不完善，造成电动汽车在使用过程中出现安全事故。而伴随新能源汽车行业发展新生的充换电、电池检测维修、电池回收、梯次利用、资源再生、智能化大数据等服务也迎来了新的发展机遇。

首先，充电模式和换电模式并不是谁颠覆谁的零和博弈，实则是你中有我、我中有你的关系，将共同促进城市补电体系基础设施的智能化可持续发展。单就换电模式而言，目前已实现了五个智能：智能充电、智能换电、智能结算、智能检测、智能均衡；同时具有安全、便捷、电池损害小、电网冲击小等优势。

换电模式在推广过程中也遇到了诸多挑战：①投资规模大，回收周期长。行业内一个站的投资在300万~1000万元不等，而投资规模的回收期在3~10年；②选址难，电力增容难，尤其是像北上广这样的城市，土地稀缺、价格居高，电力增容不易；③电池标准不统一，不同车辆的电池不能相互匹配，无法互通。

其次，为克服上述难题，蓝谷智慧在换电模式下做了如下探索。①以换电模式为基础，追求多能互补，降本增效。主要将光伏、储能、换电、充电、电池维修一体化，实现多种绿色能源互动，满足多样化服务需求和服务场景。②通过产业联盟建立"卫蓝共同体"，解决场地和电力增容的问题。例如，和国有企业合作获得场地支持，和商圈共享场地和电力增容等。③通过场景推广逐步实现换电的标准化、规模化，提升便利性。例如，与其他品牌共享换电网络，多车型共享同型

号电池，以及由汽车行业向其他行业转型。④利用人工智能（AI）和大数据技术，使换电模式成为更安全、更智能、更有效的智能服务体系，共同打造城市运营综合能源的服务平台，在一个城市内实现统一规划、统一运营、统一体系、统一电池和统一标准。

最后，为了推动充换电行业的健康发展，让新能源汽车在全球化道路上走得更远，我们提出以下几点思考和建议。

1）**政府出台支持政策，鼓励充换电站共享共用。**建议出台补贴激励等支持政策，鼓励充换电站共享共用，支持换电站服务多车型、多品牌，支持利用换电站设施开展充电、储能及智能微网业务，支持和鼓励换电站智能化升级，使其成为稳定新能源补能网络的新基建。

2）**通过政府主导创建电池资产平台，统筹和放大动力电池全生命周期价值。**由政府主导，联合新能源产业链及金融机构，成立专项电池资产引导基金，持有车载动力电池资产，并进行动力电池全生命周期价值运营。通过电池资产管理平台，打造"新能源＋技术＋金融"商业模式创新，有效提升新能源汽车产业在扩大内需方面的作用，并提升电池全生命周期管理的环保合规性，助力国家打造领先全球的充换电、电池服务、能源互联网等衍生产业。

3）**推进换电、电池标准化，助力新能源汽车产业升级。**国家出台政策、企业积极响应，全产业协力共同推动换电动力电池标准化，通过动力电池标准化，配套整车企业不同的车型，大幅降低电池的生产成本，可让换电像加油一样普遍和便捷，并真正实现规模化车电分离，降低新能源汽车的购置和使用成本，同时也有利于动力电池的梯次利用。

4）**制定长期政策，鼓励自主品牌技术创新，增强行业综合实力。**一是鼓励技术突破，推动以奖代补。根据企业技术进步、动力电池革命性突破、产销量等指标，对企业通过以奖代补的支持方式给予奖励。二是提供融资扶植。政府利用金融资本和金融政策支持，帮助企业探索可行的电动汽车商业模式。

> 武汉蔚能电池资产有限公司
> 总经理
> 赖晓明

电池资产管理模式的发展与展望

围绕新能源汽车发展出许多具体的业务板块和方向，如售后服务、保险业务、职业培训等，以电池为核心的运营管理业务也是其中一个重要部分。

2023 年，我国新能源汽车的市场占有率已超过 30%，2024 年有望超过 50%。相应地，汽车后市场服务的价值挖掘和多样化的模式拓展也已经成为支撑行业发展的关键因素，电池资产管理模式应运而生。

国家各部委推出的一些政策中都含有一个核心点，就是"移动基础设施"，这是对电池车电分离模式的定义。据中国汽车工业协会发布的数据，截至 2023 年 12 月，我国换电站数量已达到 3817 座。车电分离、电动智能技术的快速发展使高效的云端管理成为可能。

电池管理模式的产业链很长，并且是区别于传统汽车销售、汽车金融的一种创新模式。在车电分离模式下，电池产权可以不归属于用户，而是可以归属于从事电池运营的独立主体，如武汉蔚能、杭州易能、时代电服等。电池资产这种"公有制"的形式，将电池从昂贵的汽车零部件变成终端用户可以共享的移动公共基础设施，若配合以换电网络的高密度布局，便能为客户提供便捷、高效、低成本的多样化补能体验。在电池资产公司的集约管理下，车电分离和换电网络如同"阴阳两极"互为补充，使动力电池在高效配置利用、循环保供等方面得到进一步优化。

电池管理模式需要汽车企业、电池制造企业、梯次利用企业、电池拆解及回收企业，以及银行、保险企业等多方参与进来，通过合作串联起整个产业链，从而激发起新能源汽车售后服务行业的活力，实现多元化发展。

蔚能作为电池资产管理模式的探索者，一直以"高效化电池管理，低碳化能源世界"为使命，从 2020 年成立至今，不断拓展创新，依托于电池资产管理模式的高效运营，为行业提供包含电池技术、数据智能、资产管理等的一整套解决方案。电池资产管理是穿插于电池全生命周期的一项业务模式，按照电池全生命周期管理的流程，可以分为电池服役和电池退役两大板块。在电池服役阶段，核心任务是电池的租用和管理，配合换电网络获得运营和租用收入。在电池退役阶段，达到 SOH（健康状态）标准的电池可以通过梯次利用、资源回收等方式获得对应的运营残值收入。

车电分离技术在发展中已展现出自身的优势，但同时，前进过程中出现的困难和挑战也需要同业伙伴一起面对。首先，汽车企业的电池标准不统一、电池系统无法通用，增加了产品的全生命周期成本，具体包括电池持有成本、退役回收处理成本、保险相关成本等。其次，金融行业对车电分离模式的理解度不足，使得相关企业在银行贷款、保险公司投保等方面都遇到掣肘。最后，就是行业专业人员匮乏，使得维修服务供给不能满足需求。

随着我国新能源汽车渗透率的快速提高，机遇与挑战并存，换电汽车市场也将展现出新的活力。我们期待与同业伙伴一起帮助客户全方位挖掘电池资产的经济价值、环保价值、资源价值，助力我国新能源汽车高质量创新发展。

多伦科技股份有限公司
董事长
章安强

汽车新生态，车检新变革：新能源汽车技术变革对车检人才的机遇

新能源汽车保有量已突破 2000 万辆，在车辆电动化、智能化和网联化的发展趋势下，新能源汽车年检将成为新生态链的一个不可或缺的重要环节。

机动车检验检测是保障车辆运行安全的重要手段，是保障人们出行的"守门人"。新能源汽车的快速发展，对后市场检验检测行业提出了新的挑战。当前我国机动车检验检测行业距离消费者的要求存在一定差距，主要表现在以下三方面。

一是经营模式单一。我国机动车检验检测站大概有 15000 家，行业集中度偏低，经营规模普遍偏小，尚未实现连锁品牌化。二是技术力量薄弱。目前国内机动车检验检测站的技术、检验装备相对比较落后陈旧，亟待升级完善。三是人才专业度不足。机动车检验检测站从业人员短缺，服务意识不强，给车主带来较差的体验感。

为此，多伦科技做了一些探索。一是经营模式方面，2019 年成立了多伦汽车检测集团，开创了我国机动车检验检测品牌连锁经营的新模式。目前机动车检验检测站已经进入多元化发展，利用场地、厂房的优势开展了光储充检多种经营模式，在多地开展车主服务。二是技术研究方面，多伦科技的子公司——简蓝科技于 2020 年参与了由公安部交通管理科学研究所牵头的科技部重大课题《新能源汽车运行安全性能检验技术与装备研究》，研发出一整套新能源汽车运行安全检测专用装备。三是人才培养方面，多伦科技和中国汽车研究院等头部企业成立了全国智能新能源汽车后市场行业产教融合共同体。

新能源汽车的变革给机动车检验检测行业带来了人才方面的新机遇。

机遇一：国家高度重视技术人才。党的二十大报告指出，教育、科技、人才是全面建设社会主义现代化国家的基础，我们要大力弘扬劳模精神，发挥年轻人的工匠精神，认真学习技术。

机遇二：新能源汽车检验检测技术的革新需要相应的检验检测人才。随着网络技术、大数据技术、人工智能技术的快速进步，检验检测过程已经实现了自动化和智能化，检验检测数据、图片、视频已经纳入实时监管，有效提高检验检测数据的真实性和可靠性。通过机动车检验检测专用机器人替代了重复劳动、危险系数高的岗位；通过人工智能的应用，管理部门审核机动车检验检测数据、图片、视频实现自动化和智能化，从繁重的审核工作中解放出来。

机遇三：新能源汽车行业的技术变革需要相应的专业人才。新能源汽车技术的变革对于机动车检验检测行业带来了冲击，尤其是人才供应层面的变化。传统燃油汽车的检验检测需掌握汽车发动机、变速器、底盘等汽车机械结构和运行机制相关的知识，而新能源汽车检验检测需要对车辆电池、电机、电控，以及智能车机、自动驾驶相关的动力电池、人工智能等专业知识和高级技能有所掌握。知识结构的转变导致现在大约有 30 万从业人员需要进一步培训才能上岗，关键岗位、高端人才缺口巨大。

机遇四：新能源汽车检验检测模式的创新催生了新的人才需求。未来，新能源汽车检验检测将引入实时监测车辆运行状况数据，有望实现线上主动预警、线下消除隐患的新模式，这种模式也将一定程度改变我们的商业模式。利用大数据计算技术，将实现机动车检验检测站营收分析、车辆来源分析、车辆合格率分析的数据化，从而实现异常数据预警、车辆安全缺陷筛查，为支撑企业改进缺陷而提供长里程的数据服务。

多伦科技将跟随行业的发展需求，积极贡献企业的力量。我们将为学生提供更多实践机会和教学资源，提高检验检测从业人员的实际操作能力和解决问题的能力。我们也将积极参与新能源汽车技术大赛，推动机动车检验检测技术的持续进步和高技能人才的培养。我们呼吁更多学校和教育机构加入进来，为检验检测行业提供市场需要的人才，促进新能源汽车检验检测行业更好更快地发展。

浙江华友循环科技有限公司
总经理
鲍伟

面向全球的新能源汽车动力电池回收利用产业布局探索

循环是一个热门话题，而新能源汽车行业的循环绕不开电池处理。近几年，行业见证了电池材料价格的大幅波动，以碳酸锂为例，价格从 10 万元涨到 60 万元后，又回落到 10 余万元，这样的发展态势吸引了众多企业进入循环领域。

有专家提到汽车强国靠四化，即电动化、智能化、低碳化、全球化。循环在"四化"中起到什么作用呢？一是电动化，需要电池，电池需要材料。预计到 2050 年，未来的再生资源和矿山资源供给将可能各占一半。我国是一个镍钴锂资源均不富裕的国家，所以再生资源的使用就变得非常重要。二是智能化，退役电池通过梯次利用和再生利用使它增值，来支撑智能化的发展。三是低碳化，全球公认再生资源的使用是低碳化的一个重要环节，甚至再生金属将成为绿色金属。四是全球化，随着中国电池企业和汽车企业走向国外，作为中国的循环企业，也会走向国外，为中国的"出海"企业保驾护航。

新兴行业的发展总是需要规范作为指引和保障。在我国，2018 年就有了涉及动力电池回收的相关政策文件，当时将汽车企业作为生产责任制的主体。2023 年，新的《新能源汽车动力电池综合利用管理办法》出台，进一步将电池运营企业、电池生产企业也纳入责任主体范围。2024 年，国务院办公厅发布《关于加快构建废弃物循环利用体系的意见》提及清理废旧动力电池"作坊式回收"，针对的是当下很现实的一个问题。截至 2023 年，营业执照注册有约 12 万家企业从事电池回收业务，其中就包括很多小型企业，那么如何使这些小企业在未来能够向合规化和规模化发展，促进整个行业的节能增效，将成为值得重视的方面。

在经济全球化的背景下，行业要面临的不仅是国内规范，国际规范、其他国家的规范都会影响企业的发展路径。2023年8月18日，欧盟正式实施《新电池法》，明确提出再生资源的使用问题。北美洲地区、日韩也在循环领域出台了许多规范性文件，建立起严格的资质管理制度，涉及电池存储、运输、回收多个方面。目前，我国在再生能源的贸易中主要是作为出口方，那么未来，我们如何通过进口来保证国内对再生能源的使用需求呢？直接进口电池是不现实的，华友钴业董事长在人大提出可尝试进口氢氧化物中间品等产品，来满足电池行业对未来再生资源的需求。

为打造低碳的电池循环生态，除了目前行业普遍应用的梯次利用和材料再生之外，我们也在尝试探索其他的领域，包括售后市场。目前，我们从电池银行做起，持有一些电池来做研究，利用数据可拓展电池维修维护、再制造、保险金融服务等领域，再加上做梯次利用、再生利用的预处理、破碎，再到冶金，再做材料，形成完整的闭环。除数据带来的便利外，电池本身的储能属性也可以成为能源互动的接口及减碳的抓手。

《节能与新能源汽车技术路线图3.0》中也将包含电池循环利用的一些内容。

一是电池设计。电池在设计的时候应该考虑拆解环节，但很遗憾大家都没有做到。随着CTP（电芯集成到电池包）、CTB（电池集成到车身）、CTC（电池集成到底盘）技术的发展，电池包拆解将会是最大的困难，将影响经济性和低碳性。

二是梯次利用。随着CTP的发展，梯次利用将走向整包使用，而整包使用需要通信协议、数据，需要跟整车企业和相关机构一起建立使用模式，使它更加增值。

三是电池包的拆解。为了除胶工艺，整个行业采用了非常多的办法，包括用溶剂泡、冷冻到零下30℃，拆完之后再拿出来烧，不环保，也不经济了。

四是预处理。预处理是指将电芯打到黑粉，此项技术国内国外相对成熟，市场也趋于饱和。

五是修复技术。 电池修复技术只适用于部分材料，经过此项技术修复的电池更为经济和环保，但在一段时间内还不太可能完全替代冶金技术。

六是冶金技术。 我国无论是火法、湿法，还是火法和湿法联合冶金技术均在全球处于领先地位，但现有的模式还无法照搬到美国或者欧洲去，仍需要做一些符合当地法规和经济性的改变。

七是再生材料。 冶金产品出来之后如何做到再生材料，这是技术路线图的研究方向。现在不论是火法、湿法冶金，还是所谓的预处理都解决了 0 到 1 的问题。我国解决退役动力电池的路径，无论是安全性，还是环保性，在当下是领先于全球的。希望将来通过不断地技术迭代，持续推动行业发展。

最后，我把我们这个行业归纳一下，就是我们应该做到"芯安锂得"：电芯安全使用才能心安，锂得才能利得。

巩固和扩大
新能源汽车发展优势   1953   1959   1969   1979

第十一篇
建设面向未来的车能融合产业生态

国家电投绿电交通产业创新中心主任
上海启源芯动力科技有限公司副总经理
郭鹏

重型货车换电基础设施创新发展助力交能融合

交能融合是新时期交通革命和能源革命的必然选择。在交通强国建设和"双碳"目标的背景下，新能源汽车保有量持续增加，2023年已经突破了2000万辆大关。并且，随着我国新型电力系统建设的稳步推进，2023年，全国风力、光伏发电装机量已经超过了10.5亿千瓦，发电量已经接近1.5万亿千瓦·时，电力供给侧，"绿电"占比正在稳步提升。2023年，充换电服务业的用电量同比增长了78.1%，远超全社会用电量增速，已经成为负荷侧"绿电"消费的重要领域。随着风力、光伏电能上网电价的持续下降，新能源项目和用户侧交易放开，交能融合（交通和能源融合）将迎来重大利好。

重型货车电动化是推动交能融合的关键一环。重型货车的市场保有量虽然占汽车市场的比例不高，但作为一种商用化运营工具，重型货车的能耗非常高，节能减排的潜力巨大。据统计，重型燃油货车目前的保有量接近1000万辆，保守估计，高频重载使用场景的车辆约300万辆，如果能对高频重载短倒运营场景下的燃油重型货车进行电动化替代，全年新增的电力消耗可以达到3600亿千瓦·时，节约燃油，尤其是柴油消耗超过1000亿升，实现碳减排达到2.84亿吨。可以看到，重型货车电动化是实现交通和能源碳达峰的重要切入点，也是交能融合关键的一环。

构建交通和能源相融合的本质是能源、交通、信息三网的融合。以产业数字化底座为支点，通过数字化平台，将电动重型货车、电动工程机械、电动船舶等交通装备和共享电池及换电站网络进行有效管理，并通过信息流和能源网进行有效的信息交互。通过顶层能源的调度网络,在多源数据融合分析的基础上,可以在满足交通电动装备补能的同时,更大限度地支撑电网辅助服务所需求的新能源消纳。通过挖掘运力优化、充换电机制优化和新能源电力的优化,在电池梯次利用、基础设施共享、人工替代方面可以创造巨大的经济价值,预计将带来千亿元级交能融合的增量市场。

天能控股集团副总裁

沙梅

氢电一体共塑生态

  我国已构建较为完善的氢能全产业链。 在制氢方面，我国已成为世界上最大的制氢国。2022年，氢气年产量超3500万吨，已规划建设超300个可再生能源制氢项目，在氢能供给上具有巨大潜力。在应用方面，随着各省市自治区在交通领域的应用示范规模不断扩大，关键零部件成本显著下降，带动氢能源汽车销量明显增长。在产业集群方面，氢能产业发展已经呈现集群化发展态势，京津冀、长三角、粤港澳大湾区等地区汇集氢能全产业链规模以上的工业企业超过300家，形成了具有领先产业链的生态集群。目前全国各地区对于氢能产业持续看好，已有22个省级单位地区将氢能产业发展写入《政府工作报告》，并持续发布与氢能相关的激励政策。

  氢能产业还存在规模较小、综合成本高、标准不完善等发展痛点。 当前氢能产业发展的痛点主要体现在以下三个方面。一是氢能行业的规模总体较小，难以支撑氢能产业的整体运转和推进，特别是在储能、发电、冶金和化工等领域的应用，还处于早期探索的试点阶段，尚未形成规模化。二是氢能相关设备的购置成本、氢气使用成本相对较高。对于购置成本，以氢燃料电池系统成本为例，虽然已从2017年的12000元/千瓦下降到目前的3000元/千瓦，但距离500元/千瓦的终极成本目标还有较大差距；对于使用成本，目前氢燃料电池重型货车、柴油重型货车、纯电动重型货车中，氢燃料的能源使用成本最高。三是标准不完善，当前氢气的质量标准、储运标准、制氢场加氢站的标准以及安全技术标准尚不完善。

  氢电一体化发展是解耦"双碳"目标的重要实施路径。 电具有能量属性，氢具有能源及物质属性，氢电一体化发展是实现"双碳"目标的重要路径。氢电一体化发展，可以实现利用氢储能，而且在分布式发电利用、绿色化工等领域都具有减碳的可行方案。在储能方面，氢储能是一种新型储能方式，在能量维度、时间维度和空间维度上具有突出优势，具体体现在消纳新能源电力、具有规模经济性、储运方式灵活以及保护地理生态四个方面，是提高一次能源综合利用效率的重要路径。在分布式发电方面，分布式发电是氢电一体化的典型案例，也是当前氢能市场化进程的突破点，可以通过副产氢＋燃料电池发电的模式，在未高效利用氢气的场景中，实现氢发电，提高资源利用效率。在绿色化工方面，绿氢和煤化工、石油化工的深度耦合，是化工产业优化及节能减排的重要技术路径和发展方向。

此外，氢电一体化也为交通领域提供了更多可能。例如增程式燃料电池混合动力方案，是适用于商用车的动力解决方案之一，氢电一体化的能量供给策略，有利于提高商用车整车的可靠性及寿命，更重要的是，可以用电解决经济性、续驶里程、冷启动和时间效率等诸多问题。

> 北京亿华通科技股份有限公司
> 常务副总经理
> 于民

推动氢能产业规模化发展

氢能产业规模化发展提速。 氢能产业的发展与我国"双碳"目标高度契合，也符合新质生产力的内在要求。我国具备良好的氢能发展基础，当前，我国光伏和风力发电装机容量已接近 100 吉瓦（GW），相关装备制造也颇具成本优势，为未来大规模绿氢供应创造了良好的基础。同时，在各项氢能专项政策的支持下，我国氢能产业有关的标准体系加快完善，产业发展初期遇到的各类问题也在逐步解决。

氢燃料电池产业链提质增效成果显著。 氢燃料电池是氢能产业在应用层面最关键的装备之一。自 2021 年起，我国龙头国有企业、民营企业加速进行自主研发和产业化生产，推动我国氢燃料电池汽车产业链上下游全面升级。氢燃料电池的功率从 2015 年的 30 千瓦提升到 2023 年的最大 150 千瓦，2023 年，110 千瓦以上的燃料电池销售占比已经达到 53%，满足了商用车的使用需求。燃料电池汽车的适配场景不断丰富，性能也实现了整体提升，从无法在低于 0℃ 的环境中启动，到实现了零下 35℃ 的冷启动；12 米氢燃料电池公交车百公里氢耗从 2006 年的 26 千克下降到如今的 7 千克左右。此外，关键材料和核心零部件的国产化进程加快，带动了整车和相关装备成本的快速下降。以空气压缩机为例，2017 年，60 千瓦的进口空气压缩机约为每台 25 万元，如今，120 千瓦甚至更大功率的空气压缩机仅需要每台 7000 元左右，国产装备的性价比优势进一步凸显，国际市场竞争力不断提升。预计到 2026 年，国产氢燃料电池的产能与性能，将全面匹配氢能产业发展的实际需要。

氢能制储输用产业链逐步健全。上游制氢方面，我国碱性电解槽、PEM（质子交换膜）电解槽发展迅速。中游储运方面，到 2023 年年底，我国建成加氢站 417 座，加注能力最大可达每天 4.8 吨；氢液化能力显著提升；输氢管道建设进程加快，除燕山石化到乌兰察布的 400 千米输氢管道外，另有两条输氢管道在加快审批，管线建成对于华北地区氢能供应和可再生资源消纳都会产生非常积极的影响。下游应用方面，五大氢燃料电池汽车示范城市群建设初显成效，到 2023 年年底，累计有 2 万辆燃料电池汽车投入使用，部分具备工业副产氢资源的应用场景已经可以实现经济性，靠氢燃料替代汽油，可以在节约燃料成本的同时减少碳排放。

加快推动氢能产业高质量发展。当前，氢的供需错配仍然是迫切需要解决的矛盾。尽管已有多个风光制氢一体化项目落地，但产能上量仍需要一定周期。此外，当下以 20 兆帕长管拖车为主的氢储运方式效率仍然比较低，燃料氢价格过高也是掣肘终端应用的显著问题，建议加快绿氢达产进程，以廉价清洁的绿氢从供给侧推动产业革新。2024 年 3 月 1 日起，氢能高速政策在山东开始实施，北京、河北等地也在加快研究相关政策。建议推动氢能高速尽快普及，结合氢燃料电池汽车示范城市群政策对终端用氢价格予以补贴，加快降低氢燃料电池汽车成本，推动产业规模化、高质量发展。

奥动新能源汽车科技有限公司
副总裁
于新瑞

换电——连接车和电网的桥梁

可再生能源发电已经是大势所趋。储能，是新型能源体系的支柱；换电站，是支柱中的桥梁，是构成车辆与电网有序与可靠双向互动的中间载体。近年来，风电（风力发电）、光伏行业取得了巨大的发展，内蒙古自治区等地区风电及光伏能源的度电成本已经降至 0.2 元 / 千瓦·时，显著低于火电（火力发电），经济效益非常明显。2023 年年底，全国可再生能源发电装机容量实现了历史性突破，超过了火电的装机容量，产业迎来新的拐点。几乎可以确定，2024 年会实现 2030 年风电、光伏总装机容量 12 亿千瓦以上的目标，并且是提前实现。但可再生能源发电是否能全面取代火电呢？这个答案目前来看其实还是否定的。因为风电和光伏存在固有的波动性、间歇性和随机性，需要从电网侧消纳波动的风电及光伏电力，平滑风电及光伏电力输出，而储能作为一种清洁的可调节资源，是新型电力系统的支柱。

换电是连通车和网之间的桥梁。从换电的角度来讲，我们认为，换电站是连通车和网之间的桥梁，特别是随着新能源汽车渗透率的逐步提升，新能源汽车的保有量越来越大，换电站的桥梁作用会越趋显著。比如，现在我国汽车保有量超过 3 亿辆，如果未来某一天，新能源汽车保有量达到 1 亿辆或者 2 亿辆，车端的能源需求会给整个能源结构带来巨大变化。展望将来，2060 年的能源结构会发生一些变化，大家公认的是火电会逐步减少，理论上可能在某一时间点实现退出。跨季节调峰需要靠长时储能替代，而从秒到小时的日内调节则需要抽水储能、电化学储能和车网互动等具有确定性的电源共同承担。

车网互动系统赋予换电站储能的灵魂。 现在讲得很多的 V2G（车网互动），主要说的是车辆对电网。目前，充电车辆真正"上网"还有一定的挑战，因为车辆分布分散，电网调度管理是有一定困难的。如果有了换电站作为中转桥梁，实施起来的难度会大幅降低，所以我们给 V2G 中间取两个名字，一个是 V2S，一个是 S2G。V2S，就是车站互动，用换电站来聚合车辆的调节能力，构建可变容量的储能。S2G，就是站网互动，把换电站的控制系统与电网直接相连，快速、安全、可靠地实现对电网的支撑。这两者相结合，就是最终的理想状态，也就是把电动汽车随机充电负荷的特性和可再生能源发电的特性互补，这样可以实现"多发多充，少发少充，不发反充"，真正实现新能源汽车用新能源电。

华为数字能源技术有限公司
充电网络业务总裁
刘大伟

加快建设以全液冷超充为代表的高质量充电基础设施，有效支撑新能源汽车快速发展

高质量充电基础设施已成为电动汽车发展的迫切需求。 当前充电基础设施的发展水平，仍然远远滞后于新能源汽车产业快速、高质量发展的需求。我国新能源汽车已经发展到 5G 网络的水平，而充电基础设施现在只有 2G 网络的水平，充电问题仍是制约新能源汽车发展的首要因素。

高质量充电基础设施符合发展新质生产力的内在要求。 2023 年 6 月，国务院办公厅发布《关于进一步构建高质量充电基础设施体系的指导意见》，为充电基础设施的发展指明了方向。当前，多项国家级政策强调发展新质生产力，打造中国经济向"新"力。以全液冷超充为代表的新型充电基础设施具备新质生产力所包含的高科技、高效能、高质量三大特征，就是当代的新质生产力。例如，全液冷超充具备一系列高科技技术：全液冷、全模块化、直流母线叠光叠储、功率池化等创新架构和技术，其系统效率高达 95.5%，行业领先，是名副其实的高效能。全液冷超充支持 15 年使用寿命，故障率极低，实现"免维护"级别的高质量。

电动汽车高速发展将对充电设施提出更高的要求。 未来 3 年，新能源汽车保有量或将突破 5000 万辆，新增公共充电桩或将达到四五百万根，超级快速充电（超充）网络的布局对于解决电动汽车里程焦虑尤为关键。2023 年 4 月，华为发布了大功率全液冷超级快速充电一体化产品，通过功率池化和功率柔性智能分配技术，支持超快速充电、快速充电（超快充）灵活配置，单枪最大充电电流 600 安，实现"一秒一公里""一杯咖啡，满电出发"的良好充电体验。充电范围支持

200~1000 伏，兼容现有和未来的各种车型，支持未来车网融合等相关创新技术持续演进。2023 年，我们响应国家《关于进一步构建高质量充电基础设施体系的指导意见》，已经联合政府、运营商、汽车企业及合作伙伴，在深圳、北京、重庆、东莞、武汉等 50 多个城市，加快构建"城市一张网"；在 20 多条高速公路，建设了高质量充电网络和光储充零碳服务区示范站。2024 年，我们的目标是和客户伙伴们一起完成 10 万根超快充桩的部署，迄今为止，已经完成了 2 万多根超快充桩的建设。

推动充电基础设施高质量发展任重道远。面向未来，建设高质量的充电设施，支撑新能源汽车快速发展，仍需要产业链各方加速推动。一是零部件企业需要加速底层技术开发及降低成本，4C 大倍率的电芯从 2024 年开始已经实现了规模量产，动力电池企业需要加快产品迭代，加大商用规模，提升价格竞争力。二是汽车企业需要加速大功率超快充车型的规划，2023 年是高电压超快充车型发展的元年，预计到 2025 年，市场上将会有超过 150 款高电压超快充车型，建议各大汽车企业提前对 A 级车和商用车进行超快充车型的规划。三是建议充电桩企业加速向高质量发展转型，持续进行技术创新，提供满足客户需求、面向未来演进的高质量充电设备。传统的一体式充电桩、风冷式充电桩弊端明显，使用寿命短，失效率高，维护成本高，电力利用率低，难以演进。未来充电设备将由一体式充电桩向功率池化演进，架构方式由风冷向全液冷架构转变。四是建议运营商加速设备的更新换代。五是建议电网公司加快支持对高效能的全液冷充电场站的优先配给，推动低效电力利用场站的退出或升级改造，支持光储充一体化的电网友好型充电场站建设，共建电网友好型的充电基础设施。六是建议政府加快统一规划管理，让充电从无序走向集约有序，提升城市管理的安全。

上海舜华新能源系统有限公司
董事长

高顶云

推动氢能产业规模化迈进

氢能示范应用规模逐步扩大，加氢站建设稳步推进。"十四五"期间，国家对氢能发展和五个燃料电池汽车示范应用城市群大力支持。截至目前，五大示范应用城市群内累计投放2万辆左右氢燃料电池汽车，其中50%左右是重型货车，其他有中小型货车、大型客车、乘用车。此外，近年来，加氢站建设在示范城市项目的推动下取得了显著进展。虽然新建站、累计数量与投入运营的数量之间存在一定差距，但这为未来的建设提供了宝贵的经验。加氢站的用户对象应根据加氢站的不同类型（如油氢合建站和纯氢站）进行区分，以最大化资源利用。

氢能正在步入规模化应用的关键期。氢能的发展经历了技术示范、技术示范和商业示范相结合，以及商业示范和产业规模化布局三大阶段。从北京奥运会到上海世博会，氢能示范运行逐渐扩大。上海世博会后，氢能行业曾陷入低谷，直到近年来，随着政策推动与技术进步，氢能行业开始复苏。目前，尽管氢能发展仍面临成本、标准、市场监管、氢气供应、技术路线抉择、应用场景选择等多重挑战，但氢能在实现碳中和进程中的独特作用仍然为产业持续高质量发展注入了强心剂。氢能具备零碳、高效利用及多能源形式转化等特点，特别是其长时间、跨空间、大规模的储能特性，对于碳中和的实现至关重要。尽管公众对于氢安全有所争议，但实际上，氢在严格的管理规范和标准下，安全性很高。

绿氢发展潜力巨大。氢能的应用范围广泛，不仅在交通领域有所作为，还在工业、发电和建筑等领域占据重要地位。在工业领域，绿氢作为替代能源具有巨大的市场潜力，但需解决发展瓶颈。目前绿氢占比还很低，不足国内氢产量的1%，但受益于我国风力及光伏发电的潜力，绿氢还有很大的成长空间。据测算，到 2060 年，绿氢和蓝氢供给可能达到 1.3 亿吨，累计减少碳排放 18 亿吨，约占当前 100 亿吨碳排放总量的 19%，对碳中和的贡献潜力不言而喻。

制氢成本仍需降低。近年来，氢能在装备和技术方面取得了显著进步，特别是在制氢、运输和应用环节。但制氢成本仍然居高不下，成为氢能发展的瓶颈之一。为降低制氢成本，需要优化运输方式，实现大规模应用，并与煤制氢、天然气制氢等传统方式进行成本比较。同时，加氢站的发展趋势也应结合燃料电池汽车的发展方向，建设专用大站和制氢、加氢一体站，为氢能发展提供良好的外围条件。

欣旺达能源科技
副总裁兼研究院院长
陆志刚

"光+储+车+网"新融合模式
破解电动汽车与能源困局

汽车与能源的融合是近年来的新命题,"光+储+车+网"既是一种新型融合模式,又是四个各自关联、各自独立的庞大产业。"光+储+车+网"融合模式,有望成为最低发电成本、最高储能价值、最廉价便捷的交通和供能方式,用新思路解决电动汽车和新能源困局。

车能融合的发展仍存在一些突出问题。一是电动汽车爆发性增长使得公共充电设施配套不足的问题凸显,引入4C超快速充电电池、超快速充电桩等措施某种程度上缓解了电动汽车的续驶里程焦虑,但是也给电网的配套带来了沉重的负担。二是光伏产业发展迅猛同样给电网带来巨大压力,大量分布在用户侧的光伏电能也因为其大量上网在配用电侧造成"反送电",同样也对电力系统的电压平衡和功率平衡产生影响。三是储能利用率太低,市场调查显示,新能源侧配储的利用率仅有6.1%,导致商业价值无法变现。四是电力基础设施本身面临挑战,风力、光伏发电年平均利用小时数显著低于火电、核电和水电,叠加储能利用率较低的现状,电网容纳超快速充电、快速充电等新型充电基础设施的能力也面临巨大的挑战。

打造以移动储能为核心的光储车网新型融合模式。为应对电网压力,传统电力系统的"源随荷动"转型升级为"源荷互动",虽有一定作用,但无法彻底解决问题,还需要全新的电力系统形态加以支撑。电池除了可以储存电能,还有很强的空间移动能力,可以成为新型能源传输载体,叠加无人驾驶功能,就可以成为一辆储能 AGV，也就是携带较多电能的自动导向运输车，既可以灵活地连接各个孤立的电源和负荷，也可以回归电网，把离网收集到的电能像蜜蜂采蜜一样回馈到电网。用 AGV 将离网、分布式、便宜的光伏电能储存起来，以低成本的移动方式出售给不同地方的客户，实现电能商业价值的最大化，也实现了光伏利用最大化、储能利用最大化，同时避免了对电网的直接冲击。这种新型的运营模式，是通过电池的中介传输作用，实现另类意义上的"无线电网"。光伏由于天生具有间歇性的特点，如果通过储能吸收，然后再卖出或者并入电网稳定发电，就会成为高价值的电网友好型电源，或者可移动的无线电源。

AGV 光储充成本可控，有望实现经济性。伴随光伏和锂电池产业的迅猛发展，技术不断迭代，成本不断下降。展望未来 10 年，这类 AGV 能源系统，包括光伏组件和电池在内，成本可能低至 1 度电 0.1 元，交通和运输成本低至 1 千米 1 分钱。光储充 AGV 的综合发电成本据测算约为每度电 0.3 元，新形式的电能既可以给路过的电动汽车充电，充电的价值大概是每度电 1.5 元，也可以用 1 度电 10 千米，以每千米 0.3 元的成本移动到附近的设备或者电网去卖电，实现"光储车网"四赢，创造出一个全新的适合新能源发电和电动汽车的无线电力系统。

湖南京能新能源科技有限公司
战略发展总裁
孙茂建

车能融合推动能源转型，共创绿色未来

当前，新能源汽车产业迅速崛起，电网智能化水平持续提升，新能源汽车与电网通过智能有序充电、超快速充电技术、双向充电等技术实现信息流和能量流的双向交互，不仅提升了电网智能化水平和市场化运作能力，也为新能源汽车充电提供了稳定保障，推动了电力系统的高效经济运行。

新能源汽车作为移动式电化学储能资源潜力巨大。随着技术标准的完善和充电峰谷电价机制的实施，预计到2025年，将有超过60%的新能源汽车在低谷时段集中充电，80%以上的私人充电桩也将集中在低谷时段充电。到2030年，新能源汽车有望成为电化学储能的重要组成部分，为电力系统提供千万千瓦级的双向灵活调节能力。

车能融合是我国新能源汽车实现换道超车的新机遇。车能融合是实现"双碳"目标的关键路径，新能源汽车是能源革命中重要的高效储能单元。同时，伴随着大数据、云计算、人工智能技术的快速迭代，车能融合产业生态愈发广阔，成为百年未有之大变局下实现换道超车的历史机遇。一方面，需要探索多元化的利益共享机制，激发电动汽车用户、运营商、聚合商、新能源汽车供应商、电网多个利益主体的积极性，推动上游乃至整个能源体系低碳化转型。另一方面，需要为聪明的车匹配可靠的能源，通过组合充换电、储充、光储充一体化、超快速充电等打出一系列的组合拳，推动新能源汽车保有量再上新台阶。

车能融合发展前景广阔。从长远来看，车能融合潜力不仅局限于削峰填谷，调整负荷高峰，更有望吸引更多投资主体参与绿电市场交易，助力解决能源间歇性

问题。此外，通过智能控制电池的充放电，有助于延长电池的使用寿命。当前，车能融合、车网互动的发展仍面临着充电基础设施不充足、城乡充电网络分布不均、智能化程度较低、电网的负荷及稳定性不够、法律及标准不完善、激励政策不足，以及市场接受度不高等挑战。仍需要加强智能化充换电基础设施的建设，制定统一的标准和协议，制定相应的策略和激励政策，实施需求响应策略，加强市场化机制创新，打造高质量智能充换电网络，形成聚合的车能融合体系，从传统的无源单向辐射网络，向有源双向交互系统转变，使电动汽车聚合成可调节的负荷资源。

畅想未来，随着技术不断进步、市场持续扩大，汽车、能源、信息、交通等行业将逐步从松散组合向深度融合迈进，通过科技创新催生"光储充换通检互"的新型基础建设，将多个领域紧密结合成一个不可分割的"能源岛"，推动整个能源体系的低碳转型再升级，加快形成能源新质生产力，为新能源汽车产业的高质量发展注入新动能。

> 蔚来汽车
> 能源规划负责人
> 何旭

建立可持续发展的充换电网络

加快布局充换电网络解决补能核心问题。电池价格高、补能不方便一直是困扰着用户选择电动汽车的两个核心问题，这两个问题又相互关联、相互闭环，形成了整个产业发展的主要症结。蔚来致力于打造充换电网络，为用户提供全场景的加电解决方案，实现可充可换可升级的加电愿景，通过车网融合达到效率与体验的最优解，从而实现加电比加油更方便。当前，蔚来已在全国建立了一个可充可换的补能网络，累计部署了超过2384座换电站、超过21652根充电桩，累计为用户提供4000万次以上的换电服务，以及3600万次以上的充电服务。换电站是蔚来充换电网络中最具特色，也是最核心的产品。基于换电技术，整车企业也在加快产品迭代，2024年，长安、吉利、奇瑞、江淮4家整车企业陆续宣布加入换电联盟，未来将推出支持换电技术的新能源汽车。

车电分离模式有望为用户、企业和行业创造巨大商业价值。车电分离模式具备多种比较优势。对于用户而言，一是用户体验感更好，换电相对充电更快，仅需3分钟，同时不用下车，车辆全程自动泊入换电站，会让换电更舒适；二是大大降低了购车门槛，可以让用户在市区用小电池，长途出行用大电池，减少了在电池上的花费；三是换电提高了电池的安全性，换电让用户不用担心电池衰竭，随时可换，相当于电池终身质保，每一次换电都会为车辆的电池提供一次检测。对于企业而言，换电技术可以使得整车售价降低，拉动销售。对于产业而言，换电技术一是可以实现17%~30%电池资源的节约；二是充换一体站在时间和空间上可以实现电力容量的最大化利用，大概相当于普通充电站的3倍；三是帮助清洁能源消纳，换电站是电网最友好的加电基础设施，能够为电网提供削峰填谷、调峰调频等一系列服务，助力电网安全稳定运行。

充换电基础设施将成为构建新型电力系统的重要环节。换电模式和标准已经得到多个部门出台的政策支持，2023年，购置税减免优化政策进一步明确了基于换电及车电分离的车型电池成本不进入购置税计算税基，将进一步有利于换电车型的销售。在我国"双碳"目标的指引下，在发电侧，新能源发电占比越来越大，需要的调节能力也越来越多。随着新能源汽车的不断增加，具备潜在的调节能力跟电网所需增加的调节能力是相当的，客观上提供了车网互动的基础。车网互动融合是一个必然的趋势。

车网互动的条件已经基本成熟。当前，车网互动不仅得到了政策支持，在技术、投资、市场需求方面也逐步具备了发展条件。一是电动汽车电池的循环寿命最近快速提升，使得其参与电网调节成为可能。二是车电分离的商业模式使得动力电池成为独立的移动储能载体。三是技术发展让双向充电桩、双向换电站的投资成为可能。四是电动汽车保有量的快速增长推动电力调节规模快速扩大，对电网的调节具备了实际潜力。五是基于万物互联和数据智能，电动汽车分布式资源的行为变得可预测、可引导。

通过全生命周期的电池循环体系，换电模式将构建起低碳可持续的产业新生态，同时也为解决电动化时代的瓶颈问题贡献了创新解决方案。

巩固和扩大
新能源汽车发展优势　　1953　　　　　1959　　　　　1969　　　　　1979

第十二篇
建立创新和互信的全球新能源汽车协同发展环境

> 国家能源局电力司司长
> 杜忠明

加快构建充电基础设施网络体系

近年来,国家能源局会同各有关方面,认真贯彻落实党中央、国务院的决策部署,持续加强顶层设计、完善政策供给,大力推动充电基础设施建设,取得了一定成效。

一是政策体系逐步完善。

2023年,国务院办公厅印发了《关于进一步构建高质量充电基础设施体系的指导意见》,提出要构建覆盖广泛、规模适度、结构合理、功能完善的高质量充电基础设施体系,满足人民群众出行充电需求。在加强高速公路基础设施方面,国家能源局与交通运输部等单位,联合印发了《加快推进公路沿线充电基础设施建设行动方案》,提出未来三年的建设任务和布局目标。面对节假日暴涨的充电需求,国家能源局牵头发布了《关于切实做好节假日期间新能源汽车充电服务保障有关工作的通知》,要求各地重视并加强节假日高速公路充电保障。为了更好地促进交能协同,国家能源局牵头出台了《关于加强新能源汽车与电网融合互动的实施意见》,提出了车网互动的发展目标和实施路径。

二是充电基础设施规模持续扩大。

截至2023年年底,我国充电基础设施总量达到859万台,同比增长65%,有6328个服务区配建了充电设施,占服务区总数的95%。北京、上海、河北、安徽等15个省市的高速公路服务区全部具备充电能力。为应对潮汐式的出行充电难题,多地针对节假日专门制订了保障方案和应急预案,并配置大量移动充电设施,节假日充电保障能力得到有效增强。

三是农村地区充电网络加快完善。

国家能源局会同有关部门出台了《关于加快推进充电基础设施建设 更好支持新能源汽车下乡和乡村振兴的实施意见》，聚焦农村地区充电短板，提出针对性的解决措施，积极推动农村地区企事业单位、商业中心、交通枢纽、聚集村落、旅游景区等地点布局充电设施。截至 2023 年年底，广东、海南、江苏等 12 个省份，已率先实现了充电站县县全覆盖、充电桩乡乡全覆盖的建设目标。

国家能源局持续指导电网企业加强农网建设，优化报装流程，2023 年年底启动了充电基础设施应用示范县和示范乡创建工作，力求以点带面地推动农村基础设施建设再提速。

四是着力推动车网融合发展。

国家能源局积极推动各地实施《关于加强新能源汽车和电网融合互动的实施意见》，指导行业开展智能有序和双向充电场景的关键技术标准修订。围绕园区、社区等重点场景打造示范样本，以城市为主体完善规模化、可持续的运营模式，以项目为主体，建成一批技术先进、模式清晰的 V2G 示范案例。

总体来看，我国充电基础设施发展的顶层设计日趋完善，已经形成有效支撑充电网络体系高质量发展的政策合力。

2024 年 2 月 29 日，习近平总书记在中央政治局第十二次集体学习时强调，要加快构建充电基础设施网络体系，支撑新能源汽车快速发展。为贯彻落实习近平总书记重要讲话精神，我谈几点不成熟的想法。

一是加强充电基础设施网络体系的顶层设计，统筹谋划体系建设重点任务，加强细化制定政策保障，加大与国家发展和改革委员会、交通运输部、自然资源部、住房和城乡建设部等部门的协同力度，持续提升充电保障水平，以更加完善的充电基础设施体系，更好地支撑新能源汽车快速发展。

二是优化完善充电基础设施网络布局，持续优化城市公共充电网络建设布局，加快补齐县城、乡镇建设短板，推动新建居住社区落实配建要求，优化既有居住社区充电条件，按照 2024 年全国两会《政府工作报告》中有关着力优化高速公路充电和农村充电两个重要场景要求，督导各地落实高速公路充电设施建设行动，压实服务区责任，增加充电点位，完善并下沉充电运营保障体系，推动充电基础设施在适宜使用新能源汽车的农村地区有效覆盖。

三是提升配电网对大规模新能源汽车的接入能力。前不久，国家能源局印发了《关于新形势下配电网高质量发展的指导意见》，提出要打造安全高效、清洁低碳、柔性灵活、智慧融合的新型配电系统，力争到 2025 年配电网承载能力和灵活性显著提升，具备 1200 万台左右充电桩的接入能力。

四是支持车网融合发展和技术创新，大力推广应用智能充电设施，强化对新能源汽车充放电行为的调控能力，充分发挥新能源汽车在电化学储能体系中的重要作用，推动车网互动、光储充换一体站的示范试点。加强对大功率充电基础设施建设的引导和规范，强化顶层设计和工作统筹，指导各地科学系统地做好大功率充电设施的总体规划，推动我国充电基础设施体系提质升级。

新能源汽车保有量的迅速增长，正在深刻影响着能源和电力发展格局。新能源汽车和电力系统融合互动，已成为推动新型电力系统建设的重要抓手，国家能源局将深入贯彻落实党中央决策部署，与各界一道共同为新能源汽车产业的发展做出新的贡献。

国际能源署（IEA）
首席能源技术官

提姆·古尔（Timur Gül）

交通电动化浪潮：
创新驱动、政策引领与可持续发展挑战

交通领域所产生的二氧化碳排放量占全球总排放量的 1/5 以上，是城市地区的主要污染源。尽管当前政策环境对交通领域的石油消费有所限制，预计石油消费量将在未来 10 年内达到峰值，然而，实现这一转变的关键驱动因素是道路交通电动化。目前，道路交通排放量占交通总排放量的 3/4，且严重依赖于石油。

全球交通电动化发展势头迅猛，2021 年全球仅有约 2 万辆电动汽车上路行驶，但如今已超 4000 万辆。其中，仅 2023 年电动汽车的销量就达到了保有量的 1/3，即 1400 万辆，呈现出指数级的增长态势。与此同时，2020 年电动汽车在全球汽车销量中的占比仅为 1/25，而短短 3 年后的 2023 年，这一比例已接近 1/5。

电动汽车发展的成功史也是中国的成功史，这一发展成就离不开创新的驱动、政府的雄心目标以及相关配套政策，例如中国新能源汽车双积分政策和税收减免政策。中国已成为全球电动汽车市场发展的主力，约占全球电动汽车销量的 60%，且越来越多的电动汽车从中国出口到其他国家。中国对电动汽车的国家补贴政策已于 2022 年年底终止，但电动汽车的市场份额仍创下新高，这标志着市场已进入商业化新阶段，其主要推动力在于技术创新和消费者偏好的转变。中国的电池以及电动汽车制造企业也在国内外电动汽车的创新和推广方面发挥了核心作用。

10 年前，业界对于电动汽车单次充电续驶里程的预期仅为 300 千米，而如今，这一数字已成为电动汽车的平均续驶里程。电池制造商的不断突破，预示着未来电动汽车的续驶里程有望达到 1000 千米，这得益于电池能量密度的持续提升，使得车辆性能大幅度增强。在这一技术升级的过程中，中国企业发挥了关键作用。

在过去几年中，公共充电基础设施建设也紧跟电动汽车销量不断增长的步伐。2022年，公共充电基础设施存量增加了55%，全球范围内，平均每10辆轻型电动汽车即可享有一个公共充电桩，而在中国，车桩比更为优越，大约每8辆轻型电动汽车便拥有一个公共充电桩。中国不仅拥有全球半数以上的公共慢速充电桩，更占据了近90%的快速充电桩市场。中国在换电方面也处于领先地位，将为电动化道路系统的建设以及重型车辆的电动化转型提供有力支持。

其他各国政府也在不断设立更加宏大的发展目标，欧盟、美国等主要的经济体已经制定了详尽的政策计划，旨在进一步提高电动汽车市场的份额。预测到2030年，全球各国的既定政策将要求电动汽车至少占汽车销量的35%，其中，欧洲和中国的电动汽车市场份额预计将达到60%，美国也将达到50%。与此同时，新兴国家和低收入国家也在电动汽车领域取得了进步。2023年，泰国电动汽车销量翻了两番，印度销量增长30%，印度尼西亚增长60%，尽管这些国家的基数较低，但其在电动化领域的发展潜力很大。

然而，要实现全球气候目标并确保电动汽车行业发挥其应有的作用，仍然面临着诸多共同挑战。特别是随着存量电动汽车的老旧化，电动汽车电池的回收和再利用问题日益凸显。从环境的角度来看，这对未来汽车供应链的可持续发展来说至关重要，同时，电池回收利用也有助于减少对关键矿产的需求。许多领先的电动汽车市场已经制定了相关的法规政策，但还要采取更全面的措施保证可追溯性、质量安全以及可持续发展来应对新的问题。

最后，电动汽车市场强劲的发展势头将是实现全球气候目标的关键所在。对于各国政府而言，电动汽车市场不仅提供了应对气候和空气污染问题的机遇，还为经济发展和产业升级带来了新动力。对于业界，随着市场的不断壮大，新的挑战也将不断涌现，但也为各领域的利益相关方带来新的机遇。

> 能源基金会（中国）
> CEO 兼中国区总裁
> 邹骥

坚持道路自信，加速实现全面电动化

汽车发展的初衷在于为人民带来福祉，通过提供便捷、安全且清洁的交通服务，提高人民的生活质量。同时，需克服机动车所带来的负面影响，尤其是尾气污染对健康造成的风险。汽车是现代经济的支柱之一，并将在未来几十年内持续发挥关键作用。随着技术的不断进步，汽车的功能日益丰富，除了基本的运输功能外，汽车的其他功能，如对消费的带动效用逐渐增加。随着中国电动汽车保有量的持续增长，其影响力日益凸显。特别是在大都市和发达地区，电动汽车的集中使用已成为一种独特的资源禀赋和比较优势。如果能够前瞻性地规划充电基础设施、用车模式、充放电模式以及商业模式，电动汽车将成为未来新型电力系统的关键组成部分，尤其在储能和有组织地充放电方面将发挥重要作用。这将促进汽车行业与电力行业的跨界融合，成为新质生产力的重要体现。

在新形势下面临的诸多问题及相关建议。

燃油汽车引发的环境和气候问题推动电动汽车发展。传统燃油汽车在空气污染排放中扮演了重要角色，尤其是在北京、深圳、上海等大都市，其对空气污染物排放的贡献率普遍在 50% 左右。随着燃煤等污染源得到逐步控制，机动车排放控制已成为当前大气质量持续改善的关键。当前，中国仍有大量人口暴露在空气污染的健康风险之下，近 7 亿人生活在 PM2.5 细颗粒物年均浓度不达标的环境中，而 70% 的人口生活在臭氧年均浓度不达标的环境中。PM2.5 的达标情况正逐渐改善，但臭氧污染防治的挑战愈发显著。而城市年均 PM2.5 与臭氧浓度的高低均与汽车保有量的高低密切相关，道路周边污染物浓度明显高于城市平均水平，这进一步说明汽车电动化对空气质量改善具有重要作用。2023 年，中国 PM2.5 全国平均浓度达到 30μg/m^3，改善巨大，但仍是世界卫生组织指导值的 6 倍，这意味着中国在进一步提升空气质量、达到国际先进水平以及充分防范健康风险方面仍面临挑战，需持续努力。而中国国务院发布的"大气十条"第三阶段方案，即《空气质量持续改善行动计划》，为控制大气污染提供了新的指导和动力，这也将有力推动中国电动汽车产业的发展。

电动汽车发展仍存在诸多难题。中国电动汽车行业的盈利能力和营收水平正面临挑战。为确保行业的可持续发展，技术的不断进步至关重要。利润率是一个重要指标，没有足够的利润率就没有持续开展扎实的研发和技术进步的基础。自 2023 年，特别是第三、第四季度以来，汽车销量不断增长，但盈利水平并不乐观，这意味着目前在通过降低利润率来推动销售，这种情况长期持续将对行业和企业造成损害，不仅企业的资金链承受巨大压力，甚至可能直接威胁研发后劲。

尽管传统燃油汽车销量在持续快速下降，但插电式混合动力汽车的销量占比在快速提升，应加强油耗和排放达标监管，避免影响碳中和目标的实现。另外，新能源货车整体的销量依然低迷，2023 年电动化渗透率相比 2022 年甚至略有下降，需要集中给予研发投入、试点投入、政策扶持。此外，纯电动汽车的续驶里程虽然在迅速提高，但其温度适应性问题，特别是在北方高寒地区的续驶里程问题，仍然是一个需要攻克的难题。中国淮河以北地区集聚了大量人口，因此，解决纯电动汽车在寒冷环境下的性能问题对于推动新能源汽车的进一步普及至关重要。

当前国际环境错综复杂，尽管如此，中国仍应展开积极探索。应积极拥抱全球化，寻求互利共赢的合作方案，共同推动行业的健康发展。可依据市场原则和逻辑，通过协商找到双方均接受的均衡方案，保障中国企业在国外安心投资。此外，也应思考如何提高国内的吸引力，将国内市场做大做优，改善营商环境，使企业愿意留在国内市场。

在全球化背景下，更需要在合作的气氛中寻求共同发展。应回归科学理性和市场原则，解决问题的态度和方向应当是综合考虑全球利益的均衡、全球市场的配置、产业链的布局以及市场的共享。

> 宝马集团副总裁
> 大中华区政府和涉外事务
> 吴燕彦

推动智能网联新能源汽车的可持续发展

代表电动化、智能化、网联化等创新驱动和产业融合的智能网联新能源汽车是当代新质生产力发展的最好代表，是推动中国汽车产业转型升级的重要抓手。

2023年，中国汽车市场格局发生了巨大变化，新玩家加入战场，新技术快速应用，竞争愈"卷"愈烈。宝马与经销商、供应商和所有合作伙伴一起通力合作，2023年全年在中国共交付了近83万辆宝马、MINI和劳斯莱斯品牌的汽车，以及近1.6万辆摩托车，不仅巩固了在中国豪华细分市场领域的领先地位，同时在推进产品阵容向智能网联电动化方向的转型方面也在稳步推进。

2023年，宝马品牌纯电动车型全年交付近10万辆，同比增长超过138%；目前宝马品牌向中国客户提供的智能纯电动产品数量增加至7款，覆盖了所有主要细分市场。此外，宝马与长城的新能源汽车合资公司光束汽车将开始生产首款纯电动车型，并计划于2024年上市。

宝马集团坚信"无永续，不豪华；无责任，不豪华"，始终将可持续发展视为企业的战略核心。作为第一家加入《巴黎协定》1.5℃温控目标的德国汽车企业，宝马的目标是生产全生命周期、全产业链实现减排降碳的"绿色电动汽车"。目前，所有宝马在中国的电动汽车全部使用"绿电"生产，而且，车上搭载的动力电池在退役后都将能实现原材料闭环回收，以节约资源，并减少对环境的影响。

2025年，宝马即将投放"新世代"量产车型，将采用全新的"BMW eDrive"电力驱动技术，其中，动力电池能量密度将提升20%，充电速度提高30%，续驶里程提升30%，整车效率提高25%。宝马将全力迈向电动化、数字化、循环永续的未来出行。

中国新能源汽车销量的快速增长，对充电补能配套基础设施提出了进一步的需求。截至2023年年底，宝马公共充电网络在全国接入超过58万根公共充电桩，覆盖320多个城市。宝马在2023年8月还启动了"BMW超级充电站"项目，大功率充电桩最高支持600千瓦充电功率。截至2023年年底已投入建设50个场站，覆盖国内17个一、二线城市，向所有品牌的电动汽车开放。宝马与奔驰合资成立的超快速充电公司已正式落户北京，打造向公众开放的充电网络，在便利性、速度和品质方面打造更可靠便捷的充电体验。

当前，氢能经济在全球市场和众多行业都处于快速推进的过程中。在宝马，我们也将氢能视为个人出行的驱动能源之一。我们坚信，燃料电池和纯电动汽车技术可以完美地相互补充。无论是长途旅行还是在缺乏纯电动汽车充电基础设施的地区，氢能都是实现零排放交通中尚缺失的一环。技术上，我们已经为批量生产做好了准备。宝马集团于2023年10月进行了首批iX5氢燃料电池汽车在中国的首次上路试驾，全方位展示了先进氢动力技术所驱动的纯粹驾驶乐趣，更验证了氢能源作为未来电动出行领域重要选择之一的技术可行性。

智能化方面，智能网联汽车成为全球汽车产业发展的战略方向和制高点，更是推动汽车产业转型升级的重要突破口。2024年全国两会的《政府工作报告》就明确提出，要巩固扩大智能网联新能源汽车等产业领先优势，大力推进现代化产业体系建设，加快发展新质生产力。当前，代表电动化、智能化、网联化等创新驱动和产业融合的智能网联新能源汽车，成为汽车行业发展的新质生产力，成为推动汽车产业转型升级的重要抓手。2023年年底，四部门出台的《关于开展智能网联汽车准入和上路通行试点工作的通知》，在政策层面为中国高级别自动驾驶的商业化应用带来里程碑式的新突破，不仅补足了中国相关政策的短板，也为未来中国有关自动驾驶的立法积累了相关经验，必将进一步促进中国自动驾驶行业的大发展，推动中国汽车行业的转型升级。

在自动驾驶领域，宝马配备 L3 级别自动驾驶系统的 i7 旗舰纯电动汽车，已经于 2023 年 8 月通过了德国联邦交通管理局（KBA）的核准认证，并且已经在德国开始正式接受终端消费者的订单了。在中国，我们配备宝马 L3 级自动驾驶系统的国产 i5 电动汽车自 2023 年 12 月获得上海高快速路自动驾驶测试牌照后，目前已累计安全行驶了约 5000 千米，所有测试指标均达到了系统设计的要求。宝马愿意为推动中国高级别自动驾驶的商业化早日落地、为推动高水平对外开放的落实落地贡献自己的力量。

刚刚结束的全国两会上，以高水平对外开放促进高质量发展、发展新质生产力成为与会代表和委员们讨论的热点。"汽车"在《政府工作报告》中被提及了 5 次，而"外资"被提及了 10 次，足以显示国家对促进汽车行业和外资企业发展的重视。作为扎根中国 30 多年，有 20 多年国产化经验的外企，宝马始终认为合作创造繁荣，脱钩两败俱伤。宝马是中国高水平对外开放政策坚定的支持者、践行者和受益者，在推动包括智能网联新能源汽车为代表的新质生产力的发展过程中，宝马将继续加速践行"家在中国"的战略，我们愿与各界同行和合作伙伴一道，在创新与合作中实现互利共赢，为满足中国消费者的高端出行提供优质的产品和服务。

> 博世智能出行集团
> 中国区董事会总裁
> 王伟良

把握未来机遇，助力中国可持续智能出行

一个产业或一项技术的发展有一个"S曲线"规律，其中有漫长的积累、孕育，到成长和成熟的过程。中国电动汽车的发展到了一个可能的转折点上，这个转折点的背后是渗透率、技术成熟度、产业链成熟度等标志。博世作为全球领先的汽车零部件科技公司，正积极拥抱电动化和智能化的转型，以应对汽车产业的快速变化和技术发展。

博世将其汽车技术相关业务重新整合成智能出行集团，以更高效地组织管理体系，提供一站式服务，并持续增强本土建设能力。这可能是博世138年历史上做出的最大的一次调整，目的是应对快速的技术发展，特别是差异化的政策法规。面向未来移动出行，高效的组织管理体系有助于持续增强本土能力。博世将以快速的、定制化的、量产化的解决方案，服务好本土市场和客户。为了更好地应对地域性的、差异性的变化，博世在中国也成立了中国博世智能出行集团，由中国区董事会直接管理。

在技术创新方面，博世搭建起了9个技术层次和5个业务板块，涵盖了对从硬件到商业模式的全方位调整。博世智能出行集团在中国现拥有24个制造基地、3.5万名员工和9000多名研发工程师，以及燃料电池中心、博世软件中心和博世未来智能驾驶研发中心。

博世在电动化领域进行了全面布局，包括推动碳化硅技术的发展。围绕着实现净零排放，博世认为电动化不仅仅是电池化，而是包括燃料电池在内的多元化动力总成技术的研发以及基础设施的建设，缓解用户的里程焦虑。

智能出行是不可回避的主要趋势。随着汽车总量爆发式增长，客观上对整个社会的可持续发展造成了很大的压力，用扩建公路治理城市拥堵的效果有限。智能化出现的主要目的有两个：一是让用户出行更安全，二是让用户出行零焦虑。博世在汽车系统、软件和硬件领域都具备深厚的技术和经验。秉承"科技成就生活之美"的理念，博世致力于与行业专家、学者、同仁和政府共塑智能出行的新时代！通过智能化技术，提升用户的出行安全，减少用户的出行焦虑。

虽然智能化技术为汽车行业带来了巨大机遇，但也存在挑战，如电力消耗和电池寿命问题。单车电量在智能化场景下仍存在挑战，同时，大算力的发展对电网电力的需求也是巨大的。

在全球化发展方面，博世智能出行集团希望携手行业伙伴，共同面对国外市场的挑战，包括贸易和技术壁垒，助力客户把握全球市场的机遇。

巴斯夫
大中华区董事长兼总裁
楼剑锋

材料创新协同碳管理推动新能源变革

材料不仅是用来制造汽车的核心部件，也决定了汽车的轻量化、低碳化、个性化及舒适性。材料创新对新能源汽车的续驶里程、电池安全性、电池寿命、电池快速充电性能非常关键。

巴斯夫注重与产业链的合作伙伴一起共创以满足新能源汽车可持续发展的需求，通过先进材料及其解决方案满足汽车行业发展的多种需求。前瞻性的固态电池技术也是我们聚焦的一个方向。

巴斯夫联合中国顶尖的科研单位以及行业领先的固态电池制造企业在江苏溧阳共同成立联合研究中心进行技术开发，推出一系列轻量化、高效热管理、耐热失控、可循环回收的创新材料解决方案，用于满足未来新能源汽车高性能固态电池发展的需要。

在碳管理方面，巴斯夫承诺到2030年范围1（直接排放）和范围2（间接排放）碳排放比2018年减少25%，范围3.1（采购商品和服务排放）较2022年减少15%。我们的目标是到2050年实现范围1、范围2、范围3.1碳净零排放。

实现碳净零排放有多种措施，增加可再生能源的利用，采用全新的技术和工艺，还有应用智能制造，以及充分发挥一体化基地的协同效应，来减少生产过程产生的碳排放。

核算碳足迹是整个产业链碳排放管理的基础，为推动整个化工行业价值链产品碳排放的透明度和标准化，巴斯夫与供应商、客户还有同行公开分享了产品碳足迹的计算方法，2022年化工行业的"携手可持续发展"全球倡议发布《产品碳足迹指南》，该指南已经获得全球 37 家化工公司的一致认可，巴斯夫也为该指南的制定做出了重要贡献。2021 年，巴斯夫加入 Catena-X——由德国联邦经济事务和能源部、宝马还有 SAP（思爱普）共同参与的数据生态系统，目前已经准备好和客户伙伴、供应商共同分享碳足迹的数据还有碳足迹的可追溯性数据，共同推动产业升级和产业的碳排放管理。

巴斯夫还通过化学循环和生物质平衡来降低产品的碳足迹。这两种方案都可以在不影响产品性能和质量的同时减少碳足迹。

巴斯夫致力于用材料创新协同碳管理来推动新能源汽车产业变革，作为汽车行业领先的先进材料供应商，我们的研发聚焦中国、服务中国，为新能源汽车材料创新提供全面的解决方案，并采取多项措施来实行碳管理，降低碳足迹。

> 麦格纳
> 全球研发高级副总裁
>
> 约尔格·格罗滕多斯特（Joerg Grotendorst）

智能化技术革新塑造未来出行新篇章

全球出行行业已到重要拐点，对更加可持续的出行方式的关注，推动政府、企业、用户在出行需求方面做出根本性转变。中国作为全球最大的新能源汽车市场，2023年新能源汽车销量约950万辆，同比增长37.9%，约为2年前的2倍，占全球约65%的市场份额。同时，欧洲以及全球其他市场正逐步发力，一个由更智能、更安全和更环保的汽车所驱动的世界近在咫尺。

近年来，先进驾驶辅助系统（ADAS）技术变得更加精进，包括摄像头、雷达、热传感、内部传感、复杂的电控单元、域控制器等。这些技术的精进进一步促进了绿色、安全出行以及驾驶员安全意识的发展。此外，软件OTA（空中下载技术）升级不仅提升了用户体验，还大幅降低了汽车制造商的成本。技术的进步与汽车本身的发展同样重要，它们正在推动电动汽车以及其他新能源汽车的设计、验证和生产、高级驾驶辅助技术以及互联基础设施相关系统和制造方式的根本性变革。

这些日新月异的演化已超越了汽车制造商实现其全部潜力的速度，如何保持或提升自身竞争力是一项巨大挑战，需要各领域专家的通力协作。麦格纳聚焦塑造未来出行的关键驱动因素，为汽车制造商在国内和国外市场的发展提供支持。麦格纳在产品开发的广度和深度，以及零部件、系统和整车制造能力方面，具有独特的竞争力。麦格纳打造的有机生态系统，将产品互联与整车专业知识紧密结合，形成业内独树一帜的整体方法论。

随着新能源汽车的强劲增长，麦格纳的动力总成和产品开发项目中，电气化业务的占比日益显著，包括混合动力和电驱动系统、断开系统、电池壳体以及第一款专用底盘操作系统软件。麦格纳和中国市场共同成长，实现深度融合。麦格纳与北汽集团旗下的北汽新能源成立的合资企业，成功设计并制造高端智能电动汽车 ARCFOX 极狐，并通过共享平台架构和技术，为客户提供经过验证的产品和技术服务。这种合作模式有助于减少新项目投资，提高产品推向市场的速度，同时降低价格，实现更高效的市场渗透。

麦格纳采用创新技术来支持整车造型和设计，助力客户将车辆设计和高度集成化的产品相结合，提高车辆的个性化程度。例如麦格纳的颠覆性照明技术和 Mezzo Plus 面板：突破性照明技术可以将照明系统和热塑性车身面板结合，实现更多通信交流方式，能够展示客户所期望的任何内容；Mezzo Plus 面板将雷达、激光雷达、超声波传感器以及摄像头和功能照明集成在单个面板后面，提供了无限的造型可能。为了进一步推动设计创新，麦格纳研发的可变形式表面技术让以上技术更加精进。可变形式表面技术是一种可以变形的车身部件，可以改善车辆空气动力学性能、车辆外观，实现人车互动，并提高出行效率。

软件是所有技术结合在一起的纽带。未来，软件定义汽车将重塑今天所认知的汽车。麦格纳先进的运动控制软件，可以通过先进且实时的转向、牵引力控制，以及转矩矢量控制、制动和稳定系统预测功能，增强车辆的驾驶性、安全性和便捷性。此外，麦格纳与通用汽车和 Wipro 联合开发了新型汽车软件的 B2B（企业对企业）交易平台 SDVerse，通过利用已开发和验证的软件，使汽车制造商和供应商能够重复使用现有软件，从而降低经济成本、时间成本和复杂度。

未来行业的发展速度将持续加快，重要的拐点也即将到来。汽车制造商的成功与盈利能力，越来越依赖于战略合作伙伴的深度参与和投入。麦格纳能够提供灵活性与高质量兼备的制造解决方案，制造系统的柔性化程度可以适用于不同的生产策略，并能与汽车制造商的生产需求实现百分之百无缝集成。同时，麦格纳在欧洲和全球其他市场的悠久历史可以充分助力市场新进入者，引领其探索在硬件、软件、设计方面的适应性变化。麦格纳期待与各方携手合作，共同推动行业的繁荣与进步。

ADI
全球执行副总裁兼首席客户官
Anelise Sacks

车芯协同融合,赋能汽车产业新变革

汽车产业正在快速变革,其中三大变革尤为显著。第一,创新需求激增。除了驾驶性、舒适性和安全性,用户对整体用车体验的期待也在不断提高。第二,开发周期大幅缩短。为了在竞争中保持优势,主机厂不仅需要确保产品质量和性能,还需要采取更为灵活的策略。第三,随着汽车发展成为"车轮上的数据中心",对数据处理、人工智能和电力的需求呈指数级增长。简而言之,主机厂和一级供应商面临的技术和市场环境日趋复杂,同时,开发周期也在迅速缩短。

Analog Devices(ADI)作为全球领先的半导体公司,与中国及全球的汽车制造商、一级供应商及整个生态系统紧密合作。ADI认为,在汽车行业取得成功的关键在于领先的技术优势、稳健的合作关系、互联的系统视角。

第一点,领先的技术优势。ADI凭借在智能边缘端的感知、解译、通信、学习、决策及行动等一系列技术专长,助力实现汽车的电气化、智能化与自主化功能。以电池管理系统(BMS)这一关键技术为例,ADI已与全球前20大电动汽车制造商中的16家紧密合作,实现以最大效率使用电池,同时确保出色的性能和安全性,从而有效提升车辆性能、缩短充电时间并延长电池寿命。另一个重要领域是现代"数字座舱",为驾乘人员提供个性化沉浸式体验。例如,ADI与宝马集团的合作,通过10Mbit/s以太网方案实现软件定义汽车,展示了在不同类型数据方面的解决方案能力。

第二点,稳健的合作关系。尤其在供应链紧张时期,坦诚开放的沟通与互信显得尤为关键。传统的半导体厂商主要提供元器件,维持购销关系,然而,随着产品复杂度增加，对系统级解决方案的需求也在增长。因此，一些半导体公司开始与客户建立深度且互信的合作，通过加强前期合作、共享路线图，深入沟通业务规划，共同面对挑战与机遇，结合各方优势，共创系统级解决方案。

第三点，互联的系统视角。 以超级系统为例，从能源产生到电动汽车的电能存储与管理，电力贯穿始终。ADI 在这些互联节点中发挥着关键作用，涉及发电、配电以及电能转换等多个环节。其中，无线电池管理系统（wBMS）是一个重要案例。在分析电动汽车的整车成本与效率时，制造流程是关键因素。wBMS 有助于主机厂实现机器人装配制造，提升电池包装配及生产线效率。此外，它还能为车辆本身带来诸多优势，如减少线缆、减轻重量、降低节点故障率、提高灵活性，以及轻松扩展电池包设计等。从系统整体角度出发，能够提供更为优秀的解决方案，进一步优化整车的拥有成本。

ADI 在中国扎根耕耘了近 30 年，始终视中国为技术和业务创新的沃土，并与中国领先的主机厂和一级供应商紧密合作、共创，助力将前沿技术加速推向国内及全球市场。利成于益，秉持科技向善的初心，从系统全局出发，在国际大环境中以技术为中心，加强人与人之间的沟通，持续为人类健康与地球环境带来积极影响。

英飞凌科技
高级副总裁、汽车业务大中华区负责人
曹彦飞

汽车产业的技术革新与增长动力新探

中国汽车产业正处于高速增长与巨大变革的交汇点，2023 年迈入了新的里程碑，整体汽车产销量突破 3000 万辆大关，汽车出口量近 500 万辆，新能源汽车产销量更是超过 900 万辆，新能源乘用车渗透率超过三成。轻型汽车在全球产量中的占比超过三成，新能源乘用车渗透率持续攀升，汽车产业在 GDP 中的占比也有所增加。中国整车出口实现了跨越式增长，从 2020 年的约 100 万辆跃升至 2023 年的近 500 万辆，2024 年预计将达到或超过 600 万辆。众多明星整车企业在全球市场上崭露头角。

近年来，行业环境发生了深刻变化，包括技术革新以及供应链垂直整合等方面，促使行业合作形式发生重构，从传统的串行式合作模式转变为更加开放和透明的合作模式。

中国的车用半导体市场规模在 2023 年已达到 230 亿美金，平均每辆车的半导体成本约为 794 美金，部分高端车型的半导体成本可高达 2000 美金甚至更多。中国车用半导体市场在全球的占比超过三成，且以年复合增长率大于 20% 的速度持续增长，覆盖不同的领域，包括新能源汽车动力总成、电池、自动驾驶、软件、新电子电气架构（EEA）。预计未来，各个领域的增长率将高于两位数，某些领域，如域控制器领域，增长率甚至接近 40%，这一市场的蓬勃发展，主要得益于汽车半导体在汽车价值链中的创新驱动作用。

英飞凌是全球和大中华区汽车半导体市场的领导者。英飞凌汽车业务规模在过去几年从约 35 亿欧元增长到了超过 80 亿欧元，完成了翻倍增长，复合增长率超过 30%，大于全球市场平均水平。汽车业务营收占比已从原来的 40% 左右增长到现在的大于50%。产品种类和客户覆盖方面，以2022财年为例，英飞凌为全球汽车客户交付了超过88亿片汽车芯片，产品种类超过3000种，服务了全球超过3万家各级各类的客户，在全球车用功率器件中市场份额超过三成，微控制器的市场份额接近24%。产品线涵盖了传感器、微控制器、存储器、功率器件、插接器等领域，几乎可以涵盖整车所有的应用。

英飞凌注重生态圈的构建和合作伙伴的发展。在数字营销平台建设方面，英飞凌通过数字化推广和市场活动，有效覆盖并服务了中小客户、开发者和工程师的需求。并与众多合作伙伴建立了战略合作项目，共同进行参考设计、软件业务等联合开发业务，例如与国内外领先的SoC（系统级芯片）、AI芯片厂商等都有着深入的合作，共同推动技术创新和市场拓展。

功率器件在汽车制造中扮演着至关重要的角色，其中，氮化镓器件在新能源汽车领域展现出巨大的潜力。氮化镓具有更高的开关频率，可以使产品设计更紧凑、功率密度更高、更轻量化，同时实现更高的系统效率。在汽车应用中，氮化镓主要被应用于车载充电机（OBC）和DC/DC变换器，同时，应用领域也覆盖了逆变器。随着新能源汽车市场的快速发展，对氮化镓的需求将持续增长，据预测，到2028年，约20%的氮化镓将应用于汽车领域，其中，OBC、DC/DC变换器以及逆变器是主要的应用方向。

英飞凌在氮化镓领域积极布局和动作。一方面是逐步将菲拉赫6英寸、8英寸的晶圆厂切换为碳化硅以及氮化镓晶圆线，对宽禁带半导体持续投资，计划在2026年在居林投产新的产能；另一方面是宣布了对加拿大GaN Systems的全球收购计划，以推进产品路线图的实现，并实现更快的上市时间，且拥有更多的产品组合。

未来，车用微控制器的市场需求将走向更高的性能、算力，更快的上市时间，以及功能安全和完善的生态系统。目前，英飞凌AURIX系统已在全球交付了约10亿片，产品缺陷率低于行业平均水平。英飞凌将推出TC4x，该产品在AURIX的基础上具备更加完善的功能架构并可实现系统性能提升。

> 德州仪器
> 中国产品与应用总经理
> 师英

半导体技术助力汽车行业智能化与可持续发展

作为一家全球领先的模拟和嵌入式系统半导体公司，德州仪器2023年的营业收入达到了175亿美元，其中，汽车和工业市场占据了公司营收的70%以上。作为一家全球性的半导体公司，德州仪器初心未改，致力于通过半导体技术让电子产品更经济实用，让世界更美好。德州仪器的半导体创新技术可助力汽车制造商打造技术更胜以往的超先进车辆。目前，德州仪器已经拥有超过7000种车规级产品，并且在不断加强新产品推进的速度，全方位覆盖汽车电子系统的各个领域，以及时回应市场趋势和需求，帮助打造更加安全、高效且互联的驾驶体验。

在环境友好和社会贡献方面，德州仪器不仅关注产品设计和制造，还致力于以负责任的方式运营公司。在过去10年中，德州仪器在节能、节水、减少温室气体排放和物理化学废弃物产生方面取得了显著进步。

德州仪器在中国有着深厚根基，公司在中国的业务不仅包括设计、制造和销售半导体产品，还包括对社会公益的持续投入。德州仪器在中国累计捐助了超过3550万人民币用于支持技术教育和社区服务，包括捐助希望小学、多媒体教室，支持贫困学生的高中教育，以及先天性心脏病儿童的心脏手术等。

在汽车电子领域，德州仪器的愿景是通过半导体技术助力供应商和整车企业打造更智能、更安全的车辆。目前，德州仪器在汽车电动化、车身电子系统、暖通空调系统、高级辅助驾驶系统等方面均有面向市场的产品和解决方案，公司在汽车电子领域进行了全面布局。无论在汽车设计时面临何种挑战，德州仪器的模拟和嵌入式处理产品、设计资源和便利的采购流程都能帮助行业伙伴更快地实现创新，打造更智能和更安全的未来。

针对汽车电子领域的主要趋势，德州仪器的半导体技术将从以下方面促进这些趋势的发展。一是设计下一代电动汽车。通过更智能的电池管理系统（包括电池监视器、高压电技术和微控制单元），推动电气化发展。二是将每辆汽车的安全性和自主性提升到更高水平，借助感知、通信和处理技术，使每辆汽车具备智能安全性能。三是设计面向当今和未来的车辆架构。使用传感器、处理器、FPD-Link 和以太网，设计面向当今和未来的车辆架构。四是与软件定义的车辆建立连接。通过软件定义的车辆与传感器、配电、处理和数据通信建立连接。

德州仪器希望与供应商和主机厂合作，共同设计下一代汽车，通过经济实用的半导体器件实现汽车的安全性、智能性、电动化和网联化。公司在软件研发方面也有大量投入，以支持主机厂在软件定义汽车方面的成功转型。

瑞浦兰钧能源股份有限公司
董事长

曹辉

问顶电池技术助力绿色新能源产业

问顶电池技术是电池结构创新和电化学体系创新的结合，主要是对宏观固液界面和微观固液界面的优化，基于电极和电解液技术的进步，强化锂离子在电池里面穿梭的动力学性能，使锂离子在电池内核动力学性能提升30%以上。

在结构方面，瑞浦兰钧改变了传统铅酸电池，通过把盖板分解、把工序重新调整、把设计直接颠覆，实现了能量效率、体积利用率、尺寸的大幅度优化。传统的铅酸电池上部空间浪费大概是30~35毫米，瑞浦兰钧的问顶电池目前上部空间浪费只有8毫米，主要是通过结构技术，从设计到工艺进行变化来实现空间利用率的增加，同时把解耦的长度从30多毫米变到12~13毫米，缩短了将近60%的阻抗，不但提升了能量密度，同时也降低了对电子的阻抗，目前在高能量、高密度方面非常有优势。

在储能电池方面，在同样的尺寸下，通过问顶技术将电池容量从280安·时做到了320安·时，达到行业领先水平，同时在320安·时的基础上继续开发出了345安·时的电池，也会在2024年3月批量生产。提升能量密度往往意味着阻抗的增加，但是瑞浦兰钧将电池容量从280安·时提高到320安·时时，不但提升了15%的能量密度，而且同步地把电池能量效率从94%提高到95%以上，直接带来投资减少15%以上，投资回报率也提升了10%以上。这款电池目前在美国、欧洲和我国都经过了大量的测试。

在ESG（环境、社会及治理）方面，瑞浦兰钧作为一家有责任的企业，同母公司青山实业一起与全球最知名的一些企业合作，来推动ESG的工作。因为采用了问顶技术，目前的电池在同等条件下，能量效率达到最高，当使用瑞浦兰钧高能量效率电池时，其实就是在为行业的节能减排做贡献。

瑞浦兰钧依托青山实业在全球布局的绿色价值链，在生产制造的全环节实现高效生产、环境友好、成本节约，具备供应链稳定和强大的成本优势，助力整个行业的发展。希望瑞浦兰钧能源能以最好的问顶技术以及最好的供应链优势来支撑整个行业，做好更多的服务。

奥动新能源汽车科技有限公司
联合创始人、副董事长
杨烨

换储充一体化引领新能源补给新篇章

随着中国新能源汽车在全球市场的高速发展，补能行业也迎来新的全球化命题，"出海"已然成为能源补给服务企业的必经之路。奥动新能源24年来专注换电，持续深耕换电模式技术创新与迭代发展，结合换储充一体化探索实践，形成一套可以规模化落地的智慧能源服务解决方案。

一、全球能源转型新态势，换储充一体化海外初探

对于多数新能源汽车企业而言，国际化道路充满挑战，需要结合产品、当地市场发展等实际因素综合考量。全球新能源汽车发展整体保持上扬态势，除了中国、欧洲以外，东南亚近年来也对新能源汽车发展给予大力扶持，表现出坚定决心。

换电模式更适合发展中国家。 随着新能源汽车保有量的持续增长，新能源基础设施建设的滞后问题日益凸显。以泰国为例，2023年，其电动汽车销量增长6倍以上，但全国充电桩总量仅3000多根，车桩比高达30∶1。针对东南亚国家电动汽车发展的需要和能源补给基础设施建设的现状，奥动提出的换储充一体化模式为发展中国家电动化进程提供了新思路。经过在国内市场十多年规模化成熟验证，奥动换电方案具有建设快、坪效高、对电网友好、可供多品牌车型共享换电等独特优势，集合了开放式架构共享换电、创新型设计极速换电与智能化设计自动换电于一体。以上海虹桥机场南的奥动换电站为例，该站与充电桩相比，同

等服务能效，占地面积仅需 1/10，非常适合在城市交通枢纽的高补能需求区域布局。

此外，奥动换储充一体化解决方案集合换电、储能、闪充于一体，既满足了多品牌车型共享极速换电的需求，又可作为应急补能的 3 分钟闪充站，同时还是一座可变容量的城市分布式储能站。这种一站多能的设计，不仅能够实现峰谷电价套利，参与电网互动，还能在停电等紧急情况下提供应急响应供电，对于发展中国家中频繁停电的地区尤为重要，有助于构建自持微电网系统。

积极参与构建全球能源生态圈。目前，奥动已与道达尔能源、软银能源、英国石油公司（bp）等国际能源巨头共同构建全球能源新合作生态。奥动新能源拥有超过 4000 项全球换电专利及专利申请，而且目前我们对合作汽车企业开放车端专利。奥动正积极联合中国汽车企业在"一带一路"沿线国家进行业务开发合作，将奥动换储充一体化方案带入东南亚、中东等地区。此外，借鉴中国东北亚寒带季节性冻土地区的规模化换电运营成功经验，奥动预计于 2024 年下半年将换电模式引入东欧国家，在当地开展换电业务。

二、"乘商并举"持续深耕中国换电市场，"区域先行"探索新型多元商业生态

全球领先的底盘换电技术，实现多品牌"乘商并举"。换电模式的最大难点在于锁止和连接，奥动通过全球领先的卡扣式底盘换电技术，打造全球最快的轿车 20 秒、轻型货车 30 秒、重型货车 40 秒极速共享换电，并适用于全体系车型，实现多品牌车型"乘商并举"。

换储充一体是换电模式的必然之路。奥动创新性地提出"V2S2G"概念，即换电车辆、换电站、电网三者之间进行能源双向交互的过程，一方面可以推动用户侧参与电力市场交易，另一方面可以保证电网供电的持续性、可靠性以及稳定性，

促进新型低碳电力体系建设的实现。

换电商业模式"区域先行"。当前,奥动正持续加快北京、东北、华北、华东、华南、西部和云贵七个大区换电网络布局速度,打造"七大换电增长极",验证换电站在不同气候环境、场景下的普遍适应性与规模化商业可持续性。在东北,打造"全球最大规模的亚寒带季冻区换电服务网";在云贵,奥动形成换电盈利模式,打造"乘商并举"换电区域集群,与汽车企业深度合作进行重点布局。在全国范围内,奥动根据不同区域特点,形成针对性市场策略,打造具有区域性标签、适应地区市场实际情况的换电服务网络。

当下,中国汽车工业现代化高质量发展,培育新质生产力,给换储充一体化发展带来了新机遇。奥动以开放姿态为换电产业的发展注入新动力,携手整车、能源、电池、出行、城投(城市建设投资)、交运(交通运输)等领域的合作伙伴强强联手,实现资源共享、优势互补、合作共赢,打造健康可持续发展的生态模式,实现业务高速扩张。